U0799866

Community
Newspapers
in
China

在中国办社区报

《珠江时报》系列社区报“媒体型服务业”的探索

李国臣　戴满香 / 著

南方日报出版社
NANFANG DAILY PRESS
中国·广州

图书在版编目（CIP）数据

在中国办社区报：《珠江时报》系列社区报“媒体型服务业”的探索 / 李国臣，戴满香著. — 广州：南方日报出版社，2016.9

ISBN 978-7-5491-1445-0

Ⅰ. ①在… Ⅱ. ①李… ②戴… Ⅲ. ①社区－报纸－新闻工作－研究－广东省 Ⅳ. ① G219.246.5

中国版本图书馆 CIP 数据核字 (2016) 第 191388 号

出 版 人：周洪威

责任编辑：阮清钰

封面设计：邓晓童

责任技编：王　兰

责任校对：王　燕

ZAI ZHONGGUO BAN SHEQUBAO:
ZHUJIANG SHIBAO XILIE SHEQUBAO MEITI XING FUWUYE DE TANSUO

在中国办社区报——《珠江时报》系列社区报“媒体型服务业”的探索

著　　者：李国臣　戴满香

出版发行：南方日报出版社

地　　址：广州市广州大道中 289 号

经　　销：全国新华书店

印　　刷：广州市怡升印刷有限公司

开　　本：787mm×1092mm　1/16

印　　张：12.5　　插页：1.25

字　　数：230 千字

版　　次：2016 年 9 月第 1 版

印　　次：2016 年 9 月第 1 次印刷

定　　价：45.00 元

投稿热线：（020）87373998-8503　读者热线：（020）87373998-8502

网址：http://www.nanfangdaily.com.cn/press　http://www.southcn.com/ebook

发现印装质量问题，影响阅读，请与承印厂联系调换。

南海桂城
爱家·爱桂城
国内统一刊号：CN44-0167
总第251期 2015年7月22日
本期16版

桂城

珠江时報

社区周刊

小记者夏令营圆满收官，42个孩子收获满满

会写新闻 更懂爱人

“短短5天时间，我学会了怎样进行新闻采写，还学会了给社会弱势群体多一点关爱。”7日，珠江时报第一期小记者夏令营圆满收官，42个小记者纷纷站上讲台分享收获。

应广大市民的要求，8月将加开第二期小记者夏令营，活动详情请留意“桂城公信”，咨询电话15728813748。

04-05 特别策划

南海政务通 办事好轻松

微信办理交通罚款、车船税、汽车年票、机动车合格证、二代身份证投递、港澳证再签注、公交实时查询、办事预约、排队情况实时查询、办事进度实时查询、医疗预约挂号……

南海政务通公众平台

亲扫一扫 码上关注

和朋友一起去尝台湾美食

时间：7月26日前

地点：千灯湖市民广场

06 多彩社区

“YUE桂城白领朋友圈”第二场活动即将举行

邀你来参加高尔夫球派对

时间：8月1日

地点：二月花高尔夫俱乐部

13 互动

车主撞人后逃逸 热心市民驱车追踪

09 桂城人桂城事

吊丝丹脆嫩鲜美 广州人爱来这儿吃

12 双城记

V站一周年征文 欢迎街坊投稿

06 多彩社区

关注桂城社区报微信公共账号（桂城公信），获取更多本地生活信息。

社区热线：15015561068 投稿邮箱：15015561068@139.com

封面责编：曾晓婷 美编：何少梅 本期组版：胡小惠 梁少莹 技术：刘杰

《桂城社区周刊》

孝德 社区周刊

珠江时報

动感桂城

国内统一刊号:CN44-0167

第212期 2015年7月16日

孝德湖拟增设游艇项目

24号前可找公信君发表见解

P12 互动

(关于本期更多信息，可扫一扫二维码)

“俏阿婆”登台

家门口享文化盛宴

还有140场惠民活动

P3 重点报道

智趣夏令营开营

50孩子乐满暑假

为期7天提供系列课程

P8 讲文明 树新风

乐

穆院首届亲子运动会

147家庭齐欢笑

成最多人参与的社区活动

P9 村居在线

第26个世界人口日

大班孩子毕业

传递优生优育优教意义

P16 罗村影像

本版摄影/甘小龙

南海政务通

办事好轻松

微信办理交通罚款、车船税、汽车年票、机动车合格证、二代身份证投递、港澳证再签注、公交实时查询……

南海政务通公众平台

亲自一扫，码上关注

暑期活动多罗罗

看看本期玩乐攻略

约上小伙伴走起

P4~5 封面策划

社联邀高中、大学生暑期回家“创益”

P6 社区视窗

投稿邮箱:xluocun@126.com 社区热线:83000123

责编:潘展虹 美编:霍笑芬 组版:胡小惠 梁少莹 技术:胡世锦

《孝德社区周刊》

国内统一刊号：CN44-0167
第148期
2015年7月2日

狮山

珠江时報

树本周报

沟通你我　给力生活

@树本狮山

好戏连台　街坊热捧

地点
狮山体育馆

狮山厂企“NBA”火热上演
欧陆服饰队摘桂冠

A9　动感狮城/微社区

地点
小塘中心小学
篮球馆

百村篮球赛
狮山赛区激战正酣
总决赛7月6日晚打响

地点
狮山市民广场

狮山首届产业工人合唱大赛落幕
维尚家具最高票
菱王电梯最高分

南海政务通
办事好轻松

微信办理交通罚款、车船税、汽车年票、机动车合格证、二代身份证投递、港澳证再签注、公交实时查询……

南海政务通公众平台

亲自一扫，码上关注

佛高区创业项目申报启动
最高资助300万元

A2　村居情报

本周农家乐
一起到吴屋摘瓜去

狮山学霸“养成记”

创思驿站 筑梦狮城

创思驿站微信公共账号

投稿邮箱：ssbzb@126.com　互动网站：www.nanhaitoday.com

责编：王晓婷　美编：李秋霞　组版：胡小惠　梁少莹　技术：刘杰

《狮山树本周报》

沟通你我 给力生活

珠江时报

2015年11月18日 星期三 农历乙未年十月初七

九江社區報

第120期 本期16版 国内统一刊号CN44-0167 新浪微博:@九江社区报

新行政服务中心预计明年投用

位于梅圳的广佛一号商贸物流城A区

3 特别报道

异地换补身份证
广东明年实施

2 大声公

探秘非遗

140多名市民参加本报举办的『非遗瑰宝·南海家珍』观摩实践南海非遗传习所活动

逛博物馆、品双蒸酒、了解南海非遗文化……

近日，由南海区文化体育局、家·南海文化发展促进会以及本报共同主办的“非遗瑰宝·南海家珍”观摩实践南海非遗传习所活动如火如荼开展，140多名市民参观南海文化馆、九江双蒸传统酿造技艺传习所、凯仕乐养生博物馆以及南海博物馆等，了解南海的传统文化。

8-9 封面策划

瞧这一家人
都是星级义工

10 冰点话题

老两口打太极
15年风雨无阻

11 左邻右里

祖庙门前“祈福墙”
滚动播出你的“爱”

祖庙正门牌坊西侧有两块连屏LED屏幕，现正推出送福纳福活动，个人、企业和社会团体均可参与！最低88元，一周滚动播出你的“爱”！扫一扫，了解“祖庙祈福墙”活动详情！

九江太极拳学会举办2015年冬季太极拳联谊会

400太极爱好者切磋武艺

4 社区视窗

扫一扫关注九江公信

九江社区报地址：南海区九江镇人民路39号九江社区报编辑部 投稿邮箱：nhjjsqb@163.com 互动网站：www.nanhaitoday.com 责编：邝锦仪 美编：何少梅 组版：梁少莹 胡小惠 技术：胡世锦

《九江社区报》

2015年11月10日 星期二 农历乙未年九月廿九

珠江时报

里水社区报

社区热线 13266346550 国内统一刊号:CN44-0167 第96期 本期16版 投稿邮箱:lishuisqb@126.com 互动网站:www.nanhaitoday.com

里水成佛山首个国际安全社区

11月4-5日，国际安全社区认证评审员谷尔邦·斯琼博格教授对里水安全促进项目进行了现场验收，并对里水近几年的安全工作给予了高度肯定。经过国际专家现场认证，里水正式成为国际安全社区网络成员，成为全市首个“国际安全社区”。

04~05 封面策划

里水将以培代奖
轮训机关干部

03 重点报道

定点设岗检查
渣土运输车辆

06 村居视窗

200棋手里水切磋
山东象棋大师夺冠

10 多彩社区

是否生二孩?
听一听街坊怎么说

08~09 特别策划

快来流潮花海赏花
错过这次花期，就得等到春节

16 里水影像

义工颁奖会
一家三口登台领奖

12 融爱社区

带着花果地图出游
为你带来不同体验

07 乐活里水

扫一扫关注里水公信

社区热线:13266346550 投稿邮箱:lishuisqb@126.com 封面责编:曾晓婷 美编:霍芙芬 本期组版:胡小惠 梁少莹 技术:蓝梓聪

《里水社区报》

珠江时報

樵山社区报

2015年12月3
星期四
农历乙未年十月廿二

社区热线 86806007 第106期 本期16版 国内统一刊号：CN44-0167

评选道德人物 赢取万元奖品

“西樵力量”——2015至善西樵道德人物评选活动正接受市民投票

15-16 至善西樵

百舸竞渡

11月27日上午，南海百舟竞渡龙舟邀请赛暨世界南海社团龙舟邀请赛在听音湖举行，来自各镇街21支龙舟队以及来自世界各地南海乡亲组成的11支龙舟队首次竞渡，现场一片欢腾。

04-05 封面策划

品质教育 西樵很牛

07-10 西樵教育特刊

两新市民 积分入户

02 西樵视窗

鬼马表演 逗乐学生

03 互动平台

乡亲们 我们回来了

“少小离家老大回，乡音不改鬓毛衰。”不远万里的征程，抵不过对岸的乡愁。11月26日—28日，来自五大洲23个地区的海外南海乡亲，齐聚听音湖畔叙乡情，感受故土的人文变迁。

06 文翰樵山

关注樵山社区报微信公共账号【西樵公信】，获取更多生活资讯。

社区热线：86806007 13336410500 投稿邮箱：xiqiaoshequbao@126.com 封面责编：欧晓敏 统筹：何绮玲 美编：何少梅 本期组版：胡小惠 梁少莹 技术：蓝祥聪

《樵山社区报》

祖廟街道社區報

星期三

2015年10月14日

农历乙未年九月初二

珠江时報 出品

社区热线 13590615020　国内统一刊号:CN44-0167　第93期　本期16版　投稿邮箱:zmjdsqb@126.com　微博:@祖庙街道社区报

“彩虹”掠过　祖庙人风雨中坚守

全街道仅有12株树木因台风倒伏，没有发生一例人员伤亡和重大财产损失事件

▶|04~05 封面策划

金九银十“结婚季”

如何办一场浪漫婚礼？

黄晓明和Angelababy的婚礼刷爆朋友圈，在这个恋人们喜结连理的好时节，佛山各大商场也迎来了婚庆用品销售高峰。

拍摄创意婚纱？制作个性回礼？怎样才能给自己策划一场浪漫又有佛山特色的婚礼？记者帮你扒一扒结婚的那些事！

▶|08~09 生活服务

锦华路由西向东
实行单行交通管制

▶|02 城识通

送礼包换灯泡
慰问辖区老人

▶|03 小城大事

鸡田布老
佛山四大土著姓氏

▶|10 祖庙掌故

遇上“天价虾”
该如何维权？

▶|11 生活安全

街坊给你推荐
特色米粉做法

▶|12 新食代

燎原路的李乃棉13年来坚持每天上街清理“牛皮癣”

晨运也带着把小铲子

▶|07 左邻右里

祖庙公信（祖庙街道社区报微信公共账号）

封面责编：赖春华　美编：霍芙芬　本期组版：梁少莹　胡小惠　技术：刘杰

《祖庙街道社区报》

南海·丹灶
NANHAI DANZAO

有為周報

珠江时报
国内统一刊号:CN44-0167
总第60期
2015年10月15日

沟通你我　给力生活

对股权确权登记颁证有啥不明白

区股权确权办为你答疑

▶ | P8~10　股权确权

万人仙岗逛庙会
传统民俗引赞叹

烧香塔、猜灯谜、赏粤剧、品养生宴……中秋前夕，万名游客慕名来到仙岗参加庙会。仙岗庙会是第十二届康有为文化节的重头戏之一，在充分利用古村现有古特色资源的基础上，设置了许多老少皆宜的娱乐活动。

▶ | P12　丹灶影像

十六项深化改革
打造"有为"丹灶

▶ | P2　重点报道

月底前报废黄标车
还可领补贴

▶ | P13　生活服务

沙滘有个爱心基金
3年帮了近1500人

▶ | P11　融爱之家

屠呦呦提取青蒿素
原是葛洪"启发"她

▶ | P7　特别报道

丹金大道施工　多路段交通管制

工业大道施工路段实行单边双向行驶，接送中心小学学生的家长尽量绕行

▶ | P4　社区视窗

关注丹灶公信（有为周报官方微信）了解更多信息

报料热线:13516522311　投稿邮箱:dzywzb@126.com　互动网站:www.nanhaitoday.com　责编:曾晓婷　美编:霍笑芬　组版:梁少莹　胡小惠　技术:刘杰

丹灶《有为周报》

ZHANGCHA COMMUNITY NEWSPAPER

张槎社区报

沟通你我
给力生活

2015年5月18日 星期一 国内统一刊号:CN44-0167 珠江时报 试刊第16期 本期16版 报料热线：13425864430

四月书香·孝德张槎
征文比赛结果出炉

张梦汐
获特等奖

市民记者 穿行者 摄

08~09 小城大事

张槎手机电视上线
市民影像志等你来投稿
02 城市通讯站

8个村竞争4个
主题街区扶持资金名额
03 城市要闻

深入开展区域化党建
社区和园区一起抓
04~05 重点关注

各社区举行多彩活动
温馨庆祝母亲节
07 多彩社区

《张槎社区报》

/沟/通/你/我/　/给/力/生/活/

石灣社区报

2015年5月20日
星期三
农历乙未年四月初三

国内统一刊号：CN44-0167　试刊第二期　本期16版

全民总动员
建美丽石湾

抬头看见蓝天白云，出门走在干净靓丽的大道，这是生活在石湾的每一个市民都喜闻乐见的情景。

今年，佛山市迎来国家爱卫会关于"国家卫生城市"三年一次的复审，石湾镇街道作为佛山中心城区，其城市形象对于佛山国家卫生城市复审具有重要意义。为此，石湾镇街道创新制度和举措，各部门联动，整合社会资源，提高城乡环境卫生水平和人民群众的生活质量，巩固国家卫生城市水平，使街道经济社会得到健康持续发展。

▶ 05~12

奇槎片区华丽蝶变
打造禅城"中关村"
▶ 03　工业新空间

"一站式"帮扶企业
32个难题获解决
▶ 04　工业4.0

陶艺大师刘泽棉
潜心创作60余载
▶ 14　文化+

亚艺公园荷开早
约起赏荷正当时
▶ 16　城市影像

《石湾社区报》

2012年4月14日，南海区“微文明在社区”行动启动仪式在罗村举行，《罗村社区周刊》首届读者节同期开幕

2012年10月16日，《罗村社区周刊》率先启动“市民议事厅”活动

2013 年 4 月 8 日，由《桂城社区周刊》承办的 2012 年度桂城"社区十大熟面孔"颁奖礼在桂城 618 街区·公益文化生活馆举行

2013 年 10 月 28 日，《祖庙街道社区报》创刊，社区报记者把创刊号报纸送到街坊手中

2013 年 12 月 24 日《狮山树本周报》将“市民议事厅”活动开进社区

2014 年 2 月 24 日，《九江社区报》在榕树头下举办关于城镇建设话题的“市民议事厅”

2014 年 5 月 30 日，美国社区报之父 Jock 教授到《樵山社区报》编辑部参观，与当地官员和街坊交流创办社区报的经验

2015 年 1 月 17 日，《张槎社区报》举办小朋友学国学活动

2015 年 2 月 13 日，市民向《狮山树本周报》和“狮山公信”赠送锦旗，感谢他们为居民解决困难

2015 年 5 月 28 日，《樵山社区报》“市民议事厅”活动走进医院，邀请准爸爸妈妈和医生社工探讨分娩话题

2015 年 8 月 18 日，《里水社区报》成立小记者团，并组织小记者参观学习本土非遗文化

2015 年 11 月 29 日，罗村《孝德社区周刊》组织第二届“佛山市民孝德行”

序

他不只是说，而且脚踏实地地做

Jock Lauterer

Jock Lauterer

2013 年合肥一份新的社区报创办之时，我第一次见到了李国臣。不知怎么，我们都有一种一见如故的感觉。尽管语言上有隔阂，但我们仍感觉关系非凡，这种关系并不是血缘上的，而是因为我们都明白，作为报人，对本地人民、政府和公共事务的“无可复加的本地化”报道是多么重要。最重要的是，我们都持有同样的观点：一份真正开明的社区报必须主动承担社会责任，使读者生活得更好。

我清楚地记得我们第一次茶话会，在一壶又一壶广东茶的助力下，这场马拉松式的谈话持续了三个小时（当然，有翻译帮助），我们觉得好像彼此已是多年相识。第二年夏天，我再次来到中国，我有幸亲眼看到了李国臣总编辑创办的佛山九份社区报中的两份《罗村社区周刊》①和《樵山社区报》。

---

① 后更名为罗村《孝德社区周刊》。

当我们走进《罗村社区周刊》编辑部时，大概有30位老读者已经在等我们，他们热烈鼓掌。李总说他到这里来并不是接受掌声的，他是想获得读者们对这份社区报的反馈。

这些老读者中有一位周先生，60岁左右，他言语清晰，表达流畅。就是他在《罗村社区周刊》创办之前告诉李总，他们觉得自己没被重视，因为他们这里之前没有社区报。“这份社区报给了我们发声的地方”，周先生说。他还期望社区报能够多为老年人组织活动，比如说组织舞蹈队或者运动队。

“我会帮你们筹钱组织活动！”记得当时李总这么回答，“你们负责组织，我们来帮你，我们会尽全力让你们在这个社区生活得更快乐。如果你们有好的点子，我们可以把它登到报纸上，这样就会有人来帮忙。”

怪不得李总的报纸这么受欢迎。周先生还称赞了年轻的女记者们：“她们在社区里付出了很多，挖掘了很多新闻。她们同长者交朋友，一点也不自大。当她们见到我时，还会打招呼说‘早啊，周叔’。”

接着，周先生说了一件他认为最了不起的事：“这份社区报最好的地方就是我们可以建设性地批评当地政府。我们喜欢这份社区报，因为它讲的就是我们的事儿！每一版我们都会仔细读！”当被要求讲一个社区报怎么帮助他的实际例子时，周先生回忆起他跟有关部门反映过路上的大坑，却没得到任何处理。周先生于是给报社打电话，在报道见报的两天后，那个大坑就被填平了。

我还实地考察了李总2014年创刊的《樵山社区报》。在那里，当地政府官员龙先生介绍，当地政府给社区报编辑部提供了一个办公室，“让市民很便捷地同记者沟通，让记者收集居民的需要，因为政府要倾听市民的诉求，这会让政府决策时更高效”。

“社区报是公众意见传达的渠道。”龙先生说。这是社区报一项非常重要而且宝贵的功能。李总说：“我们希望社区报成为政府与市民之间的桥梁。”

然后我们见了77岁的杨先生，他原先是一位政府工作人员，现在是社区报的“市民记者”，他是个可靠的消息源和情报员。在他向《樵山社区报》反映樵山缺少公交站点后，樵山就增加了两个公交站。

作为一名投身于社区报健康繁荣发展的美国新闻学者，我很高兴能为中国（一个我已爱上的国家）的社区新闻历史性的成长贡献一份微薄之力。2012年在北京，我很荣幸能帮助中国传媒大学的陈凯教授出版了她的开创性之作——《走进美国社区报：小的是美好的》；2014年，她帮助我翻译了我的《美国社区报实操指南：无以复加的当地化（第四版）》。

陈凯教授十分支持李总的工作，她说：“李总给中国社区新闻该怎么做树立了好榜样。报纸的第一要务就是要服务于你的社区，之后钱就能赚到，你要有耐心。”

我和陈凯教授一致认为：李总的这本书有新的建树。据我所知，这本书是同种类书中的第一本。它是由一位领先的中国社区报的主编撰写的，他在写书的同时，还在继续着他的新闻工作。

在美国，我们常这样形容人，“他不只是说，而且脚踏实地地做”。我说这些是想说，李总是用自己活生生的亲身经历来写书的，你可以相信他的话，并从他来之不易的智慧中获得成长。

（作者系美国北卡罗来纳大学教堂山分校新闻与大众传播学院高级讲师，社区媒体中心主任，美国新闻大众传播年会社区新闻板块创始人，社区新闻板块学术带头人。专著《社区新闻》在全美范围内被作为权威新闻教材。）

自序
关于看门狗、哈巴狗和导盲犬的思索

李国臣

尽管我知道，在中国人的印象中，把别人比作哪种狗都不是褒义，但是，在这里，我还是要选一种来比喻我们的社区报。

原因是，2014 年在与美国北卡罗来纳大学教授 Jock 的一场关于社区报功能与定位的争论中，他说自己在美国办的社区报是努力做一条看门狗，而把我们办的社区报比作是哈巴狗。

这位 68 岁的老人，自己曾经办过社区报，后来因为经营压力，卖给了巴菲特旗下的公司。他写的一本厚厚的著作《社区新闻》是美国各大高校的专业教材，直到 2014 年才正式改编并翻译到中国来。正是在中国版的首发仪式后，我们两人开始讨论起关于中美社区报的不同之处。

他告诉我，美国的社区报，都是代表居民或者选民，做看门狗的角色，就是监督和看管政府，不要做出伤害社区居民的事情来，所以他们不会与政府合作，更加不会拿政府的钱。否则，他们就会被认为是失去了民众的立场，而不被信任。

当他知道我们的每一份社区报都是与当地镇或者街道政府合作，并且得到了资金支持的时候，他表现出了极大的不屑与反对。他说，你拿了政府的钱，就只能做条哈巴狗了，为政府摇尾巴，会失去公信力的。

我当然不愿意接受老教授的这个观点。哈巴狗，在中国人的心目中，就是一个被人玩弄的宠物，有可能价格很高，却没有一点自己的尊严，这不符合我心中的社区报理想，所以我不能认同这个定位方向。

尽管老教授一再鼓励我：不想做哈巴狗，就只能拒绝与政府合作，去做看门狗。但是我想来想去，这个定位，也不符合中国的国情与现实。

毕竟，中国与西方，在政治制度与文化背景上，都有着本质的不同。虽然我们刚刚兴起的社区报，对于有着两百多年历史的美国社区报来讲，他们的许多经验与做法值得学习借鉴，但是，我们如果照搬了美国的模式与理念，那肯定行之不远。

首先，美国等西方国家的报纸，大多数都是私人投资，或者接受基金支持的。而在中国，私人是不允许办报的，任何私人或者民间资本都不允许进入报纸的领域。本质上说，中国任何一份报纸，任何一分钱，都是国有的，都是政府的。这就决定着，中国的报纸，无论是机关报、都市报，或者是我们说的社区报，都只能是党和政府主办。所以，与政府合作，接受政府的支持，根本不是问题。反而不与政府合作，接受另外的资本，才是问题。这不是想与不想、愿意与不愿意的问题。

其次，不拿政府的钱，就一定能做看门狗，监督政府，与政府对着干吗？我看未必。日本的《朝日新闻》不也是屈从右翼政府的压力，反悔自己多年前关于慰安妇的报道吗？

拿了政府的钱，就一定只能做哈巴狗，只会摇尾巴吗？我看也未必。三十年前我在北方某个党报当记者的时候，就写过《菜贱伤透菜农心》这样的报道，批评地方政府阻碍白菜流通、强行压价损害农民利益的问题。

内蒙古呼格吉勒图冤案昭雪，就是政府最大的官方媒体新华社多年来不断地发内参监督司法的结果。

所以说，拿不拿政府的钱，在我看来并不是最重要的。重要的是，每份报纸选择的责任担当与良知坚守。

所以，争论到最后，我给这位美国社区报专家的回答，或许出乎了他的意料。我告诉他，我既没有站在政府的对立面，去做什么监管政府的看门狗，也不会去做一条只会跟着政府领导学舌说好话的哈巴狗。如果一定要打一个和狗有关的比方，那么，我更愿意我们新创办的社区报是做一条导盲犬。

它既不会龇牙咧嘴狂叫着要咬人，也不会摇着尾巴毫无原则地讨好别人，它所承担的，是一种现实的社会服务功能。

在黑暗中，人们自然无法辨识方向。然而，当人们面对过度灯光照射的时候，同样因为超出视网膜的承受能力而无法看清眼前的一切。在信息极度过剩的今天，人们在茫然不知所措的生活中，同样需要引导方向，辨识真伪。这些就是导盲犬要承担的责任。

无论是看门狗的狂吠骂人，还是哈巴狗的摇尾讨好，其实，美国老教授告诉我的，还都是基于传统新闻思维之下关于社区报的定位思考。然而今天，当传媒业进入移动互联网时代，人们只要摸出手机，就能在第一时间，几乎是与事件发生的同时看到所有细节。以日为时间单位出版，以海量和新鲜为标榜的都市报，都因为无力抵抗而节节败退，那么，以周为时间单位出版的社区报，其传递新闻的价值还有多少呢？

从 2009 年至今 7 年实践的体会与教训一再告诉我们，社区报可以尝试探索无数种新的功能，但就是不能再做新闻纸了。

这样说来，我们的社区报，这条导盲犬的功能定位就比较清晰了。它已经淡化或者弱化了传统媒体的信息发布，以及骂人或者讨好人的功能。它更多的是在帮助别人解决生活问题和困难的过程中，实现自身的价值。具体一点，我们定位它是：沟通纸、导航纸、链接纸、帮办纸、服务纸……总之，我们要做带着媒体基因的服务。这也是我们在本书中提出的一个全新的概念：社区报，要做媒体型服务业。

目　录

Contents

1961 年，一个来自美国北卡罗来纳大学教堂山分校新闻学院的叫 Ken Byerly 的教授首次提出了“社区报”的概念。在中国，社区报还只有 10 来岁，尚未成人，却已历经沧海桑田，完成了一个从宠儿到弃儿再到宠儿的循环，令人唏嘘。结局如何，尚待揭晓。本章从面上纵览社区报的前世今生世成长历程，方便读者对社区报有一个全面本质的了解。

第二章　庙堂考虑与江湖之道　/ 023
——系列社区报的成因分析

传统报业的挽歌由远而近传来。一个敏锐于传播规律的新闻从业人员7年前在佛山这样的一个地级市就已经隐约听到。于是，有了对社区报最初的探索尝试，所以才有了今天让学界和业界关注的《珠江时报》系列社区报模式。本章详细披露了《珠江时报》系列社区报的创办原因，既有出于舆论阵地的庙堂考虑，也有关于自身生存的江湖之道。

第三章　从无到有，从1到10　/ 035
——系列社区报的创办路径

《珠江时报》系列社区报从无到有，从1到10，从籍籍无名到被广泛关注，此间历程，此中艰辛，本不足为外人道。但既然已经被学界和业界定义成一种模式，就有了分享的责任和义务。本章全景呈现了《珠江时报》系列社区报从0到1，从第1份到第10份的具体创办历程，事实陈述加上心得感悟，希望对于那些想创办社区报的媒体有所借鉴和帮助。

第四章　无服务，就无社区报 / 049

——系列社区报的理念阐释

社区报的外在呈现可以千姿百态，但核心理念必须相对统一，否则无法成为模式，从而丧失可借鉴的价值。本章阐释的是《珠江时报》系列社区报操作模式的核心理念，称为《珠江时报》系列社区报基本法，是《珠江时报》系列社区报6年实践探索形成的关于社区报的理论体系，绝对首创，绝对干货。在社区报的理论体系中，我们将“服务”摆到了一个前所未有的极致重要的位置。可以说，无服务，就无社区报。

第五章　荒地生存怎么做？ / 069

——系列社区报完全操作手册

理论需要实践的支撑，理念需要落地的路径。前一章的理念阐释让大家知道了社区报“是什么”的问题，这一章则要解决社区报“怎么做”的问题。知易行难。怎么操作、怎么将理念落地才是最难的。本章详细介绍了《珠江时报》系列社区报在内容组织、表达方式、发行覆盖、经营创收、活动催生、媒介融合、数据建设等方面的操作手法。有理论，更重实操，是《珠江时报》系列社区报荒地生存的内部完全操作手册。

第六章　探路“媒体型服务业”　/ 117

——系列社区报的创新价值

新媒体形势下，媒体真正的转型和长远的出路在于功能的根本转变，即从“服务型媒体”向“媒体型服务业”转型。《珠江时报》系列社区报是媒体转型为“媒体型服务业”的探索实践，这个服务不只是宣传服务，直接指向为政府和居民的实体服务，社区报凭借自己强大的资源链接能力走向“媒体型服务业”。

第七章　每一份都是独特的样本 / 145

——系列社区报众生相

真实的生活每天都在发生，提供给《珠江时报》系列社区报源源不断的鲜活素材。由于各个镇（街）所处的区域和环境不同，每份社区报都有自己的特色。每一份都是一个独特的样本。本章通过全面展示《珠江时报》系列社区报案例，旨在让大家了解不同模式下社区报的具体操作样式。有图有真相，总有一款适合你。

第八章 社区记者炼成记 / 187

社区报记者每天工作在最基层的社区和家庭，一个看似没有办法再低的平台，再怎么努力也与高大上无缘。有彷徨，有焦虑，有怀疑，所以经常仰望星空，寻找存在的意义。在低头的一瞬间，身后的万家灯火照进心里，温暖顿生，前行的力量更加强大坚实。本章呈现的是《珠江时报》系列社区报记者的成长记录，酸甜苦辣，冷暖自知。

第一章

社区报发展现状

1961年，一个来自美国北卡罗来纳大学教堂山分校新闻学院的叫Ken Byerly的教授首次提出了“社区报”的概念。在中国，社区报还只有10来岁，尚未成人，却已历经沧海桑田，完成了一个从宠儿到弃儿再到宠儿的循环，令人唏嘘。结局如何，尚待揭晓。本章从面上纵览社区报的前世今生成长历程，方便读者对社区报有一个全面本质的了解。

第一节　社区与社区报

一、社区概念的界定

社区是西学东渐的舶来品。学界一般认可德国学者滕尼斯为“社区”概念的始创者，Gemeinschaft 在德语中译作“共同体”，意指一种持久和真正的共同生活的载体，强调人与人之间所形成亲密关系和共同的精神意识以及对小集体的归属感，其间的人际关系特点是亲密无间、相互信任、守望相助、默认一致、服从权威等，即所谓的熟人世界。

世事已发生了巨大变迁，这种质朴美好带有明显前工业化特征的情感在面对现代社会各种浪潮冲击时表现得非常脆弱，套用原初的概念去寻找现实生活中的社区注定无果，于是这一概念不断被赋予新的含义，不断演化。截至 1955 年，有关社区的定义已多达 94 种，五花八门，哪一种都有一定的道理，其中 69 种定义中提到两个核心要素：一是地域性，二是社区生活中的公共联系纽带。

现代语境下，这两个要素是否还经得起考验？

首先，“地域性”是“社区”概念中必不可缺的因素吗？未必。社区与地域的联系在现时已失去了它赖以生存的各种条件，最恰当的例子便是超越地域限制的互联网，借助它人们的聚集可以不受时空约束，网络上以各种名目建立的群就是最好的明证。

否定了空间因素之后，剩下的情感纽带是社区之为社区的必备吗？

社会学家们把焦点转向文化层面时发现回到了滕尼斯概念的原点：无论社区类型如何变化，它所不应变的是情感归属与心理认同，归根到底，意识到与他人共享利益与兴趣并产生对群体的归属感是社区形成的基础，也是目的。

社区之所以给人不错的感觉，是因为这个词所传递出的所有含义都预示着快乐，而且这种快乐通常是人们想要去经历和体验，但看起来又可能是因为缺失而感到遗憾的东西。它的缺失对人的精神层面的幸福感提出了极大挑战，尤其当人们发现伴随财富而来的不是基于共性或集体而是以个人主义和唯物主义为基础的不同的价值观时，质朴回归人性需求的人际情感联络更让人遐想怀念。

二、中国式社区的内涵

社区研究在中国肇始于1933年美国芝加哥学派领军人物帕克的中国之行，正是在这次国际学术交流活动中，费孝通等把community翻译成“社区”。依据中文语法理解，“社区”概念的中心词是作为空间要素的“区”而不是作为社群要素的“社”，也就是说，“区”的范围是必须限定为不可变的，对“社”的理解却可以相对化，甚至可有可无。这恰恰走向了原初定义的反面，作为共同体，“社”才是不变核心，“区”则并非必要因素。在我国台湾，为避免社区之“区”所带来的困惑，已经把“社区”改称为“社群”。

也正是因为这次学术交流，中国的社区研究从此被打上了深深的芝加哥学派烙印，即对地域的强调。目前官方对“社区”概念的权威性阐述是2000年发布的《民政部关于在全国推进城市社区建设的意见》（23号文件）所明确的“社区是指聚居在一定地域范围内的人们所组成的社会生活共同体”，同时该文件对社区这个社会共同体做了描述，指出“目前城市社区的范围，一般是指经过社区体制改革后做了规模调整的居民委员会辖区”。

中国式社区概念中缺失了社区之为社区的根本要素——情感，而转为强调物质形态，所以中国社区建设的初期更多着重于“物”的硬件建设，但这种建设会逐渐进入饱和期，随之一些深层次的问题渐渐浮出水面，比如居民老死不相往来、民众不愿参与社区公共事务的解决等。

中国式社区报的探索正是在中国社区建设从上半场转向下半场，也就是从表面转向深层，从硬件到软件的背景下展开的。此处的“社区”是一个融合概念，落脚于地域范畴，目的是加强人际情感关联，以求提升公共生活品质。

三、社区报的定义

人类传播作为社会成员相互沟通了解的过程，可以说天然地同社区建设联系在一起。施拉姆指出：传播（communicate）与社区（community）一词有共同的词根绝非偶然。没有传播，就不会有社区，同样没有社区，也不会有传播。

美国报业史上第一份报纸即为社区报——哈里斯于1690年出版《国内外公共事件》，屈指算来，已有300多年。虽然社区报早就存在，但是这个名词却是 20 世纪 60 年代才逐渐叫响，以前或者叫“家乡报纸”，或者叫“乡村周报”等，北卡罗来纳大学教堂山分校新闻学院 Ken Byerly 教授 1961 年出版了 *Community Journalism* 一书，从此业界接受了这个相对贴切的专业词语。

所谓社区报，“就是服务于城市中的社区读者，强调其归属性和认同感的报纸”。在美国，社区报的特征被归纳为经过发行认证的、广告不超过 70%、50% 以上的内容是自采并且是关于本社区的、不少于每周一期也不多于每周四期的报纸。

如果追问“社区报到底是什么”，最明了的回答是否定句：社区报不是我们所熟悉的商业大报，而是完全相异的报种，它绝非商业大报的微缩版，不只是量级不同，最根本的在于内涵、质的不同。

两者差异可参见下表：

比较项目	社区报	城市大报
报道对象	特定社区居民	发行区域受众
报道范围	与特定社区有关的新闻	从世界性事件到具有新闻价值的事件
报道角度	从本社区角度解读新闻事件	从本地区角度解读新闻事件
报道题材	当地新闻	重要新闻
报道质量	低	高
新闻价值的首要判断标准	相关性	重要性

真正意义上的美国社区报包含以下几个要素：

（1）不少于每周一期也不多于每周四期，广告不超过 70%，50% 以上内容自采并且是关于本社区的报纸；

（2）发行量在 5 万份以下；

（3）服务于特定社区读者、强调其归属性和认同感的报纸。

这里需要解释几个概念。

（1）日报和周报：这两个概念几乎就是大报与小报的同义词。每天出版的日报，哪有那么多本地化消息？那就必然要用通稿，用国内国际新闻来填充，而这些并非非我莫属的独家报道使得内容的可替代性大增，网络时代放大了报纸的这种劣势；如果降低出版频率，从每天出报变成每周出报，做其他媒体“不能做，不想做，也做不好”事关本社区的高度地方化新闻，差异化的核心竞争力使得社区报具备抗跌打能力，为了提高性价比，无论从内容还是从成本角度，做周刊都是比较理想的出版频率。

(2) 发行量的区隔：5 万份是美国对社区报发行量的上限界定，超过这个规模，报道范围的扩大必定带来内容相关度的降低，当一样东西属于所有人时，它就不属于任何人。分众与大众出版物的根本区别在于不求大，但求准。就社区报而言，它的好处是圈定了一个明确的受众群体和报道范围，这个市场是可以触摸的，高度相关的，难以被复制的，在一定的地理范围内每天都有事情发生的，只要你报道了，对相关的人群就是重要的。

(3) 情感认同：社区概念强调情感，这同样是社区报的金字招牌。所谓认同是居民对于自身所在空间地域的理解、支持，以及对于自身身份之于社区的归属。面向特定人群的报纸通过地毯式日积月累的本地化报道强化读者对当地的理解，同时建立人与人、人与环境等的互动关系，一旦情感的纽带得以建立，借助媒体实现“想象的共同体”便有了基础。

“人类兴趣”包含了人与人之间心理上的认同，而地理接近性有助于强化此类认同。社区新闻有自己不同的判断标准，接近性或者相关性成为第一要素。人们可能出于好奇、偷窥或者移情心理喜欢阅读其他类似人群的故事，比如新闻人物是我的邻里，新闻事件关涉我的实际利益。内容相关驱动构成强大的阅读心理基础。

美国概念是我们的镜鉴，考虑到两国巨大的差异，照搬肯定水土不服，部分要素需要重新调整。

首先，出版社区报的根本目的是强调归属感，无论中外，这一点都不能偏离；其次，虽然中国的人口密度远超美国，但是社区报即使在中国，也很少超过 5 万份发行量，这一条标准基本适用；最后，中国社区报的定义中必须加上一条：奉普通人为明星。其实，小报在中国一直存在，比如县域党报，但它是为地方精英服务而非把发言权交给普通民众的媒体。

互联网时代，此报已非彼报，无论国内外，绝大部分社区报仍以纸质版形式存在，这是由纸媒相对较高的盈利能力所决定的，但同时并不排斥互联网技术的运用，打的是组合拳，几乎所有社区报都有网络版以及移动终端。对出版方，目前最重要的是占据传播的社区层次点位，介质在适当时候是可以转换的。

四、社区报的特点

“小”是社区报的核心特征，小发行量、小人物、小范围、小规模等不一而足。报道对象为普通得不能再普通的公民，要不是被报道的人和事在一定范围内与他人高度相关，凡人小事根本不具备被普罗大众消费的价值。可以说，社区新闻一旦超过一定的地理范围，对局外人将变得毫无价值。这与以往追求做大做强的城市大报理念大相径庭。

由“小”而来，社区报的特点还体现在以下几处：

（一）高度本地化内容，高度相关性

美国无数读者调查都指向一个事实：读者对地方性新闻的需求无止境，而且越细越好。几十年来报纸的趋势也是越来越收缩，直至今日，他们依然相信地方化新闻是保全自身的上上良策。一个例证就是，2012 年巴菲特打包收购将军媒体集团时，特意剥离了其中最大的发行量达到 11 万份、位于佛罗里达州的《坦帕论坛报》，在他看来，大报的盈利模式不理想，专门报道当地新闻、以社区为立足点的小报才有价值。

美国社区报专家 Jock 教授也说过：“我无法准确地告诉你 10 年后报纸会怎样，但有一点却无疑，它一定会更趋小众，无以复加的当地化。”

美国社区报编辑的信条是为读者把故事带回家，找不到当地视角，再大的事件也不值得报道。对社区报而言，相关性超越重要性上升为首要原则。奥巴马的白宫招待会一般不会成为社区报头条，但如果某位社区居民幸运地得到邀请，当然最好的话还有配文照片，一定可以成为当地社区报的头条。

（二）聚焦凡人小事

对美国社区报人而言，黄金法则是让普通人的名字和照片出现在报纸上，而且要一一注明姓名，绝对不可拼错，否则马上就会接到投诉电话。这与美国高度强调个体价值的文化有关，每一个人都不是“们”之一，而是独特的个体，不可替代，值得被铭记；另外出于现实的考量，一张普通人的照片，到达的读者数可以几何倍数增长，亲朋好友、七大姑八大姨，谁都愿意看见熟悉的面孔，这是增加报纸知名度的捷径。

社区报新闻又被称为“冰箱新闻”，与之相对的是高冷大报的“降落伞新闻”，对高高在上的大报而言，读者只是一个个面相模糊不必投入情感可以卖给广告商的有效数字，大媒体追逐灾难，哪里有不幸，哪里就有他们的身影，他们的热情来得快去得也匆匆，居民当然很不情愿如此被媒体消费，自然怀有芥蒂。

但在社区，记者、出版人、读者构成一个利益共同体，居住、工作、休闲在此，大家都希望这个共有家园每天都安详、宁静、温馨且美好。当社区报把焦点对准身边看得见摸得着低头不见抬头见的身边人时，报道目的是放大普通人的善行，彰显公民美德，当自己成为新闻主角等登上报纸，读者会把报纸内容剪下来层层叠叠贴在冰箱门上，此谓“冰箱新闻”。

（三）高度地方化广告

报纸是地方性极强的媒体，无论是内容还是广告，铺的面越大越有违地域性媒介产品的本性，在社区报上很难找到全国性广告，在网络时代正是把地方性做到了滴水不漏的极致才构筑起自己的护身符，一般小广告无非是有关日常生活吃喝玩乐型内容，落实到社区层次的消费，不外乎超市、电影院、餐馆等日常所需，无论外部经济形势如何改变，都是仍要维持的基本消费，这是“小才能稳”的道理。

社区报对社区商业的不可或缺性在于它几乎是身单力薄的小商家唯一投放得起广告的载体。对处于起步阶段的小商家，首先要对广告的重要性有所认识，更重要的是广告价格必须在其承受能力之内。

“以小为美”的社区报由于在自己盘踞的地盘可以做到地毯式无缝覆盖，和其他媒体形成一种错位竞争关系，几乎没有正面竞争对手，这是它历经风雨而不倒的主因：专事特长，有所为，有所不为。

第二节　美国社区报的发展

社区报历史一直贯穿美国报纸的历史。美国报业史上第一份报纸即为社区报——哈里斯于1690年出版的《国内外公共事件》，距今已有300多年。迄今为止，社区报占美国报纸总数的97%，在美国说小报当道是不为过的。

虽然社区报早就存在，但“社区报”这个名词却直至20世纪60年代才被叫响，北卡罗来纳大学教堂山分校新闻学院Ken Byerly教授1961年出版了*Community Journalism*一书，从此业界开始接受“社区报”这个相对贴切的专业词语。

在高度异质的中国出版社区报必定会带着明显的中国特色，但无论如何，纯正的社区报是什么，如何而来等问题是我们行动的前提和依据，本节将简要回顾美国社区报的历史及现状，以期更全面地看清这一分众类传媒产品的本质特征。

一、美国社区报之历史

北美流行一种说法“无报不成镇”，银行、教堂和报纸是构成一个社区的基本硬件。基督徒信奉的是：人不能只靠面包而活，还要靠上帝的福音。教堂对虔诚的教徒是不可或缺的精神抚慰；而银行则提供形而下的社区运行的经济基础。那么，隐性的媒体为何重要？施拉姆曾指出：传播（communicate）与社区（community）一词有共同的词根绝非偶然。没有传播，就不会有社区，同样没有社区，也不会有传播。传播作为社会成员相互沟通了解的过程，可以说天然地同社区联系在一起。

这使得社区报从一开始就与社区形成孪生关系，很自然地被嵌入美国社会运行的基础结构之中，它的不可或缺性体现在以下两点：

第一，个体是孤立软弱的，民主国家的人民需要联合。意识到这点，人们希望能够找到志同道合者联合起来谋福利，而报纸恰好发挥了沟通渠道的作用，没有这种凝结的媒介，社会有可能变成一盘散沙。

第二，美国各地分治的政治架构使得有关当地政府、税收政策等报道都与居民切身利益密切相关，不知身边事的后果可能就意味着放弃了自己的政治权利和实际利益。

在美国，新闻独立于政府走市场道路的特点使得建立一种可持续的盈利模式尤为关键，个体进入这个领域必须能挣钱才有动力。社区报能在美国各地燎原的根本原因在于它并不是不接地气的理想主义式的公益模范，报纸适合小范围传播的特性使得社区报一般总能在当地传播格局中占据霸主地位，尽揽社区商家广告，成为好事和好生意的最佳结合点，所以在美国，社区报的盈利状况一直很乐观。

新闻是生意，但别忘了这是别样的生意，必须承担一定的社会责任。一般来说，传统报人都是理想主义者，信奉美国的自由价值观，深以为傲的是自由出版的制度和媒体的看门狗功能，如果让美国报人就社区报的功能排序的话，绝大部分会说，首先是服务社区，其次才是盈利，当然这不是非此即彼的关系，而是硬币的两面，不能分割，社区报如果能把社区利益置首，报道社区人和社区事，让信息充分流动起来，居民自然是受益人，也就愿意掏钱订报，有了眼球效应，广告商也会跟风而至，从而实现良性循环。

在美国，社区报大多与社区相伴而生，一旦人群开始聚集，商业就随之诞生，有经验的报人了解当地新闻的优势，看准机会就会去占据市场，纸媒适合地方性传播的特点使得大部分社区报能占据社区层次第一媒体位置，比如《桑福德先驱报》在 20 世纪 80—90 年代，利润轻松超越 50%，这是非常普遍的现象。

在美国，报纸都是从家族企业起步，如果世世代代都对新闻出版感兴趣，那么这个职业可以顺利传递下去，但这样的家族并不多见，于是有的出版人离世后，后代就开始寻找买家。

媒体兼并大部分发生在 20 世纪 80 年代至 90 年代后期，有实力的报团知道社区小报性价比较高，疯狂购买家族报纸，但是家族报纸毕竟数量有限，随着资源的减少，供方要价越来越高，报纸被报团垄断的趋势也更加明显。

传统社区报人有家族报纸情结，他们认为由生活在社区的家族经营属于本社区的报纸是最理想的模式，不管是读者、出版人或者广告商，大家构成利益共同体，在意社区的发展，并得益于此，所以从情感角度，小的是美好的，小富即安，不过度逐利是家族报纸的标签之一。但如果一份报纸由外人控制，很明显，他们冲着钱而来，根本不会考虑社区的公共利益，报纸和读者之间的和谐关系也就走到了尽头。当越来越多的社区报被报团控制，这是媒体社区责任趋于下行的阶段，令社区报人不快不安。

二、美国社区报之主要功能

报纸是深具政治功能的媒体，在美国社会，信息沟通必不可少，当社区成为治理单元，社区报实则承担了小范围内信息传播的职责，在威权社会，信息传达可以自上而下，当社会趋于扁平化，致力于横向沟通的媒体重要性就会凸显。

简单地说，美国社区报的主要功能可以归纳为以下几点：

（一）监督政府

民主社会对媒体的期待之一是帮助公民监督当地政府运作。明税制度使得“纳税人”在美国与“公民”有着同样分量，与纳税义务相伴的是不容侵犯的权利，每个公民都可以昂首挺胸地要求政府做到清廉，每一分钱都花到刀刃上，所以社区政府的采购和各类花销都必须清清楚楚地在媒体明示，并向大家交代税用在了什么地方，如何让社区受益等，当政者如果知道他们的一举一动都处于透明状态并会被历史所记录，就会以更加负责任的态度对待个体乃至集体决策，不至于肆意玩弄公权于股掌，从而保证政治的清明。从这个角度，社区报是代表居民盯着政府的眼睛和耳目。

（二）为社区生活提供指南

信息透明和公开有助于使公民更有效地参与社区活动。美国社区报部分功能类似中国的宣传栏，自治靠大家，但是信息中心的消息传递很重要，如果社区的公共事物需要居民参与，首先要通知大家，并告知前因后果，每个公民都想知道我为何要参与社区事务，如何参与，想达到什么效果，等等。

（三）提供意见分享的公众论坛

社区报是普通公民可以发声的标配，它创建了一种“对话的公民文化机制”，民主是通过信息透明、权力的制衡和不断的调整机制才得以实现，哪个环节都需要民意的表达。对社区报的主编来说，最珍贵的莫过于读者来信，说明读者在乎报纸的报道，在乎社区的发展，应尽量全部刊登。

（四）形成社区归属感，促进社区建设

自治不是靠几个领袖人物就能完成，让普通人参与的心理基础是大家对所居住社区有感情，即归属感，同时自认为其付出和参与对社区是有价值的。作为一种高度分众的媒体，社区报把聚光灯照到普通人身上，日复一日持续为居民的点滴成就点赞，从而创造居民之间情感的纽带并向公民

传递信号：每个人都是社区不可或缺的财富，你的贡献在社区是可见的、被珍视的。这种信号有利于形成居民的社区归属感，从而促进公共参与。

（五）帮助地方商业成长

社区报对读者的重要性还体现在提供商业信息——广告，美国社区报人认为报纸有责任帮助社区商业成长。大报的广告价格一般小商家难以承受，而且也不需要那些大而不当的无效发行，社区报在当地社区的高市场渗透率正好可以帮助他们精准地到达目标消费者，社区商业发展了，有足够的余钱了，才有可能持续地在报纸上刊登广告，社区报将受益于此，最终实现双赢。

三、美国社区报的现状

在媒体急速变化动荡且前途未卜的时代，大家更关心的是媒体的现实处境及未来出路，具体到社区报，可能很多人心头的疑惑是：互联网时代，社区报过得好吗？未来还有必要存在吗？其实这两个问题的答案通过美国的行业现状是可以找到的。

互联网对社区报的冲击主要表现在经营方面，可是与商业大报相比，在特定范围内其地位依然比较稳固。作为曾经的社区报人，巴菲特深谙此道，2013 年他出手购买社区报时分享了对这一行的判断：“只要是所在社区唯一的一份报纸，它的利润一定高得出奇；无论经营管理是好是坏，都不影响盈利水平奇高无比。”

巴菲特给股东的承诺是税后回报率至少 10%，这是比较保稳的估计。以《桑福德先驱报》为例，2012 年的边际利润高于 30%，有史以来几乎从未掉到此底线之下，当然最辉煌的时候可以达到 50% 以上。

2014 年伯克希尔·哈撒维公司报业收入与上一年相比下降 5%，加上大报流年不利的消息频传，巴菲特再度被邀发表对报纸未来趋势的看法，他承认现在对报业确是非常困难的时期，如果报纸终将消失的话，小报也会比大报有更长的生存期，给一个小镇办报比为所有人办报容易许多。

数据比较令人信服，美国报纸协会（NNA）2013 年公布的信息如下：

（1）读者每天阅读社区报的时间接近 33 分钟；

（2）70% 的读者会阅读社区报的全部或是绝大部分内容；

（3）平均每位读者会与 2.48 个人分享自己在社区报上看到的内容；

（4）78% 的读者依赖社区报获取地方资讯；

（5）地方报纸的读者数是地方电视观众的近 3 倍、区域内互联网用户的 5 倍；

（6）80%的读者及其家人对社区报上的内容非常期待；

（7）79%的读者会阅读报纸中的小卖部广告和插页广告；

（8）82%的读者在一定程度上倾向于社区报上的广告而非网络广告。

另有数据显示，71%的受访者访问过社区报网站的主页，却有66%的受访者表示从未登录过地方政府的网站。55%的读者表示会通过社区报的网站查找信息，相比而言，只有17%的读者表示会访问雅虎、谷歌等大型搜索引擎。

相对而言，社区报由于天然地与分众传播理念契合而具备了相对强的抗风险能力，但盈利幅度也在慢慢收窄，利好消息是，至今绝大部分读者无论对纸质版还是数字版均依然表现出异常忠诚的态度，小报在媒体生态中独特的定位使其在内容方面没有同质化之虞，它的读者基础是一点点被侵蚀，不像大报一夜之间轰然倒塌，这给它的转型腾出了足够的时间。

四、新媒体对美国社区报的影响

接下来必须谈谈互联网这个绕不开的话题。

互联网的崛起是迄今为止媒体业遭受的最为深刻全面的冲击，其影响的广度和深度远远超过人们的预期和判断。卡斯特在描述美国的互联网发展速度时曾说："互联网展现了有史以来最快速的沟通媒介穿透率：在美国，收音机广播花了30年才涵盖6000万人，电视在15年内达到了这种传播水准，全球信息网发展之后，互联网只用3年就达到了。"

以互联网为分隔节点，可以看出，在前互联网时代，影响报业经营的也许是外部的经济形势，或者掌舵人的决策、理念等，但盈利模式依然稳固，没有伤筋动骨般的痛感，但新兴数字媒介轻而易举地挑落了大众媒介用100多年时间建立起来的从内容到经营的成熟生产模式，留下一地鸡毛，这是一个仍处变动中的过程，前途不明。

在美国，对网络的认识也有一个从恐慌到理性回归的过程。初期，大家认为纸质版将被网络取代，出于防御心态，恐慌性地上网占领地盘，免费放开所有内容。用免费内容吸引读者不是难事，问题是读者只是用来招徕广告商的手段而非目的，当同样的内容，纸质版收费网络版免费时，两个平台高度可替代性的结果必然是读者大量流失到网络，随后出版人发现网络世界的广告价格极低，一般来说，一个纸质版读者的价值是网络版的10～20倍，也就是说，丢失一个纸质版读者，至少需要用10～20个网络读者来补位，损失才能填平，但这种增长速度几乎是天方夜谭，把读者从价值高台驱赶到低地等于放弃到手的利益，这是不合逻辑的选择。

意识到战略性错误，在社区层次，绝大部分报纸进入21世纪后纷纷垒砌“付费墙”以保住摇钱树纸质版的优势。以北卡罗来纳州社区报《桑福德先驱报》为例，为了引导读者回到纸质版，报社自2010年推出明显带有歧视意味的订阅规则：月付11美元的纸质版读者自动拥有双重浏览资格，而单独订阅网络版则需要16美元，比纸质版还高出5美元。

在经济不景气的当下，报纸通过“付费墙”倒逼读者为以前免费的产品掏钱，实际上是在冒险试探读者的忠诚度底线，但似乎又别无选择。

据统计，美国报业广告的75%目前仍来自印刷版，网络版广告还不足以独撑天下。

虽然没人能准确预知未来该怎样做，但美国出版人在免费开放网络版的过程中付出的惨痛代价至少让他们看清了一点：让网络成为盈利支点的难度超过想象。

由于前期触网经历令人失望，社区报人面对新技术则表现得相对保守，很多人相信：报纸会有消失的一天，但这个点在什么时候出现，谁都不知道；没有了纸媒，社会会怎样，行业靠什么生存，大家也不知道。总之，这是一个充满不确定性的时代。自2007年带来革命性变革的苹果手机出现以来，美国社区报业在经营方面突围的对策捉襟见肘，概括起来就是开源节流。

在财源广进的暴利期，很多社区报都购置了价值不菲的印刷设备，现在资金链吃紧，此类资产便被变卖套现以减少租金、水电、税款、设备维护以及人力费用等支出，报社同时将印刷和发行业务外包。近五年，很多社区报经历了裁员、减少出版频次、战略性收缩战线等明显影响产品形态和质量的艰难抉择后，在人力和空间资源上的布局规模都有所缩小，比如一些社区报减少偏远地区的发行量，转而尝试用网络渠道抵达受众。

为了弥补纸质版流失的每一枚钢镚，有些社区报开始看准市场再细分出多元化产品。一些报社开发更加小众的读者市场，比如高尔夫专刊等。各种专业化杂志或小众化社区论坛逐步成为报社除纸媒以外的副线产品，在反哺广告商的环节，这些新的细分市场开拓出新的广告空间，带来新的利润支撑点，但碎片化的盈利点对于总收入的贡献充其量只能算蝇头小利，目前看来还无望扭转整体经营的颓势。

到此，很多人就会提出第二个问题：既然日子也是越来越差，未来还有必要存在吗？我们先从名人的例子切入。

从2012年开始，巴菲特收购了一长串发行量在5万份以下、一般人闻所未闻的社区小报，业内业外都公开惊呼“看不懂”，疑问有两点：其一，连《纽约时报》都不行了，其他报纸还有活路吗？其二，为何要投资一个

"正在死去的行业"?

第一个疑问在前面已作出回答：商业大报与巴菲特购进的社区小报，从内容到经营模式几乎没有可比性，这是完全不同的报种。时至今日，社区报在美国依然是赚钱的。

巴菲特20世纪70年代曾拥有一份社区报，他很清楚这里的水有多深，放言"只要是所在社区唯一的一份报纸，它的利润一定高得出奇；无论经营管理是好还是坏，都不影响盈利水平奇高无比"。

第二个问题事关媒体存在的根本价值。巴菲特对购买报纸的另一个解释直指核心，却为大多数人所忽视：新闻不可唯利是图，我相信这些报纸作为社区机构存在的价值——民主需要沟通。

美国制衡政治的重要特征是公开和公众性，虽然绝对理想化状态从未在现实中完全兑现，但仍是其他社会从未达到的高度，这与媒体尽职尽责扮演看门狗的功劳密不可分。当然政治是分层次的，在最基层，社区报的在场则事关草根民主的质量。

社会不缺能赚钱的行业，但对民主政体，被设计为免疫系统的媒体缺位将带来灾难性后果。新闻业"不作为，少作为"极大地冲击了民主社会的运行效率。任何社会的良性运转，隐而不显的媒体总能发挥其他手段无法替代的作用。

近年来，美国有一批行动者抛开追逐广告的传统，另辟蹊径高调宣示媒体的社会价值，做起了非营利性新闻网站，这批网站的特点是做小做深做硬新闻，互联网技术给没有资本但仍抱新闻理想的人以无限可能，他们瞄准市场空白，细分内容或地域，做小而精的新闻网站，目标精准，专攻一地一事，扮演让短板不断长高的角色，反而有更高的存活概率。比如以获普利策奖扬名专事调查性报道的网站 propublic；以州为报道范围专攻政府新闻的 texas tribune；下沉到社区层次，New Haven Independent 网站主打事关公共利益的社区新闻，同时为商业媒体没有兴趣和精力触及的弱势群体提供发声和参与机会。

2013 年皮尤报告称非营利性新闻网站为"美国新闻业正在增长但仍脆弱的部分"。在美国，如果能提出超越商业动机促进公共利益的宗旨做非营利机构，则可以接受基金会和社会捐助并享受免税待遇。在新闻遭遇困境的当下，美国各界对致力于实现公共善的非营利性新闻网站纷纷出手，有钱的出钱，有力的出力，比如大学新闻学院会让学生参与新闻报道，各类民间智库免费提供新闻分析和线索，新闻机构则会利用各自平台与之合作助其扩大影响。

第三节　社区报在中国

社区报在中国的萌芽大约始自2004年，那时都市报已显露过度竞争的迹象，在寻求突围的过程中，在国外已相当成熟的社区报引起关注，社区报进入中国必定是生不逢时的，如果经营方面一路高歌，媒体不会想到开发其他产品，中国报业是抱着淘金梦来的。

事实上，这个产品与想象有着很大的出入。缺乏都市报的成功秘诀——只要敢投钱，就会有反响。社区报是一个新生事物，很多以前不是问题的问题接二连三地出现，比如：免费发行如何到户？与社区政府关系如何相处？收益减掉成本，包括时间和精力成本，它的总利润也不令人眼热。

一、中国社区报发展的三个阶段

在2005年报业拐点出现之前，少数报人预见到都市报的衰落前景开始涉足社区报出版，可惜的是，由于种种原因，几乎没有存活下来的成功案例。后来各地的零星试验并没有断线，与这一过程伴随的是社区建设的推进与报业生存环境的进一步恶化，在条件相对成熟的地区，具有中国特色的社区报模式渐渐成熟。10年历史大约可分为3个阶段。

第一阶段：2004年至2005年，分析样本——《巷报》

21世纪初，都市报发展最高峰时占报刊总发行量40%以上，同质化竞争已使市场竞争呈现胶着且困顿的境况。社区新闻，这一在教科书中很难找到的新闻品类逐渐进入报业视野。2004年1月17日，经国家新闻出版署批准，《新文化报》成功更名为《巷报》，中国第一张全面市场化的社区报诞生，由此，2004年可以被视为中国社区报发展元年。

2004年2月8日，《巷报》的发刊词这样写道：

> 《巷报》的出现有其理由。新时期中国报业发展的第一阶段，改革开放之初，晚报的复兴，成为一种娱乐性补充；第二阶段是市场经济对应着都市报的勃兴和张扬，为新闻缺失的状况填空；第三阶段是中国社会正经历着从经济建设到制度建设的重大转变，需要新的媒体以全新的理念和新闻实践与之相匹配。
>
> 我们的预期读者不再是都市边缘人，而是具有新时期、新生活、

新身份、新阶层特征的新市民，他们是市民和公民概念的叠加，特征是：财富的创造者，文明的呵护者，维护自身权益理直气壮，参与公共事务乐在其中，同时对法律有信心，对制度抱希望，以积极的心态和建设性的批判完成国家体认和社会共同价值观的深情守护者。费孝通这样解读社区：守望相助，疾病相扶，价值认同，这就是最准确的社区及社区报的核心理念。

作为一个新品种，《巷报》的诞生与存在，本身就已是中国报业史的巨大贡献。

一年后，投资方突然撤资导致该报休刊。新华传媒工场在分析报纸失利原因时认为，资金问题只是一个因素，报纸内容设置、发行方式上逐渐偏离差异化定位，才是造成停刊的根本原因。创刊之初打出社区报旗号，属于概念先行，其实并没有做成真正的社区报，“立足长春，面向东北”的口号，等于把整个城市的社区居民都作为读者对象，该报针对的“社区”是泛指，与都市报大同小异。

但创始人张伟先生纠正：《巷报》从未提出“立足长春，面向东北”的口号，那条路走不通，也根本不能走。但他认同概念先行的分析，现在回想起来，导致关门的根本原因是《巷报》仍按都市报积累下来的经验逻辑在运行，把综合性报纸做成周报闻所未闻，做大做强的观念根深蒂固，他说当初已筹集到3000多万元，每天烧钱的日报如果没有大量广告支撑，财政上很快捉襟见肘，如做周报，3000万元够烧10年，无论如何，这个品牌也能被慢炖出来。

仅2005年，北京的都市报中，《法制晚报》《新京报》《北京娱乐信报》《北京晨报》《北京晚报》纷纷推出社区新闻版，但至今无一幸存。

第二阶段：2007年至2009年，分析样本——《新民晚报社区版》

2007年3月2日，上海第一张获得国家新闻出版总署批准的有独立刊号能公开发行的社区周报《新民晚报社区版》正式创刊，总发行量为38万份。《新民晚报社区版》提出力求探索在特大型国际城市办社区报的新模式。

中国大城市的社区报这么多年来探索的成果并不令人鼓舞。首先大城市广告市场竞争激烈，趋于饱和；其次社区报获得成功的一个重要前提是居民有社区归属感，在大城市，脱域型社区或者睡城社区比比皆是，这样的地方很难培养读者忠诚度。

即使在美国，大城市媒体竞争激烈，居民社区归属感不强等特点使得社区报发展并不如小城市充分，中国显然也很难逃脱这个陷阱。

《新民晚报社区版》虽冠以“社区”名头，却依然以豪气的大发行量为卖点。《新民晚报社区版》的尝试得到很多人暗地关注，但它没有带来大家想象中新报种应有的效果，不可否认，这种探索结果一定程度上抑制了社区报的进一步发展。

第三阶段：2009 年至今，分析样本——《广州日报》系列社区报和北青社区传媒

前两个阶段的试验都是在没有理解社区报实质的情况下匆忙开始，铩羽而归。希望破灭之后，中国报业对社区报的态度渐趋保守，但是江河日下的经营状况一直在无情地提醒报业：一本万利的暴利期已不可阻挡地远去，寻找市场空白点则是分众传播时代的当务之急。

此前阶段的试错代价并没有白付，重新上路的社区报对草根媒体的盈利能力有了理性的期待，对赢得读者忠诚度和市场认可的困难有了足够的心理准备，于是韧性十足再出发，在曲折的过程中逐渐摸索出一条既符合新闻传播规律又有中国特色的独特路径。令人意外的是，相对理性坚实的探索始于经济发达、社会建设走在全国前列的珠三角一带。

2013 年，广州日报报业集团进军社区报立马引发高度关注。《广州日报》旗下系列报刊经营业绩尚佳，开发社区报的思路中，“利用主报优势对周边市场进行充分挖掘”的主动出击色彩要重于“应对纸媒生存挑战”的被动色彩。

与《珠江时报》系列社区报不同的是，它采取的是完全市场化的道路，广州日报社区报有限公司总经理吴国华直言：“从广报社区报筹备的第一天起，我们的目标就是做一张内容专业化、经营市场化，且能快速盈利的小城镇报纸。”

广州日报系列社区报最突出特点是：小城镇化和市场化。

选择小城镇的原因在于：第一，《广州日报》虽然发行量有所下降，但在广州依然强势独霸一方，没有必要在自留地里自相残杀；第二，相对而言，小城镇媒体资源严重缺乏且广告和新闻竞争不太激烈；第三，小城镇地理位置相对独立，熟人社会特性使居民具有较高的归属感，对一定范围内的广告和新闻需求较大。至于说走市场化道路也是深思熟虑比较了多种模式之后的选择，吴国华坦言，广州日报也曾考虑过学习上海社区报与街道合作模式，但发现街道预算有限，且一旦政府部门出资，难免会对内容有要求，内容自主性将会受限；另外，广东省内小城镇不缺政府主导的报纸，但其内容和经营上比较保守，市场潜力远未开发。其经营采取广告外包模式，旱涝保收。

吴国华在很多场合都提到，他对社区报的信心来自国外考察经历，尤其是加拿大星岛传媒集团所有的《多伦多星报》，这是加拿大发行量最大、最赚钱的报纸，但利润的2/3来自遍布多伦多地区环绕主报的各小镇社区报。他的计划是2013年为社区报探索阶段，逐步开办10份报纸，如运作顺利，2014年将模式快速复制并拓展至珠三角地区。如果以每份社区报3万～4万份发行量计，做到10～20种，合计将有30万～80万份的发行量，相当于一个中型报纸的规模，如一年打平，第二年能有100万～200万元的盈利，运作两年后，社区报每年的总盈利可以高达4000万元。

如果在真空环境下，这样并不夸张的目标和操作思路完全行得通，但是一旦付诸实施，很难预料大佬的强势出击会动了谁的奶酪，迫于难以言说的压力，本来预备2015年扩张到30份的广州日报被迫于当年1月初关停旗下8份社区报，实际上是踩下了其依赖规模取得效益模式的刹车键。

不过，社区报探索依然处于进行时状态，南边不亮北边亮，成立于2013年10月25日的北青社区文化传媒（北京）有限责任公司是北青传媒集团全资子公司，立志于做“不同于传统平面媒体”的新媒体。

他们的探索相较以往颇具先锋色彩。首先，借助《北京青年报》品牌优势和业务资源，依托政府优势进入各个社区，到2015年初已经覆盖30个区域；其次，北青社区报的最大不同在于从做新闻到做服务的理念转变，业务涵盖OK家App、微信平台和社区驿站等，建立可提供新闻资讯、生活服务的全媒体平台，同时形成互联，开展大数据营销。

带着明显互联网基因的北青传媒应该算是行业中第一个吃螃蟹者，互联网与社区媒体的嫁接能否成功，或者说能在多大程度上取得理想中的效果还有待时间检验，但2015年5月期待中的好消息传来，北青社区传媒OK家App注册用户超30万，估值超两亿元，社区驿站已开设130家，这些令人印象深刻的数字使得数千万元的A轮融资得以顺利完成；其意在解决“最后一公里”的战略性布局与阿里巴巴的物流，商超和本地生活等业务有着广泛的共赢空间，同月，双方签署战略合作备忘录，将在线上线下展开多层次合作。

二、中国社区报发展的三个契机

自2004年算起，社区报在中国曲折地不起眼地走过10多年。对一个高速发展的社会而言，10年间的变化可以称得上翻天覆地，社会生活的各个领域已有质的改变，以社区报为例，10年前媒体一厢情愿独闯天下，应者寥寥，败兴而归；现在想来，在当初既没理解社区报本质，又仅视之为行业脱困稻草的做法注定要失败，因为传播媒介并非置身于改变我们社会的其他力量之外而独自存在，媒介不只塑造社会，也被社会塑造，踩到点上与社会发展同频的话，顺势而为，它才能结出果实。

试错—沉寂—再出发，10 年后，社区报还是那个社区报，但内涵已有了本质的区别，至少都已插上了互联网的翅膀，线上线下都有腾挪空间，而且整个社会政治经济乃至行业生态已发生了巨变，如果不考虑外来的干扰因素，我们应该有理由对社区报的发展抱有理性的乐观期待。

（一）社区报发展是行业转型的需要

从 2005 年开始，报业下行趋势步步加深，据《2014 年新闻出版产业分析报告》，报刊业出版全方位深度下滑，2014 年，报业营业收入 697.8 亿元，同比下降 10.2%，利润总额 76.4 亿元，同比下降 12.8%。业内清醒的人士终于意识到，传统媒体的黄金时代已经结束，“断崖式下降”之后媒体已基本无望走出困境。

纸媒未来会怎样？一二十年前，认为纸媒历史使命已完成即将消失的声音也许会占主流，但这么多年来纸媒垂而不死、依然走高的广告价格让很多人逐步修正自己过于简单的推论。纸媒依然有其存在合理性的原因在于：

其一，传统媒体依然占据信息供应链上流位置，截至目前这个地位未能被新媒体撼动。美国皮尤曾经调查巴尔的摩的城市媒体生态，博客、新媒体网站、特殊兴趣网站、传统媒体网站异彩纷呈，但再往前溯源，却发现 95% 的硬新闻主题都来自传统媒体，尤其是城市主流大报《巴尔的摩太阳报》。国内虽然没有类似调查，但据一般经验判断，此结论依然适用，也就是说，传统媒体的专业素质依然一枝独秀，这是社会需要其存在的应然理由。

其二，物以稀为贵。纸媒以昂贵的制作成本高门槛阻断了很多对手，纸媒一旦放弃报纸奔向网络等于跳进信息的汪洋大海，在人人皆媒体的时代，任何人都能抢夺广告份额，暗箭有可能来自 360 度的任何一个方位，这种四面楚歌的境地不见得比纸媒目前凭借令人望而却步的高门槛抵挡掉相当多广告抢食者的状况好多少。

习惯了暴利的报业如果能摆脱顾影自怜的心态，放弃再度找到暴利途径的幻想，契合分众传播特点的社区报不失为助媒体完成双重使命的有效平台，媒介的碎片化时代蓝海战略才是制胜之道。

（二）社区报发展是社会转型的需要

近年来，中国政治领域最明显的动向是社区建设受到前所未有的重视，“社会管理创新”急速蹿升为政治领域热门词语。民主是中国社会的方向发展，草根媒介在威权社会中可有可无，但在民主政体中，它的不在场效应会被放大，因为在扁平结构社会中，与之相配的是信息的横向而非垂直流动，也就是说，依靠平等的对话而不是发号施令，社会自身才能正常运转和长远生存。

在基层，政府希望民众能自觉实行自治从而减轻自身不堪的重负，但是对浸淫于保姆国家的国民而言，这种蜕变需要许多的支撑条件，从臣民到公民之间的遥远距离并不会自动缩短，需要很多部门的协同与有意识的培养。当社会治理重心下沉到社区层次，居民却对发生在身边的公共事务毫不知情，对事关个体利益的公共政策没有言说的平台，那么终究难以走出被管理的地位。

社会良性发展急需头重脚轻的媒体布局的相应转型，发行量从大裂变为小，报纸数量从少裂变为多，在小范围内实现群体间对话的相对理想状态才有望实现，社区报的存在会让居民产生“我的声音会被听见、我的意见能够表达、我的权益得到保障”的安全感，这是他们走出自我封闭的小圈子，参与公共事务实现自治的前提条件之一。

这几年在媒体与政府联手出版社区报的过程中，一个普遍现象是，政府并不是先知先觉地看到媒体的功效，但当媒体主动伸出橄榄枝，有一定财力并能置民意为先的政府愿意尝试，而结果往往超出预期。一旦在喧嚣的民间舆论场中天生弱势的政府尝到了借力媒体占领“基层舆论阵地”的甜头，开展与媒体常态化合作就会成为政府的追求之一。

（三）社区报发展是健全公民利益表达机制的需要

改革需要自上而下的宏观设计，十八大报告中提及“畅通和规范群众诉求表达”表明制度性利益表达机制建立的迫切性，如果这个过程过于滞后，“利益关系的失衡将越来越难以控制”。不容回避的是，经过几十年高速发展，公众“物质利益诉求与政治诉求和权利诉求相交织的态势”已经被激活，但恒定利益表达机制却缺乏制度化渠道，如果所有人都要到主流媒体上发言，那是千年都等不到的概率。

利益表达权要通过一系列机制才能建立起来，从报业角度，尝试社区报出版以温和地推动改革是媒体的天职。

一位社区负责人曾经讲述一个颇有意味的事件。为了回应居民对缺少活动场地的抱怨，社区准备在小广场上移走几棵树，清理出一块空地，没想到居民却对挪树的做法大为不满，要求立马停工。颇感委屈的社区工作人员想了一招，通过社区报征集广场活动场地的设计方案，把主动权交还给居民，居民们还真的踊跃献计献策，各种方案雪片般飞来，最后的方案融合了居委会、物业、居民三方的想法，“其实与当初的方案并没有太多差别”，但没有一个人反对。随着个体自我意识的增强，政府如果能摆正公共产品提供者的位置，以平等的视角与居民对话，很多矛盾完全可以避免。

社区报作为民意的放大器、倾听者、情绪的减压阀等的潜在价值远远未被人们所认识，如果做到位，它可以使社会矛盾出现的关口前移，大大降低小错铸成大错的比例，让和谐概念落到实处。

让人对社区报在中国的发展有理由乐观的原因在于，当时代发展到一定阶段，政府、媒体和公民的需求汇聚到一起，构成稳定的三角互动关系，尤其在大政府社会中，拥有大量资源的政府的自觉推动，相当于给社区报安上了一个动力强劲的马达。

第二章

庙堂考虑与江湖之道

——系列社区报的成因分析

传统报业的挽歌由远而近传来。一个敏锐于传播规律的新闻从业人员7年前在佛山这样的一个地级市就已经隐约听到。于是，有了对社区报最初的探索尝试，所以才有了今天让学界和业界关注的《珠江时报》系列社区报模式。本章详细披露了《珠江时报》系列社区报的创办原因，既有出于舆论阵地的庙堂考虑，也有关于自身生存的江湖之道。

为什么要办社区报？这是每个来我们报社交流的同行，我们自己的同事都会问我们的问题。虽然说回答不出这个问题也不影响大家办出很多模样的社区报来，但是，以我们自己7年来的观察与体会，是否能清晰地给自己一个答案，最终会决定我们办出一个什么样的报纸来，甚至决定我们的报纸能够走多远。所以，想来想去，还是从这个永远绕不过而又纠结的话题开始我们关于社区报的所有讨论。就好比我们无论有多么大的雄心壮志，无论我们有多么充分的准备与条件，出发前我们总是要明白一个问题：我们要去哪里？我们为什么要去？哪怕我们还不知道那个最正确的方向在哪里，但是，当我们集结起来一支队伍，我们至少要告诉自己：我们为什么要迈开双脚？我们为什么要去那个方向？

《珠江时报》系列社区报的创办原因，简单来说有两个：一是找条不同的路生存下去，二是提前占领市场终端更好地活下去。

第一节　都市报“微机”时代的可行选择

一、媒体创办社区报的N个理由

关于传统媒体为什么要办社区报这个话题，不同的媒体、不同的地域、不同的领导、不同的操作者，都有不同的认识和解读。我们创办社区报已经有7年的时间了，其间请教过很多人，也向很多人介绍和分享过我们自己创办社区报的经历与体会，但是我们从来没有和其中的任何一个人，就为什么要办社区报达成过完全一致的意见。

虽然大家对于为什么办社区报没有一致的认识，但并不妨碍中国的社区报在不断的争论声中如雨后春笋般长出了一小片。就和当年的创业股一样，眼下的社区报已然成为传统报业的热词。

虽然我们没有挨个去打听到底为什么要创办社区报，但是从呈现出来的样式分析，我们还是可以归纳出几种主要的原因。

（一）赚钱

这也是很多媒体办社区报最为重要的原因。尽管许多人都不愿意把这个理由赤裸裸地说出来，而在心底却把通过社区报赚钱当成唯一的期盼。我们就无数次地被身边的人和远方的人质疑：你挣了多少钱？不挣钱？不挣钱办社区报干什么？

国内有一个金融类的投资公司，2013 年就开始研究和布局国内的社区报市场。他们准备通过投资合作的方式，在国内建设 1000 家社区报的巨大网络，最终却因为对盈利预期胜算不足，于一年后放弃了。

除了这种最典型直白的盈利目的之外，其他想办和正在办社区报的媒体，或多或少都会有这种期盼。其实想挣钱不是问题，问题是想挣大钱还是挣小钱，挣快钱还是挣慢钱，这就成了办与不办的纠结，以及办得成与办不成的分野。

《巷报》《华夏时报》两份社区报的快速创刊与停刊，我们认为都与钱的纠结不无关系。

还有广州日报在佛山创办的被国内广泛看好的《大沥社区报》，因为是与当地一家广告公司合作的，我们更有理由认为，它除了抢市场、为股市造概念之外，主要就是为了赚钱。

（二）抢占市场

当中心城市传统的都市报竞争达到白热化的程度，已经没有再争的价值时，很多媒体开始开拓二线城市甚至三线城市的报业市场。其中一些媒体通过开设社区版面下沉进入基层社区，形成新的增长点或者竞争力。

比如《南都深圳社区报》开通八个区的“鹏城通”，以及《广州日报》创办的《番禺社区报》《东莞社区报》《肇庆社区报》《清远社区报》以及在佛山的《南海社区报》《禅城社区报》等，《广州日报》和《南方都市报》是国内两家很牛的报纸，它们把竞争延伸到周边区域，目的是为了扩大领地抢占市场。因为社区报的收入对这两个“大佬”来说，简直可以忽略不计。

（三）借壳

我们这里说的借壳，是指有很多报纸尽管叫着社区报的名，却没做社区报的事情，顶多是做了一些社区新闻的版面而已。

比如《南山日报》号称要成为中国第一社区报，但是它骨子里就是一份机关报。另外我们前面说到的《巷报》，虽然也号称中国第一张社区报，但是除了名字有一点社区报的影子，称它为都市报似乎更加贴近。

再比如《北京社区报》、哈尔滨的《新晚社区报》这两份报纸，虽然叫社区报，但是我们很难想象《北京社区报》面向北京 1000 万人口发行，究竟是怎么样的一份社区报？《新晚社区报》情况也差不多，在报摊上要一元钱一份。这两份报纸实在是离“小众发行”“靶向服务”的社区报核心理念远了一点。我们宁愿把它们叫作面向大众的社区新闻周报。

（四）跟风

这个原因表面上看有点难以理解，但是确实存在。就是人家办了我也想办，至于为什么办，怎么办，也没仔细去想。这种例子不好举，但我们可以在市场上看到。

其实不管什么原因都不要紧，在办的过程中只要坚守和探索就会越来越明白为什么要办，究竟怎么办。

二、传统报纸的危机催生了对社区报的再次向往

在互联网和新媒体的冲击之下，传统报纸面临生存危机已是不争的事实。传统报纸是否要走向消亡的疑问，也不再是猜测，而是活生生地摆在我们的面前了。

特别是市场化程度较高的都市类报纸，30 年的高歌猛进之后，大家还来不及细细品尝丰收的喜悦，就已经开始面临着断崖式衰落。《传媒评论》刊登的章宏法的文章称，2014 年，除了行政力量推动的部分中央级大报和省市党报，因受市场化因素影响较小，不降反升之外，其他都市类报纸可以说寒意阵阵。“世纪华文”对全国 70 个城市报纸零售市场的监测数据显示，2014 上半年，各类报纸零售总销量环比下降 10%，同比下降 18%，同时都市类报纸零售下降 17% 以上，是各类报纸销量下降幅度最大的。可以说，近十年来，都市报的衰落已经由隐到显，呈现出不断加深加快无法遏止的趋势，于是引发了人们对于传统媒体转型的广泛关注。

有的媒体转型地产开发，有的进军文化会展产业，有的开始与最前沿的电商联盟试水，有些报社开始卖水果、卖海鲜……

在这个过程中，一些媒体的决策者再次把目光转向了曾经并不被看好的社区报。其中最具标志性的应该是上海文汇和新民报业集团《新民晚报社区版》的系列社区报。

一方面是他们起步较早，2006 年底就开始试刊了；另一方面他们是国内第一家真正获得国家新闻出版总署批准的社区报，创刊以来一直受到业界和学界关注。还有更加重要的一点，他们推出第一张周报《新民晚报社区版·闵行新闻》时，就确立了社区的定位，讲究“近、小、细、实”。该报的办报初期策略是“用社区视角确定内容，把差异性和服务性的特点放大”，以此与其他报纸区分，以实现内容的差异性竞争。他们九年前的定位，至今仍然对国内其他社区报的探索有指导性意义。

尽管上海《新民晚报》在社区报的探索中也经历了很多坎坷，但这不影响它成为国内社区报新一轮发展中最具价值和影响力的案例。他们的探

索为传统的都市类报纸寻找未来转型的出路提供了一种可能性与可行性。

三、《珠江时报》创办系列社区报源于困境中的突围

具体到我们创办系列社区报的原因，和上述所列的原因都不一样，是源于困境中的突围，可以说完全是被逼出来的。为什么这么说？这要从《珠江时报》的出生、成长与求生之路说起。

如果说天时地利人和是成功的重要原因，那么《珠江时报》的出生与成长，就显得坎坷了一点。

2004年，《珠江时报》作为都市报定位创办的时候，国内的都市报实际上已经到了盛极转衰的时候，尽管表面繁华，但已经有了危机的迹象。当时的市场没有给《珠江时报》一个慢慢成长的空间，只有两种结果：或者一出生就是一棵大树一片森林，或者一出生就面临死亡。

如果没有巨大的资金投入让自己迅速形成规模效应，那就再难见天日。我们周边城市同一时期创刊的都市报，有的投入几千万甚至上亿元，至今还没有走出亏损的地步。《珠江时报》没有大额资金投入，所以也就没有长大的机会。

还有一个巨大的压力则来自《珠江时报》所处的地理位置——佛山。如果不知道佛山在什么地方的话，那么以下的文字会帮助大家理解。2008年底，国务院批准实施的《珠江三角洲地区改革发展规划纲要（2008—2020年）》，从国家战略层面，明确要求强化广州佛山同城效应。中共中央政治局委员、时任广东省省委书记汪洋同志也多次强调，落实《规划纲要》的突破口在于珠三角一体化，而推动珠三角一体化的突破口就在于广佛同城化。从这些表述中，可以知道佛山和广州这两个城市是连在一起的。1000多年前，中国最先开放的广州外港就在佛山。现在两个城市之间，不仅有公交，还通了地铁，有很多居民住在佛山，在广州上班。

我们都知道，广州是中国报纸最发达的城市，佛山就在它的隔壁，甚至是同城，媒体竞争之惨烈就可想而知了。广州所有的报纸在佛山都有很大的发行量，其中《广州日报》《南方都市报》在佛山的发行量甚至远远超过佛山本地的报纸。《南方都市报》在佛山的记者站，高峰时达到100多人，比《珠江时报》的记者还多，他们每天要出版数十个佛山本地新闻专版、专刊。

可以说，这样的参天大树完全可以遮天蔽日，在它们的树底下生存下去几乎不可能，更不要妄想和它们去竞争了。《珠江时报》梦想成为做大做强的都市报一出生就遭遇了重大的生存困境。

这还只是压力的一个方面。除了广州媒体的大军压境之外，在本土媒体方面，佛山本地最大的报纸也在学习《广州日报》的风格，走“都市化”党报的路线。内外夹击，定位于一份地市级都市报而诞生的《珠江时报》在都市报的路上陷入无路可走的困境。生存已成问题，做大做强就成了遥不可及的梦。

不想等死就只能浴血突围。通过对美国、加拿大、澳大利亚以及南非等国社区报的研究分析，我们对自己有了比较清晰的认识，找到了别的媒体没有的优势，于是开始了对社区报的探索。我们的认识是：传统都市报的“大”和“全”是我们做不到的，但“小”和“深”是别的媒体做不到的。所以我们提出来进社区进家庭，从小处着手，做细微功夫。在森林中，再机敏的动物也不免成为狮子、老虎口中猎物的命运，但泥土中的蚯蚓，因为其小隐藏得深，不仅不用担心狮子、老虎的强大，还可以汲取泥土的营养而遍布整个森林。我们选择做蚯蚓，选择了“以小为美”的进家入户的社区报。

2009 年，我们和南海桂城街道办事处合作创办了第一份社区报《桂城社区周刊》，当时并没有人在意，也没有人看好。到 2012 年，我们在南海的 3 个镇街创办了 3 份社区报，共有 15 万个家庭可以通过邮发收到我们的社区报，不仅受到学界和媒体的关注，也引起了当地政府的重视。2013 年，我们一年内在南海的另外 3 个镇街和禅城的中心街道创办了 4 份社区报。2014 年，我们又创办了 2 份社区报。2015 年，《珠江时报》系列社区报达到 10 份，总发行量达到了 45 万份，也就是说进入南海、禅城中心区域的 45 万个家庭，按一家三口人计，影响人群达 130 万以上。到这个时候，已经没有人再说我们的社区报是小报了。因为即使是《广州日报》或《南方都市报》，他们在特定区域覆盖家庭的能力，也无法达到如此密集的程度。

四、“以小为美”也能做大做强

《广州日报》《南方都市报》等省级大报在佛山虽然都有上百人的记者站，他们对时政新闻和突发重大新闻反应迅速，优势突出，但他们没有办法像我们的社区报一样去覆盖南海或禅城某个镇街的每一个社区里的家庭，他们更加没有办法做到进入这些社区和社区居民天天见面聊天，和他们讨论日常生活的问题。这就是社区报“以小为美”，在小范围开小角度做小事情的魅力和优势。

我们在说到美国社区报的经验和做法时，最喜欢说的一句话就是：

“小的才是美好的。”其实，我们认为，这句话只说对了一半，从情感角度，小与浓几乎等义，从报道内容角度，读者当然也希望整版都是与我有关的当地新闻，但是新闻总归要赚钱的，站在经营角度考量，小就是弱，应该是“无数个小整合到一起才是最美好的”。所以巴菲特老人家一次要买 100 份社区报。单个的蚂蚁是小的，而且没有力量。但是，无数只蚂蚁聚到一起的时候，也会对大型动物构成威胁。

实际上，只有一个两个小是没什么美好的。我们也看到美国的大多数社区报在自我发展的时候是没什么生命力的。因为一个社区内其广告规模是有限的，能支撑的资金也是有限的。我们在采访美国最经典的社区报教材作者、北卡罗来纳大学新闻学教授 Jock 时，他告诉我们，他原来也有一份社区报，因为单打独斗无法支撑，最后也转手卖给了巴菲特老人。在美国活得比较好的是那些报系下面的无数个报纸结成的大的报业联盟。只有成规模才能在市场上有生存能力和竞争力。

《珠江时报》系列社区报的实践，极鲜明地体现出这一点。

2009 年，我们创办第一份社区报《桂城社区周刊》的时候，尽管一出版就达到 5 万份的发行量，但终究只是覆盖了一个街道办事处的范围。即使再密集，也只是一个小小的点，稍微上规模一点的广告商都可以对这样一个覆盖范围或者这样一个点忽略不计。所以，那个时候我们只能做一点餐馆、超市之类的小广告。

当我们逐渐办出第二份、第三份……第八份、第九份、第十份社区报，把南海、禅城的中心城区 45 万个家庭都覆盖的时候，情况就发生了变化。我们的覆盖能力不仅形成了规模，还可以让客户根据产品或者服务对象对广告范围进行选择性投放。广告吸纳能力也就越来越强。比如有个房地产商发现我们系列社区报这个平台后，他的房子盖到哪个镇街，他就选择在哪个镇街的社区报投放广告。还有一些银行也逐渐成为社区报的长年客户。

通过分析我们的系列社区报实践，我们发现其实社区报只是做了两件传统媒体没有办法做到的事情。

一是特定区域发行量大，高密度覆盖。南海区共 7 个镇街，户籍人口 126 万①。我们在南海区的 7 个镇街办了 7 份社区报，总发行量 30 多万份。这是中国任何报纸都没有办法做到的事情，某些报纸号称自己有 100 万份的发行量，但那是在全省乃至全国的范围，具体到一个区域的小范围有几万就已经很不错了。

---

① 2014 年数据。

二是我们的社区报全部直接进家入户，而且是无缝隙无死角。我们的系列社区报不是没有方向没有着落地在大街上发放，而是通过邮局直接送到居民的邮箱，到达居民的客厅。在每个有社区报的镇街，主要的户籍人口家庭都有我们的社区报。每个家庭按三口人计，南海全区 7 个镇街有近 100 万人口可以看到我们的社区报。这也是传统媒体没有办法做到的事情。

但是我们还要注意的是，多本身并不代表着大和强。只有把无数个小有机地连接到一起才能大，只有形成整体功能性地统一发挥效能才算强。否则，单个的社区报就像海面上无数个舢舨随意漂在海面，一阵大风过来都免不了翻船倾覆的下场。

我们要的是行军蚁一样的小和多，尽管一只大象随便就可以踩死一只或者百只蚂蚁，但是当行军蚁成队列进攻的时候，也会对大象形成威胁。这就是有机组织的力量。单个的个体虽然小，但依据严格的规范和秩序形成组织后，就会变得很强大，令人害怕。

我们的系列社区报，正在朝着“做小、做深、做多、做强”的方向前进。小是路径，大是方向，强是目的。

第二节　新媒体时代保卫舆论阵地的有效途径

一、两个舆论场对阵地的争夺

新媒体时代，有一种很怪的舆论现象：报纸说东，网上就说西，电视上说南，大V们就喊北，搞得普通百姓不知道信哪个好。

还有一种怪现象就是，以前群众有事找报纸、广播、电视的记者，现在有话要说的时候，都去找博客，找大V，找水军，甚至找境外的媒体先出口再通过网络转内销。

改革开放三十多年，确实给中国社会带来了巨大的发展。但是，一段时间来，对市场经济的过度崇拜，也让我们的舆论阵地受到了不小的冲击。报纸本来是党、政府、人民的耳目喉舌，但是我们过度把它推向市场之后却发现，报纸所承载的党和人民的话语权，经常会被金钱所收购，变成了“资本”或者某些利益集团的话语权。

在新媒体时代，如何坚守舆论阵地、保卫舆论阵地是摆在所有媒体人面前的一个很现实的问题。我们已经注意到了网络新媒体对舆论阵地的强劲争夺。作为传统媒体，我们有责任稳固和保卫好自己的舆论阵地。

二、报纸仍然是最重要的舆论阵地

近年来，随着报纸发行与经营形势的越来越严峻，关于报纸要被网络取代，并将在2043年消亡这样的“神测”日见嚣张。

诚然，在新媒体时代，报纸遭遇了前所未有的挑战，生存形势越来越严峻，但是否真的会完全被新媒体取代却无法定论。虽然美国的许多大报都在收缩与转网，同时却有股神巴菲特这样一次就买了100份社区报的现实。即使在中国，我们也只是看到了都市类报纸回归理性的滑落趋向，并没有看到党报有任何衰亡的感觉。相反，很多地方的党报还在涨价和增加发行量，我们也没有看到任何一个宣传部门对党报的发行有放松或者放弃的迹象，因为报纸依然是我们丢不得丢不起的阵地。

一个不可争辩的事实就是：无论网上传出什么样的新奇内容，人们看了之后，最后总会告诉自己和朋友一句：明天看看报纸怎么说。一个观点无论网上怎么炒，人们最后还是习惯于去看报纸的定论。

对于中国这样的政治生态而言，报纸特别是各级党委政府的机关报，有着被赋予的特别的权威性，是一个地位很独特很重要的舆论阵地。当报纸逐渐减少逐利的狂热之后，报纸的这一地位会更加明显。因此，至少一段时间以内，我们没有必要被报纸将要消亡的悲观言论吓尿了裤子。只要我们对党、对政府有信心，我们就应该对报纸这个独特的舆论阵地有信心：政府依然需要它来宣贯，民众依然需要它来确认。

尽管有网络，有手机，有微博、微信，但是目前甚至未来相当长一段时间，报纸这个传统的“白纸黑字”的阵地还是会被多数中国人所看重。

三、媒体需要转型，阵地不能转手

无论形势怎么变化，政府始终需要一个高效顺畅的沟通平台。如何确保沟通平台的高效顺畅，媒体就需要转型，如果不转型，阵地就会丧失。社区报因其以“沟通和服务”为本的核心理念以及进家入户的高密度覆盖，能够满足政府对于沟通平台的需要。我们创办第一份社区报的时候，花了两年的时间进行游说和动员，希望政府支持我们试验社区报，当创办第三份到第十份社区报时，更多的就是因为政府的需要了。否则这些镇街的领导不会每年提供一笔不小的费用来创办社区报并维系其运转。

随着社会的进步，地方政府也在进行功能转型，从“行政型管理型政府”转为“服务型政府”，需要一个权威、通畅的沟通平台和渠道与其所服务的民众保持交流和互动。这也是《珠江时报》系列社区报诞生与存在的重要意义。

越来越多的政府部门和领导已经意识到了社区报的作用，主动要求利用社区报的渠道与市民进行沟通。比如南海区负责政法工作的副书记2013年就开始要求相关部门与社区报合作，把一些经常发生的诈骗、抢劫等犯罪手法，用漫画的形式，刊登在社区报上，进入千家万户，让市民提高警惕，减少上当。

2011年，佛山市启动“全国文明城市”创建工作，很多创文指标需要较高的知晓率，佛山市文明办的领导马上想到了我们社区报的进家入户功能，利用系列社区报平台，把一些需要市民知道的知识和问题开设专栏进行传播，同时还借助我们的社区报团队进入社区开展活动与市民沟通。

2013年，南海区从原来的桂城、罗村、狮山、西樵、丹灶、里水、九江、大沥8个镇街变为7个镇街，罗村与狮山并为一个镇。我们在罗村和狮山都创办了各自的社区报，两镇街合并后，我们就开始探讨如何把原来的《罗村社区周刊》[①] 与《狮山树本周报》合并。令我们意外的是，两报整合方案遭到了罗村办事处领导和干部的反对，他们希望继续保留《罗村

---

① 2015年1月8日更名为《孝德社区周刊》。

社区周刊》这份居民已经认同并且产生了感情的社区报，作为沟通与服务社区居民的渠道和平台。

更让我们感动的是，我们2014年8月试刊的禅城区《张槎社区报》，应张槎街道党工委书记胡安全的建议，特别开设了一个专栏，叫作《领导班子有话说》。他亲自带头，每期都有一个党委领导写专栏文章，向社区居民讲解街道的发展思路，为居民创新服务的想法，征求大家对工作的意见等。这也成为我们社区报的一个亮点。

张槎街道2014年GDP三百多亿元，大过内地很多县区的总量。街道领导的工作有多忙可想而知，但是街道的党委领导坚持每周写一篇专栏文章和大家沟通，可见当地党委和政府对社区报阵地与沟通平台的重视。

在2015年1月举行的禅城“两会”期间，区长孔海文在参加祖庙街道代表团分组讨论时提出，禅城各镇街的社区报要开辟专栏专版，宣传法律、法制、公共安全等内容，要做到“润物细无声”，在潜移默化中增强市民的法律意识。

社区报只要找准了自己的定位与职责，就一定能够稳固阵地，在服务政府与服务居民这两个功能中，确立起自己不可或缺的地位。

四、进家入户占领市场最后终端

进入21世纪，我们开始重视无数个终端：电视终端、互联网终端、移动终端、电商终端、App终端……人们一度喊出：占领终端，就占领了市场。为了占领各个终端，各大媒体各出奇招，各路商家拼得头破血流。

我们不知道以后还有多少重要的终端会出现，但我们可以知道的是，任何人不论他当多大官赚多少钱做多大事业，他都是要回家的，家是每一个人都离不开的地方。所以，如果我们占领了家庭，就意味着我们占领了市场最后的一个终端。

我们把社区报定位为：家庭客厅里的帮手。一旦我们的真诚服务打动了这个家庭里的成员，他们觉得我们不可或缺的时候，我们就真正成为这个家庭的好朋友。我们也就得以每周都能被欢迎进入这个社区家庭，也就占领了这个终端。

我们的10份社区报已经进入佛山市中心城区的45万个社区家庭，直接影响人口达到130万。45万个市场最后的终端，这样的阵地谁还敢小觑呢？这样的终端力量还能不强大吗？

第三章

从无到有，从 1 到 10

——系列社区报的创办路径

《珠江时报》系列社区报从无到有，从 1 到 10，从籍籍无名到被广泛关注，此间历程，此中艰辛，本不足为外人道。但既然已经被学界和业界定义成一种模式，就有了分享的责任和义务。本章全景呈现了《珠江时报》系列社区报从 0 到 1，从第 1 份到第 10 份的具体创办历程，事实陈述加上心得感悟，希望对于那些想创办社区报的媒体有所借鉴和帮助。

第一节　始于争议的探索

《珠江时报》系列社区报目前已经有10份，现在再让我们去办10份哪怕20份我们都不会觉得很难了，因为社区报的效果能明显看到了，所以再去说服镇街领导接受创办社区报，就变得更加容易一些了。

所谓“万事开头难”，最难的是我们创办第一份社区报《桂城社区周刊》的时候，也就是《珠江时报》系列社区报从无到有的过程。而在这个从无到有的过程中，最为核心的问题就是，要不要办社区报。

关于到底“要不要办社区报？究竟应该怎么办社区报?”的争论直到今天还没有结论也没有结束。可以想见2009年，当我们提出要创办社区报的时候，所引发的争议应该有多么激烈与纠结。

这种争议主要存在于业内和我们报社内部。

7年前，当我们设想创办社区报的时候，中国传统报业的危机和困境还没有现在这样明显，很多报纸还在风口舒服地飞着，甚至仍然大把赚着利润。所以，大多数报纸根本没有兴趣去研究或者尝试还没有成熟盈利模式的社区报。而且，当时国内第一拨社区报探索的失败和消失，还没有从报人的记忆中抹去。

所以，很多报社宁肯花更多的时间去做都市报的内容与活动，也有更多的报社宁肯花更多的钱买来大米、豆油、纸巾去送给订阅都市报的用户，也不肯花一些时间与精力来做社区报。

报社内部有一种观点认为，社区报和我们正在办的都市报有一定的竞争关系，既然不能确定它一定能赚钱，为什么要花时间和精力去办社区报呢？办一份社区报去分食原本就属于自己的业务，不是搞内耗瞎折腾吗？7年过去了，这种观点仍然没有完全改变。

近几年，随着网络新媒体的快速发展，又出现了一种新的观点：既然未来最强大的是新媒体，为什么不直接去做微博、微信，而去办这个前途未卜的社区报呢？

所有这些争议，都让人无法把社区报的创办纳入纸媒转型的战略思考当中去。

在怀疑与争论中，当时还是珠江时报副总编辑的笔者为了能够得到一个探索的机会，同时又不给单位带来压力，就给单位作出了一个大胆的承诺：不用珠江时报投入一分钱现金，也绝对不给珠江时报带来亏损压力。

在这样的承诺之下，一个至少不会赔钱的底线，让报社领导终于同意我们创办社区报，这才有了《珠江时报》系列社区报从无到有的可能，一个开始的机会，一个探索的起步。

至今，关于社区报的争议还在继续。

7 年过去了，随着一份又一份社区报的成长，人们对眼前会不会亏损的疑虑是少了许多。但是，仍然不能给单位挣来大把钞票的现实，却让一些人没有了耐性：不赔钱是做到了，可是不挣钱还办下去做什么？

还有新生的一个伪问题就是：社区报的存在，直接影响了党报和都市报的发行工作。一些村居说有了社区报，就可以不看党报和都市报了。这让一些人感到不满。于是，社区报影响主报经营，社区报影响发行的争论又出来了。

特别是广州日报在佛山的几个社区报突然撤出之后，又似乎给了一些鼓吹“社区报消亡论”的人现实的依据，大有对社区报不除不快的感觉，这让人特别纠结。

《珠江时报》系列社区报，在争议中起步，在争议中成长，目前仍然在争议中探索前行。

第二节　长达两年的游说

报社领导同意我们创办社区报，只是给了一个机会与可能，更大的困难在于，报社不投入，我们去哪里找钱？在没有任何成功经验可资借鉴的情况下，谁愿意成为第一个吃螃蟹的人？谁愿意出钱来支持我们办这第一份社区报？

经过认真的思考和判断，我们选择了南海区桂城街道办事处作为突破口来创办我们的第一份社区报。这种选择出于三方面的考虑：一是因为桂城是南海的中心城区，也是这个“全国第二区”① 的政治、经济、文化、教育、医疗、商业的核心区域，这里人口较多，社区相对成熟；二是桂城处于广州与佛山的中间，有很多广州居民和外地人口居住在这里，都市味道相对浓厚，人们对新鲜事物的接受能力较强；三是因为桂城是南海区当时 8 个镇街中经济实力较强的一个镇街，因此在财力支持上，会有更大的可能性。

有了这样的选择之后，我们就开始在不同的场合，用不同的方式和桂城街道的领导特别是宣传委员和宣传办主任进行沟通，给他们讲解什么是社区报，社区报是做什么的，国外的社区报是什么样的，我们想要做什么，以及桂城这个有着近 50 万人口的街道创办一份社区报的必要性在哪里。

这种宣传与游说，从 2007 年一直到 2009 年，历经了足足两年。当时桂城街道年轻的宣传委员梁柱华认真考虑了我们的想法之后，终于表示愿意帮助我们进行这种与居民沟通模式的新探索，他最终把我们的方案推荐给桂城街道的主要领导。

时任桂城街道书记李志伦和街道主任洪巨涛两位领导，一个是有着多年基层工作经验的干部，愿意支持创新与探索；一个是博士，眼界也比较开阔，对新事物更加宽容。桂城街道领导研究后，终于同意提供 40 万元资金支持我们在桂城街道试验第一份社区报。这些钱虽然不能支撑一份社区报一年的完全成本，但是作为起步和启动资金，我们已经很开心了。

现在回想起来，这种游说，并不是空口用一些假话来忽悠人。我们当

---

① 在 2014 年和 2015 年发布的《中国中小城市发展报告》中，南海连续两年位列全国百强区第二。

时之所以能够打动他们，有两点值得记取。

一是客户思维，就是现在的互联网思维。想问题的出发点是政府和市民到底需要什么。我们认识到，南海作为中国最发达的地区之一，在改革开放的 30 多年中，主要是发展经济，解决大家钱袋子的问题。直到近年才开始城市化和城镇化的进程。2011 年，南海全面启动村改居。数百年的农村农民生活，一下子就要改变为城市生活，这个巨大的落差，确实让许多人不适应。就连当地政府也面临一个如何用全新的城市化管理手段来管理和服务这些原本是农民群体的问题。这个时候，沟通、理解、交流就变得特别需要甚至是必要，社区报则是相对比较好的平台与渠道。

二是问题引导而不是利益主导。我们和政府接洽的时候，一直谈的是探讨如何形成新的舆论阵地和沟通平台，而不是一个商业盈利模式。事实上也是这么做的。我们把第一年 40 万元的开支列出详细的财务表，让桂城街道相关部门和人员审核。当他们看到我们都用于建设社区报之后，也看到了社区报发挥的一定的成果，很快就决定再次投入新的资金支持。

如果当初我们拿了 40 万元先考虑挣 10 万元、20 万元利润的话，结果一定是没有下一次投资。

事实上，7 年时间过来，政府给我们投入的只占总成本的 50%，其他都是要通过各种经营手段来筹集。7 年来，报社没有从社区报收取一分钱的利润，即使偶尔有一点盈余，也都是投入新的建设之中，促进社区报成长。这也是赢得政府部门理解认可与支持的重要原因之一。

所以，所谓的游说，是用户思维的成功。

第三节　第一份的孤独

领导终于同意我们探索了，第一笔资金也终于有了，创办第一份社区报的外部条件已经具备了。

但是问题又来了，我们的社区报要办成什么样子的呢？要找什么人来做呢？要做什么内容呢？要怎么发行呢？要怎么经营呢？当时，国内完全没有可资借鉴的任何经验，所以每一个问题，都需要我们自己孤独地去摸索和解决。

首先是搭团队。我们挑选了珠江时报的一个主任来担任《桂城社区周刊》的主编，然后把原来在珠江时报跑社区新闻的两个记者调到社区报编辑部，再从广告部调了一名业务员来负责社区报的经营。《珠江时报》系列社区报最初的团队就这样搭建起来了。

2009 年 10 月 28 日，在经过试刊之后，我们的第一份社区报《桂城社区周刊》正式创刊。由于资金的有限和经验的缺乏，《桂城社区周刊》从月刊试起，然后向双周刊过渡，半年后才正式进入周刊常态化。发行的份数也是从 1 万起步，逐步增加到 3 万份、5 万份。

为了节约成本，《桂城社区周刊》的发行也经历了从街上派发到小区物业帮忙发放再到现在的全部由邮局发行的过程。

最早我们也是把自己的报纸当成一个都市报或者新闻周报，到街上派发。后来发现，这个发行办法与我们的定位是不吻合甚至冲突的。社区报应该到社区里，到家里，不应该在街上。所以我们开始寻求小区物业支持。最初是与桂城街道政府和几个主要的成熟社区物业沟通，让他们帮忙派发。开始一次两次还行，到后来他们觉得这对他们来说是没有好处的负担，于是就不愿意帮忙了，而且丢失的量也大。最终我们选择了花高价用邮政发行，这样相对保证到位率。

《桂城社区周刊》的经营工作更是给了我们一个沉重的打击。当时人们对社区报几乎没有什么认识，所以认可社区报的商家也就更难找了，半年多的时间，没有一分钱的广告收入。

问题也是出在关于社区报经营模式上。一方面，大家认为报纸就是靠发行量，创刊时不到 3 万份，而且发行范围仅限于一个街道，作用不大。加上我们的经营人员思路传统，还是卖版面的模式，导致没有一点竞争力。幸好有政府的 40 万元资金作为支撑，才让我们不至于维持不下去。

报社不投入，政府在观望，读者在感觉，商家没兴趣。我们的第一份社区报就这样在磕磕绊绊中前行，东试一下，西试一下，前进两步，再后退一步。那真是一段煎熬的时光啊。为了鼓励自己，我找了一个书法家写了一幅字挂在办公室“跬步成行”，激励自己半步半步地试探着孤独前行，要在没有路的地方，在长满荆棘的地方，用我们自己的双脚踩出一条路来。

这种失败的经历也让我们认识到一个问题：虽然单份社区报的发行量达到数万份，在特定区域内甚至超过了传统的都市报的覆盖密度，但是因为其覆盖范围的局限，所以也不会对广告商家产生多大的吸引力。这后来也成为我们经营社区报的一个理念：都说小的才是美好的，但是一个小并不美好，只有无数个小有机地结合在一起，才能变得美好。从这个意义上讲，这样的失败也是很有价值的。

2010 年，《桂城社区周刊》逐渐得到政府和读者的认可，我们也争取到了政府更多的资金支持，加上新的广告经营办法，竟然在第二年就实现了收支平衡。在政府的要求下，发行量也从最初的 1 万份增加到 3 万份、5 万份直至现在的 6.5 万份，覆盖了桂城街道的大部分户籍人口家庭。

第四节　一生二，二生三

对于我们的社区报来说，一生二，二生三的过程，绝对不是简单复制的过程。现在回头来想，更应该是一个不断修正、完善、创新、成长与成熟的过程。

我们的第一份社区报在摇摇晃晃中坚持了下来。我们逐渐认识到了一个问题：独木不成林，森林养万物。单一的社区报，没有相应的规模效应，是不可能在市场上有较强大的竞争力的。社区报必须要形成密集覆盖的规模效应才有经营与健康成长的空间。

虽然说赚钱不是我们创办社区报的直接目的和根本目的，但是我们也明白，如果总是不赚钱，社区报同样是行之不远，活不下去的。

所以在《桂城社区周刊》相对稳定了之后，我们就开始推动第二份社区报的创办。这一次我们选择了经济总量较小、人口较少的罗村街道办事处①，罗村街道的社区管理相对成熟，人口是相对稳定的本地居民。

2010 年 10 月 29 日，《珠江时报》系列社区报的第二份社区报《新罗村》② 开始试刊。因为桂城和罗村两个镇街的情况不同，所以《孝德社区周刊》没有一味复制《桂城社区周刊》的模式，而是进行了不同的探索。譬如，我们在当地政府投入不能支撑《孝德社区周刊》运转的情况下，为了解决资金不足的问题，在创办之初，就在当地宣传办的支持下成立了《孝德社区周刊》理事会，争取社会各界的资金支持，探索让各方参与办报的路径。

从《孝德社区周刊》的探索开始，我们之后的系列社区报形成了“三点”办报的初步模式：政府支持一点，社会赞助一点，广告收入一点。这三点加在一起，构成了我们创办社区报的成本来源。

《狮山树本周报》是《珠江时报》系列社区报的第三份，2011 年 12 月试刊，2012 年 7 月 11 日正式创刊。狮山镇是南海乃至佛山甚至广东省最大的一个镇。狮山是产业聚集的地方，上海大众、佛山高新技术产业园

---

① 2013 年 3 月 17 日，南海部分镇街进行新一轮行政区划调整，罗村街道被并入狮山镇。

② 2011 年 4 月 1 日正式创刊时改名为《罗村社区周刊》，2015 年 1 月 8 日起更名为《孝德社区周刊》。

都在这里，经济实力较强，但是居民居住相对分散。我们在这里探索了如何服务产业外来人群的可能性。

从创办之日起，我们在报纸的16个版面中，就专门拿出4个版面进行产业人群的关注与沟通。目前我们又尝试为这里的园区的几十万产业人群做一个现实地面服务的驿站，既服务他们的生活，又帮助他们成长与创业，很大程度上与他们形成了更加紧密的关系。

事实上，由于这里是新的产业开发区，加之距离中心城区较远，所以经营工作反而起步较快。这是因为人群越复杂，居住越分散，无论政府的管理，还是居民的生活，都有更多、更大的关于信息与服务的需求存在。有需求，就有经营，所以《狮山树本周报》自创办至今，经营的成长性是最好的，从第二年开始，就一直有少量利润来支持报纸的发展。

从这最初的三份报纸，我们也总结了许多经验与教训。因为三个镇街的情况都不一样：第一个是县城，城市化水平较高，商业发达；第二个相对农村，但是居住人群相对稳定，社区与居委会成熟，热情高；第三个是产业区，对外来人口的管理与引导也是一个新的课题。所以在这三个地方我们都用不同的方式来创办，用不同的方式来发行与报道，甚至用不同的方式来服务。它们也给我们未来其他社区报的创办摸索出了基本的模式与路径。

一生二，二生三的过程，是摸着石头过河，不断探索和明确方向与道路的过程。

第五节　从1到10的法则

从2009年10月28日，我们正式创刊第一份社区报《桂城社区周刊》，到2010年10月29日我们试刊第二份社区报《孝德社区周刊》（2011年4月1日正式创刊），再到2011年12月21日试刊第三份社区报《狮山树本周报》（2012年7月11日正式创刊），前三年我们创办了3份社区报，速度比较慢。因为要解决遇到的很多难题：关于运转资金的问题，关于采编队伍的搭建问题，关于内容的定位问题，关于活动的组织问题，关于发行的覆盖问题，关于经营的开拓问题。

前面我们说到，地方政府每年对社区报资金的支持是不足以完全支撑该社区报一年的运转成本的，而且政府的资金支持是逐年递减的，所以资金的压力始终存在。

从2013年开始，随着政府、居民和商家对社区报的认同度不断提高，我们社区报的创办速度也加快了。2013年一年时间内，我们创办了4份社区报，分别是3月29日试刊的《九江社区报》（2013年10月18日正式创刊）、9月28日试刊的《里水社区报》（2014年1月7日正式创刊）、10月16日试刊的《西樵社区报》（2014年1月3日正式创刊）和10月28日试刊的《祖庙街道社区报》（2014年1月8日正式创刊）。

其中，特别值得我们骄傲的是，我们的社区报首次进入禅城区。禅城是佛山市的中心城区，而祖庙街道又是禅城区的中心城区，所以《祖庙街道社区报》的创办有着非同一般的意义，标志着我们的社区报走进了佛山的最中心区域。

2014年，我们创办了2份社区报，分别是5月14日试刊的丹灶《有为周报》（2014年8月17日正式创刊）和8月13日创办的《张槎社区报》（2014年9月16日正式创刊），其中《张槎社区报》是我们在禅城区创办的第二份社区报。2015年4月29日，我们在禅城区创办了第三份社区报《石湾社区报》。

至此，我们的系列社区报达到10份，总发行量达到45万份，其中在南海区创办了7份社区报①，在禅城区创办了3份社区报②，我们的系列社

---

①　南海区原来包括8个镇街，分别是：桂城、罗村、狮山、九江、丹灶、里水、大沥、西樵。2013年3月17日，南海部分镇街进行了新一轮行政区划调整，罗村街道被并入狮山镇。

②　禅城区包括4个镇街，分别是：祖庙、石湾、张槎、南庄。

区报覆盖了南海区和禅城区超过 80% 的镇街。

从 2013 年开始，我们的社区报创办之所以能够加速推进，主要有以下三个原因：

一是我们从前三份社区报的探索实践中学到了很多关于内容生产和发行经营的经验与教训，逐渐有了一些相对成熟的做法。

二是前三份社区报进入 10 多万户居民家庭之后，逐渐受到居民的欢迎，让其他镇街的领导看到了社区报在加强地方政府与当地居民沟通与互动，化解矛盾与提供服务方面所发挥的功能与作用，从而让他们对创办一份本镇街的社区报有了主动的意愿。

三是前三份社区报的团队为我们后面新创办的社区报提供了人才支持。每次创办一份新的社区报的时候，我们就从前面的社区报团队中抽调一个相对有经验的记者来做助理主编，由他牵头负责筹办新的社区报，再逐步过渡为执行主编，去独立运营一份社区报。有了相对成熟的社区报人才，筹办起来就相对容易很多。

在《珠江时报》系列社区报的创办过程中，我们没有简单地复制一个模式，而是根据各个镇街的需求、社会发展水平、人口分布情况、社区组织情况以及资金来源方式等因素，来探索一个适合于该镇街的社区报的操作模式。

比如 2013 年 10 月创刊的《九江社区报》，尽管它创办的时间相对晚一些，却最早探索出一条从邮发到发行公司包发最后到社区组织承担发行的良好路径，成为系列社区报中到达率最高的一份社区报。

丹灶《有为周报》走的是一条主编与记者走访部门与客户，然后提供配套服务的运营模式，所以创办半年就实现了良性运转。

禅城区《张槎社区报》因为有该街道负责宣传工作的党委委员赖华的亲自指导和参与，社区报的内容与版面相对比较成熟，并且创新性地提出了社区报的“家庭相册”理念。

2015 年 4 月试刊的《石湾社区报》正在探索刊号管理以及结合新媒体整体运营的新办法与路径。

《珠江时报》系列社区报从无到有，从 1 到 10，我们始终遵循的一个共同的法则就是创新。社区报在中国还是一个新的媒介形态，我们还没有看到一个完全成功的可以借鉴的模式，我们在创新中起步，在摸索中前进，然后逐步形成我们关于社区报的理念和操作模式。

第六节 系列社区报的欣慰与困惑

七年多时间创办10份社区报，发行总量达到45万份，进入45万个家庭，按每个家庭三口人计，覆盖人口近130万。过程曲折艰辛，收获也出乎意料。一路走来，泪水与笑容共舞，欣慰与困惑并存。归纳起来，欣慰的原因有以下五个：

第一，我们10份社区报的创办与成长，没有让我们的《珠江时报》主报投入一分钱现金。七年下来，也没有形成一分钱的亏损。尽管到现在还没有什么大的盈利，未来也没有大的盈利目标，但是，对于《珠江时报》这样一个处于转型期的媒体来说，以零现金投入，成长出一个45万份总发行量占领130万客户终端每年产生1500万元GDP规模的社区报集群，是一个让很多人吃惊的创新之举。

第二，我们的10份社区报尽管发展并不均衡，但是都在向着更加健康的方向发展。

第三，我们的系列社区报的内容普遍受到当地政府与居民的认可与欢迎。

虽然刚开始，居民因为不了解社区报，以为社区报只是一张广告纸而对它冷淡甚至排斥；政府对社区报的作用也因为不确定而持一定的怀疑态度，但经过一到两年时间的运行与沟通，政府和居民对社区报的态度大多有出人意料的转变。

当邮政投递质量较差的时候，我们会经常收到居民关于收不到某期社区报的投诉。虽然是投诉，但这一点也让我们很高兴，因为从中可以反映出居民已经越来越在意我们的社区报了。

我们在每一份社区报创办的初期，在还不了解居民接受程度的情况下，并不是盲目地追求最大的发行量，因为这样会给经营和成本带来巨大的压力。我们都是从一两万份起步，逐渐增长，逐渐扩大覆盖范围。一些没有被覆盖到的居民会找到当地政府提意见，要求给他们送社区报；政府也因为觉得社区报覆盖不全会让政府的声音传递出现空档而要求增大发行量。桂城、罗村、狮山等镇（街）的社区报在创办之后半年或一年的时间内，就主动要求扩大发行量，直到全部覆盖。《狮山树本周报》创刊时是3万份，后来增加到5万多份，遇上重大新闻还会临时扩大发行量。

目前，《珠江时报》系列社区报中，最小的发行量是3万份，最多的达到了 6 万多份。发行量的增长尽管给了我们成本的压力，但是这种现实的需求对我们也是一种很大的鼓舞，让我们有了更多的操作自信。

第四，我们在探索中培养了一批年轻的社区报人才。

7 年的时间，我们培养了一支社区报人才队伍。从最初的 4 个人到现在的近 60 人，我们的社区报团队不断壮大、稳定、成熟。创办社区报的前两年，我们动员主报的记者来社区报是比较困难的。传统记者习惯了有会开有材料提供的新闻模式，让他们顶风冒雨到社区里和大叔大妈聊天拉家常，他们很不习惯，也放不下身段。

于是我们开始招聘大学应届毕业生，给他们进行社区报理念的从头培训，形成相对统一的操作规范。经过我们的培训，现在近 60 人的社区报团队，不仅能写稿、编版，还能拍照、发微信，更能做活动、搞经营，大部分的社区报记者都成了多面手，这才是我们最需要的社区报人才。而且社区报团队的核心骨干非常稳定，7 年来很少有骨干人才流失。

我们经常跟社区报的小伙伴们开玩笑说，我们这里是“中国社区报的黄埔军校”，为国内培养培训成熟的社区报人才，在我们这里工作两三年，以后去别的地方办社区报，每个人都有能力独当一面，运营一份社区报了。

第五，通过 7 年的实践，我们对社区报有了比较深刻的认识，并形成了一套关于《珠江时报》系列社区报的核心理念和操作模式。这对推动国内社区报的发展来说，是有益的和具有借鉴价值的探索。

虽然我们有了很多具体的收获，但不可否认的是，关于社区报的困惑一直在困扰着我们。从第 1 份到第 10 份，我们一直都在面对一个又一个的问题。

首先是社区报的“身份证”问题。目前，国家对社区报的刊号没有明确的规定，国内只有个别大的报业集团有专门的刊号，其他的社区报有些是借用主报的刊号在运作，有些是用内部连续出版物的刊号。严格地说，借用主报刊号是不合法的，而内部连续出版物刊号是不可以做广告的。如果不允许做广告，社区报是没有办法存活下去的。

虽然我们身处发达富裕的广东省第三大城市佛山，南海区和禅城区分别位居全国百强区的第 2 位和第 21 位①，但地方政府对我们社区报的经费支持都无法完全满足运转的需要，而且逐年递减，社区报最后还是必须走向市场。国内绝大多数的地方政府并不像南海和禅城这么有钱，他们是没有能力去支持社区报的创办经费的，所以社区报一定要通过广告经营养活

① 2015 年全国百强区排名。

自己才能生存下去。如果没有合法身份，就存在巨大的政策风险，这在很大程度上会阻碍国内社区报的培育和发展。

关于社区报“身份证”的问题，我们在后面章节的“社区报的团队建设”做了一些思考，提出由第三方运营公司来负责运营，解决社区报的经营合法性，以股权的形式让第三方运营公司成为社区报团队的利益共同体。

其次是关于社区报人才的职业成长问题。社区报团队每天都工作在最基层的社区里，是一个低到不能再低的平台，每天跟大叔大妈打交道，视野容易变得狭窄，且看不到更大的发展空间，所以一些大学生干一两年后就觉得没有成就感没有意思而选择离开，导致一些地方社区报团队的人员流动大。我们也一直在探索解决社区报人才的职业成长问题，但除了现实地给他们比主报记者更高一点的待遇，还没有找到更好的机制来解决他们的行业焦虑和职业上升通道。

最后是关于社区报的最终出路问题。在纸质媒体受到新媒体严重冲击的当下，社区报自然也不可能独善其身。虽然我们说它还是一种新的媒介形态，却已经存在转型的迫切性了。社区报最终要去向哪里？我们设想的路径是：社区报以它独特的优势与新媒体深度融合，搭建一个强大的服务平台和通道，最后转型为媒体型服务业。这是一个全新的概念，也是一个全新的课题，需要我们进行理论创新和实践探索。我们的探索已经开始，虽然成败未知，但直觉告诉我们，这个方向是正确的。我们将在后面的章节呈现我们关于媒体型服务业的探索。

第四章

无服务，就无社区报

——系列社区报的理念阐释

社区报的外在呈现可以千姿百态，但核心理念必须相对统一，否则无法成为模式，从而丧失可借鉴的价值。本章阐释的是《珠江时报》系列社区报操作模式的核心理念，可称为《珠江时报》系列社区报基本法，是《珠江时报》系列社区报7年实践探索形成的关于社区报的理论体系，绝对首创，绝对干货。在社区报的理论体系中，我们将“服务”摆到了一个前所未有的极致重要的位置。可以说，无服务，就无社区报。

第一节　社区报的总体定位

基于社区报的媒介特征，我们认为社区报的根本使命不是新闻宣传，而是沟通服务。社区报是周报，版面也较少（一般每期是16个对开的小版），时效性较差，版面容量有限，无法满足居民对重大新闻的好奇心，从新闻的即时性来说，任何综合性日报以及正在兴起的新媒体都远远超过社区报。如果还把社区报当成传统的“报”，那么可以说，社区报已经输在起跑线上了。

我们前面说到，我们的社区报是进家入户的，所以我们觉得社区报应该是一种送到家里，可以拿在手里翻来覆去看的介质，其核心竞争力在于为帮助解决居民生活中的问题而进行的沟通和服务功能。

基于此，我们给社区报确定的总体定位是：沟通你我，给力生活。

一、沟通你我

这里的你我并不单指作为自然人的你我，还包括非自然人的你我，所以这里所指的沟通也包括政府与居民的沟通，消费者与商家的沟通，个人与社会的沟通，个人与环境的沟通，甚至包括人们心灵、心情的沟通与表达……包含人们生存、生活中所需要的各种沟通。社区报就是这种沟通的管道与平台：或者直接沟通解决问题，或者看别人沟通得到触动与启发，或者帮助别人沟通获得快乐。我们所处的这个时代，人与人之间的物理距离越来越近，心理距离却越来越远，所以城市化之后的生活，尤其需要沟通。沟通服务，是社区报存在的核心价值。

远距离的或者大事件的沟通，由最快的互联网、微博、微信来完成，但近距离的，身边小事、生活琐事的沟通，互联网现阶段还没有办法完成或者说不在它的视野之内。

近几年兴起的微信群，也可以进行一定空间的小范围、小圈子的沟通，但是，具体到每家每户具体明确的沟通，还不能完全做得到。毕竟，微信中基本都是亲属、朋友或者工作伙伴，出于安全的考虑，人们在进行网络微信的沟通时，并不会向陌生人告知自己完全真实的信息。所以，这种沟通与信任还是有限的。

而现阶段的社区报，却能在一个社区里，进入所有家庭的客厅里。它可以带着具体的问题，与居民家中的每一位成员进行对话与交流。所以，我们创办的社区报不是单向的传输工具或者载体，是先了解了社区居民的需要，然后找到这些需要的解决办法，再告诉给居民。这是一种具体而实用的沟通，而且这种沟通，是在大量现实活动基础上的面对面的沟通，而不是互不相识的报纸与虚拟读者之间的隔空对话。我们所报道的，或者我们所对话的，不仅我们熟悉，而且社区的读者也都熟知是谁，住在哪里。甚至，我们报纸的作者就是读者，我们和居民一起来解决居民遇到的生活问题。这就是社区报沟通的与众不同之处，也是独一无二之处、不可替代之处。

二、给力生活

乡村的生活讲自我、讲随性、讲天然、讲习惯，城市化的生活却是理性的、秩序的、规范的、强制的。这种巨大的转变过程不是自然而然完成的，而是需要对一代人甚至几代人加以引导、指导，甚至直接的帮助才能实现，才能让他们转变后找到并且适应更加幸福的城市生活。

佛山在改革开放之前，依然是一个以农业为主的乡村社会，在改革开放的早期，也还没有进行大规模的城市化改造。佛山的城市化进程，是在近十年才快速推进的：取消农村户口和农民身份，老旧村居进行现代化城市社区改造，城市的商业与服务延伸到最基层的村居……

《珠江时报》系列社区报就是在这样特殊的转型时期应运而生，并承担起给力生活的责任。

这种给力包括四个方面：

一是引导新的生活方式。城市生活、现代生活与传统乡村生活有着很大的不同，这些需要我们来介绍和引导。让这些原本是农民身份和乡村生活的人，转变进入一种健康的、舒适的城市新生活方式。

二是构建新的城市秩序。城市生活最重要的是靠秩序和规范来维持运行，没有秩序和规范，城市就会混乱与停滞。譬如红灯停绿灯行，不遵守就会出人命；比如要注意社区里不能像原来农村一样随便养鸡养狗；比如社区里的生活要照顾别人的感受；比如社区里应该得到比农村更多的公共服务……所有这些权益和责任，这些秩序和规范都需要有人告知，并且还要有人时时提醒甚至督促，才能深入人心，最后人人遵守。这些是社区报可以做到的。

三是给市民生活提供及时有用的帮助。城市生活对公共信息的依赖程度很高，譬如出行我们要看看天气预报，重大节日我们要看看交通信息……社区报就要提供这种公共服务信息，让居民的生活更加轻松、更加舒适。吃穿住行、教育健康、休闲娱乐、心灵心情……普通市民生活中需要的，就是社区报要提供的。

四是引导形成新的文化和价值观。一个城市，最能营养人、幸福人、引领人的是文化。城市文化不只是唱歌、跳舞、写字、画画。文化，是固化到人的脑子里的意见、态度和价值观，是一个城市历史积淀下来的痕迹。这些意见、态度和价值观，不是我们买了房子住进一个楼就能形成一致的，而是需要磨合、融合才能慢慢趋同；而且也不是时间久了自然就形成的，而是需要有一个文化引领的意识和形式。社区报，承担了这个引领者的角色并可以提供文化融合的平台。

第二节　社区报的功能定位

《珠江时报》系列社区报的总体定位是“沟通你我，给力生活”，这八个字还只是让我们找到了一个大的方向，是我们的目标。有了方向和目标，并不是说我们就能一下子登上山顶了。要想真正登上山顶，我们还必须确定自己的攀登路径。本节所要讲到的社区报的功能定位就是我们创办和操作系列社区报的探索路径。

根据社区报的总体定位，我们明确社区报的功能定位是：政府助手，生活帮手；社会瞭望，幸福守望；互动平台，活动舞台。

一、政府助手，生活帮手

这个应该是《珠江时报》系列社区报的最为基础的功能定位了。之所以这么说，是因为我们的社区报，从出生那天起就带着这个基因。我们的第一份社区报《桂城社区周刊》，就是和桂城街道办事处合作创办的。到目前为止，我们所创办的10份社区报，无一例外都采用了和地方政府合作的模式。

做政府的助手，是我们深入思考与实践后的主动选择。基于中国的政治生态，我们认为做政府的助手是社区报生存的基础，是社区报能够进入社区和居民家庭的先决条件。如果离开了政府的支持，离开了社区工作人员的支持，我们很难真正进入社区居民的家庭，更别说介入他们的生活了。所以说没有这个先决条件，其他都是空想。同时，做政府的助手，也是因为我们创办社区报的启动资金都来源于政府，钱从哪里来就决定了社区报为什么办、给谁办、怎么办等系列问题。

过去我们一直认为办报和赚钱是两个不同的问题，办报是个政治问题，而赚钱是个经营问题。媒体报道本质上是一种话语权的把握，一旦话语权可以通过各种手段变现或者被资本购买，舆论引导的问题和灾难也就随之出现了。基于此，我们国家才有严格规定：非国有资本不能进入媒体领域。

纵观国内社区报创办资金的来源，有以下几种：传媒集团投入、房地产公司或其他社会公司投入、广告公司投入、基层政府投入……我们看到上海、北京、合肥、重庆、广州以及我们身边的各种关于社区报资金来源的探索，最后我们还是选择了与政府合作。我们认为，与政府合作是社区报创办和运转的最安全、最稳妥、最干净、最容易的一条路。

我们接受了政府的经济支持，还借用了政府的行政资源，作为回报，我们当然要承担起政府工作助手的责任。从国内媒体生态来看，做政府的助手，其实对一个媒体来说是一个特别荣幸的任务。而且，我们在社区报的总体定位中说到“沟通你我”的这种沟通里，包括政府与市民之间的沟通，这是社区报很重要的一种沟通，更是一份主流媒体必须承担的责任。从这个角度来讲，做政府的助手，不仅是社区报的职责，更是为社区报成为居民生活帮手提供了一个可行的路径。

社区报做政府的助手，不是要代替政府的公务员去工作，而是让政府了解居民的需要，同时也让居民知道政府正在做和将要做的事情对大家意味着什么，有什么好处，需要居民给出什么意见，让居民理解、支持和配合政府的工作。做政府的助手最终的指向还是给力生活。

关于生活帮手的定位，很多媒体一直在做，解读各种政策，提供各种资讯，甚至帮居民跑腿办事。社区报的“生活帮手”定位与“政府助手”定位是相辅相成的，一方面我们提示、引导政府去关心、关注、解决一些生活的问题，另一方面我们也作为解决居民问题的一个具体的执行人去做这些事情。我们还借助政府的公信力，整合社会资源实现帮办居民生活的最终目的。

做政府的助手和做生活的帮手，这两个定位最后交汇成一个点指向同一个目标，那就是居民生活的和谐与幸福。

二、社会瞭望，幸福守望

说社会瞭望，是基于当今信息爆炸时代的现实需求。海量信息泛滥成灾，在充分满足人们信息获取权的同时也经常让人无所适从、无法选择。这就需要有人根据目标读者群的现实的和可能的需求，来帮助他们梳理杂乱过剩的信息，选出和他们有关有用最值得关注的内容，用最便于接受的方式，呈现在他们面前。社区报就要做这个工作。这就好像是大船桅杆上的瞭望员，手拿望远镜，把发现的远处的风向、风浪、鱼汛及天气变化等航行必须的信息及时报告给船上的海员，帮助他们作出往哪个方向开，如何应对变化，如何准备捕鱼等决定。

城市里有无数条道路，似乎比农村只有一条小路更加便于行走，但是，在水泥森林中穿行太多的路容易让人迷失方向，要有路牌的指引才能准确到达目的地。社区报这种社会瞭望的功能就是起到路牌指引的作用。

幸福守望，是指在这样一个城市化、市场化的过程中，鱼龙混杂，好坏莫辨。人们经常为生活中遇到的假货、毒食品以及其他影响生活安全、影响生活质量的事情发愁，他们或者没有办法识别，又或者正当利益被侵犯了却不知道该怎么办，这就需要有人提醒他们，帮助他们，为他们提供解决问题的路径。社区报就要充当居民幸福生活的守护神的角色。

清晰了“幸福守望”这样的功能定位，社区报版面在选取内容时，也就有了明确的方向。

三、互动平台，活动舞台

前面说到，社区报的总体定位是“沟通你我，给力生活”，第一个就是沟通的问题。这种沟通，不是行政的，也不是会议的，更不是我们一厢情愿地向他们传递新闻信息那么简单的沟通，而是有效而长久的沟通：与所有相关环节的互动。

要知道政府需要什么，居民面临什么，需要什么，再去把与他们有关有用有趣的信息传递给他们，这样的沟通才是有效的，也才能长久保持。所以我们始终强调，社区报第一位的工作是搭建起一个与相关环节进行互动式沟通的平台，通过这个平台，不断建立起新的沟通可能。

沟通的方式有多种，采访、座谈、网络、电话、手机短信以及现在的微博、微信。其实，还有一种最古老又最有效的沟通方式，就是组织参与活动。这种活动既可以是地方政府组织的，也可以是居民自发开展的，还可以是社区报策划的与居民生活休闲有关的各项活动。

构建互动平台，形成活动舞台，是社区报要做的非常重要的事情，它们也是社区报版面内容的重要来源。关于如何组织活动，我们在后面的章节中还会有详细的描述。

第三节　社区报的读者定位

我们的所有社区报都是直接进家入户的，因此，我们希望每个家庭里的所有成员都喜欢看我们的报纸，无论老人孩子，还是男人女人，最好是大家都抢着看。事实上，我们是没有办法做到一份报纸让一个家庭的所有人都爱看的。一份每天上百个版面的综合性都市报尚且没有办法做到，何况我们这样一份只有16个版面的社区报呢。

为了明晰社区报的读者方向，我们于是开始思考社区报的读者定位问题。尽管我们希望所有人都爱看我们的报纸，但我们心中必须清楚，社区报主要是给谁办的，我们最希望谁看。这样，社区报在内容组织上才会有方向，才能培养社区报的核心读者群。我们的理解是：社区报主要办给家庭中的女人和老人看。

一、家庭中的女人

我们说的是女人，不是女孩儿，是特指一个家庭中成年成熟的女性。她们有一定的生活阅历，有自己对生活的理解，她们更有对家庭中上下左右所有成员的具体责任与义务，所以她们有更大的发言和决策权。中国传统观念中，男主外，女主内，所以家庭中的事情大都是女人来管的。我们的社区报是投递到家庭的，所以如果说社区报要描绘一个主要的读者特征的话，应该是家庭中的女人。

从汉字造字看，房子里有个猪就叫“家”，房子里有个女人才叫“安”。一个家庭中有了好女人才能安居乐业，才是一个幸福的家。一份进入家庭的社区报，只有女人喜欢了，才称得上是一份好社区报。

虽然我们说家庭中的女人是我们社区报的主要读者定位，但这并不妨碍家庭里的其他成员也阅读我们的社区报。因为家庭中的女人并不是孤立的，她身边还有老人、孩子、丈夫、兄弟、姐妹以及其他亲人，而这些人都是与女人有关联的人。作为家庭中核心关联点的女人所喜欢看的内容，很多也是有关这些人的，他们多少也会关心。

二、家庭中的老人

社区报的第二个读者定位是家庭中的老人。老人退休在家，有足够的时间来关注、研究与生活有关的事情。他们会关注社会福利、社区环境、社区建设，因为年龄的关系，他们对健康和养生的信息需求非常强烈。同时，他们也有更多的时间和热情来参与我们组织的社区活动。这些都决定了我们不能忽略家庭中的老人这一中坚力量群。我们不仅要让老人爱看我们的社区报，还要让他们一起参与我们的活动，一起参与办报，让他们写稿拍照，甚至成为我们进入他们所在社区的领头人。

我们明确社区报读者定位的目的，是因为社区报的版面有限，我们必须有所为有所不为。明确了社区报的主要读者是家庭中的女人和老人，我们在社区报的内容选取上就会尽量避免刊登女人和老人不感兴趣的内容，譬如关于政治的、关于战争的、关于宏观经济的，等等。我们经常告诉社区报的小伙伴，不论写稿、编版还是搞活动，心里一定要装着女人和老人，经常问一下自己，这些内容是女人们喜欢看的吗？这些活动老人们会感兴趣吗？通过明晰读者定位来明晰社区报的内容组织。也就是可以不管其他人看不看，但至少要让家庭中的女人和老人喜欢看。

不只是社区报的内容组织，社区报的内容呈现方式也要适应这样的读者定位。所以我们在做政策法规、政府工作的解读报道时，也必须以女人与老人能接受的方式进行，联系具体生活，从小口切入，一定要让女人和老人愿意看而且看得明白。

第四节　社区报运营管理八原则

明确了社区报的总体定位、功能定位、读者定位，我们由此可以生发出关于社区报的运营管理原则。我们关于社区报的理念是基于我们这10份社区报的实践探索而形成的，有特定性，但我们相信也一定存在共性。

7年的社区报实践，我们一直在不断摸索、不断思考也在不断总结。经常有同行或者同事问我们：到底我们要怎么管理和运营这份社区报呢？日常工作中我们要坚持些什么？要注意些什么？要重点突出些什么？为了让大家更好地理解社区报的定位，我们于是提出了社区报运营管理八原则，这8个原则是《珠江时报》系列社区报运营管理的基本法，我们关于社区报的一切思路与办法，都是从这里出发，以此为原则与依据。

一、免费是基础

我们目前已经创办的10份社区报都是免费赠送的，将来要办的所有社区报也都会继续免费赠送。这既是世界范围内报纸发展的趋势，也是符合我们中国国情的有效办法。

尽管在2014年我们也看到了一些城市的报纸逆势涨价，而且有些报纸在涨价之后，发行量不降反升，但是我们不能被这种表象迷惑了。我们仔细研究一下就会发现，这些敢于涨价的都是党委机关报或者代机关报。我们还没有看到哪份都市报敢于冒这种险。

尽管有些居民表示愿意出钱来看我们的社区报，但是在今天，当人们拿起手机可以知道一切的时候，当免费Wi－Fi已经遍布各种公共场所的时候，再让人们为了获取一些公共服务信息去付费，显然已经不符合当今的信息传递的规律了。不管是都市报还是党委机关报，我们觉得未来一定都会走向公益化，免费将成为必然趋势。

在当今这个信息过剩、注意力极度分散的时代，已经很少有人请我们去他的家里“传经布道”，更多的时候是我们怯生生地敲开社区居民家的门，跟他说：“能让我进到您家客厅里说几句话吗？”当我们终于被允许进到人家客厅里说话的时候，我们还好意思再向人家要一元钱费用吗？

只有通过免费，我们才有机会和可能与大多数的社区居民去链接上一种关系，形成一种沟通的初始。有了这种链接的关系，我们才有可能去搭建一个信息传递渠道，才有可能去给他们提供服务。渠道没有，枉谈服务。有了渠道，才能完成社区报的社会价值与商业价值。所以我们一直强调免费是基础。

二、覆盖是保证

覆盖问题是一份社区报成功的基本保证。没有覆盖，其他一切都是无本之木。

互联网时代，媒介传播的理念从大众无向正在向小众靶向转变。以前我们认为一份报纸只要达到了足够大的发行量，就是一份大报、一份有影响力的报纸了。我们不会去注意这些报纸到底是发行在机关，还是家庭，又或者是街头。这就好比过去我们做抽样调查一样，只要数据多，就认为是接近了科学。

现在是大数据时代，需要的是全数据，而不是抽样数据。我们要知道所有人的态度与判断。对于我们所要服务的政府部门来说，更加需要的是无缝隙全覆盖。就是说，一个新的政策、一个重要的信息、一项对市民的服务，政府最需要的是所有的家庭、所有的市民都能接收到信息，都能有机会表达意见与态度。对于我们要服务的广告商而言，他们也需要我们能做到“指到哪传到哪”，实现靶向传播。

需要注意的是，覆盖不是说只要把报纸印出来送出去了就行，而不管送到了什么地方。我们要的是到达我们想要影响的、服务的人群的家庭中，谁看了我们的报纸，我们必须是清楚知道的。也就是说，社区报的覆盖是有确定的目标群体的，而不是盲投盲送。这才是我们追求的有效覆盖。有效覆盖是社区报沟通服务和经营的根本保证。

关于有效覆盖，有一个案例。某媒体在南海的某个镇创办了一份社区报。第一期号称发行量达到 10 万份，我们觉得 10 万份不太可能，但五六万份应该是可能的，后来听说是 3 万份，再后来听说他们为了节约成本其实只印了 1 万多份。且不说他们的内容质量怎么样，单是这种覆盖范围就一定不会成功。而且他们的发行不是邮局投递，而是自己派送，随机性很大，发给了谁完全没有办法核查。发行不到位，覆盖不明确，当然也就不可能取得商业效果。

覆盖又包含两个方面：一是区域全覆盖，二是家庭全覆盖。

佛山市包括 5 个区，分别是禅城、南海、顺德、三水、高明，5 个区共有 32 个（2015 年数据）镇（街），我们不会为了追求社区报的发行数量，去这个区办一份那个区办一份，而是追求某个区域的全覆盖。所以，我们在南海区的7个镇街办了7份社区报，接着在禅城区的4个镇街办了3份社区报，目标是全覆盖南海区和禅城区的所有镇街。

具体到每一个镇（街），我们也要求对本镇街的户籍家庭进行全覆盖。比如我们与桂城街道共同进行住户数据调查，最后发现有6.7万户社区家庭是长期有人居住的，于是将发行量扩大到6.7万份。在面积最大人口最多的狮山镇我们办了2份社区报，总发行量达到11万份，以后还将对狮山镇的产业园区的新市民进行全覆盖。

至今，我们仅在南海区这个范围内就创办了7份社区报，覆盖了30多万个户籍家庭。这种区域覆盖密度在全国其他地方都是没有的。当地政府在进行创文和法制宣传的时候，一提到要进家入户、要提高知晓率，首先想到的就是社区报这个渠道和平台。广告商也可以在社区报的覆盖范围内进行靶向式的精准投放与宣传。这就是无缝隙全覆盖的威力，也是社区报保持强大生存能力的保证。

三、经营是中心

几乎所有媒体都在说内容为王，内容是中心。对于《珠江时报》系列社区报来说，我们认为经营是中心。这和第一个原则“免费是基础”有着直接的因果关系。我们要保证无缝隙全覆盖，就必须有相当的发行量，纸张和印刷都是需要钱的。还有发行费，每送一份免费的报纸到居民家中，要0.15元以上的投递费用。我们的每一份社区报，每年光发行费就要30多万元。如果没有经营，这个“免费的面包”将难以为继。所以，从创办报纸的第一天起，经营就被鲜明地放在中心位置。我们对社区报的总经理强化责任，我们在每个社区报都设置了运营总监或者副总监来具体负责社区报的广告与运营工作，就是为了让“经营是中心”这一原则落地。

关于广告经营，我们经常会听到各种大师讲各种攻略和技巧，我们不能否定这些现代化的手段和技巧。但是我们认为，最核心的广告经营策略，是真诚有效的服务。

四、服务是核心

我们在社区报的总体定位中说到，沟通和服务是《珠江时报》系列社区报的核心竞争力。一方面我们要真心诚意地为当地政府服务，把他们想要传递的政策法规和服务，及时准确地送到居民手中脑中心中，发挥好沟通互动的作用；另一方面我们要服务于居民的生活，帮他们解决生活中的一些实际的困难。

当我们社区报的服务让政府和市民两头都觉得满意的时候，自然就有了强大的市场和能力去服务于社区报的广告商。因为在服务中我们积累了强大的注意力资源，这是广告商最看重的、最有盈利价值的资源。我们对社区报的广告商，也要秉承服务的理念，即确实能帮广告商提供有效的问题解决方案，确实能通过我们的社区报给他们创造价值，带来更大的效益，而不是只关注我们自己是否赚了钱。

有了这样的服务理念，社区报才能形成不可替代的竞争力。所以我们一直在强调，服务是核心。

五、互动是生态

在社区报的功能定位中，其中有一个是互动平台，活动舞台，我们说到，社区报要实现有效长久的沟通，必须与所有相关环节进行互动。与地方政府、与相关部门、与社区居民保持沟通互动是社区报的常态工作，是社区报的生存状态，而不是一时兴起作作秀搞点活动制造看点。

这种互动，既包括报纸版面上的互动内容，也包括日常与他们多种介质形式的联系与沟通，更包括大量热心居民的活动参与。最好的状态是：居民与居民之间、居民与政府之间都在我们搭建的社区报平台上进行互动，社区报成为一个联络者、支撑者和鼓励者。在这种互动中，我们可以发现很多为居民服务的机会，发现更多报纸上的内容，更能发现很多社区报经营的商机。

从地理范围来说，互动还包括几个社区报之间进行的居民的互动。譬如，我们可以让九江的社区居民来罗村看看罗村的风土人情，和罗村的社区居民共同参加活动，大家互相交流分享；也可以带着南海桂城的社区居民去禅城、广州甚至深圳的社区开展交流活动。

从某种意义上来说，社区报与其他媒体最大的区别就是在互动上。如果没有互动这一属性，社区报就和其他媒体一样，只是一种简单的单向的信息传递和灌输，社区报也就失去了其意义和存在价值的一大半。社区报的读者分布在一个小的可以互相见得到碰得着的区域内，这也为社区报的互动创造了很有利的条件。所以我们一再强调，社区报需要不断地活动、不停地互动。

六、贴心是纽带

互动虽然比单向的信息传递和灌输进步了很多，但是互动也分很多种，有勉强的互动，应付式的互动，甚至不情愿的互动。这样的互动就变成了被动，从而失去了互动原本的意义和价值。我们需要的是能动的互动，生动的互动，能为社区居民带来确实好处与效果的互动。

要达到这些效果，就要贴上居民的心。贴他们的什么心呢？贴他们的热心、爱心、善心，甚至是他们的苦心、揪心和伤心。只有用我们的主动善意去紧贴他们的心，才能永久和他们在一起。而不是无所用心，互不动心，最后是白费心。所以说，贴心是社区报与居民保持紧密联系的必备的纽带。

七、有用是根本

虽然说服务是核心，但前提是社区报提供的服务必须是有用的。有用是社区报运营管理八原则中最根本的原则，也是生存发展之本。没有用，社区报就没有存在的价值。

社区报的有用，不仅是要对地方政府有用，还要对居民生活有用，也要对我们的广告商有用，最终目标是对社区对社会有用，而不只是对我们自己赚钱有用。明白了这一原则，我们就知道了要采访什么，组织什么，写什么，发什么。

八、有趣是关键

我们吃东西，不仅要求营养，还讲究口感。再好的营养要吃得下才行，如果口味不对还是会没有食欲，没有引发食欲也就是没有形成兴趣。

对社区报来说，有用相当于营养，有趣相当于口感。如果没有趣，再有用再营养，居民也不会喜欢。我们经常说，这个题材很有用很有教育意义，但社区居民就是不爱看。再好的内容读得下去才有用。如果不能引发读者的兴趣就等于没用，因为读者不看，社区报就是一张废纸。这就好比我们把社区报的有用做到了100万这么大，趣味是0的话，100万乘以0，就一切都归零，没有了；而一旦让它有趣了，就会成倍数放大有用的效果。

所以社区报的记者、编辑要时刻牢记一点，要想办法将有用的也就是有营养的东西做得有趣，做得让居民喜欢。

第五节　社区报不是新闻纸，是功能纸

前面我们已经说了《珠江时报》系列社区报的总体定位、功能定位、读者定位以及运营管理八原则，很明显我们已经不是把社区报当成一张传统意义上的报纸了，那么社区报到底是一张什么样的纸呢？只有清晰了这个，我们在社区报的实际操作中才不会迷失方向，才能有所坚守。

一、社区报不是新闻纸

虽然我们一时还说不清楚社区报到底是什么，但我们可以肯定的是，无论如何社区报都不是新闻纸。

2015 年“两会”闭幕前李克强总理答记者问的时候，笔者正在出差的大巴上，既没有报纸，也没有电视，但是这并不影响笔者几乎是同步了解总理与现场记者那些精彩的互动与对话。因为笔者手中有一个小小的手机屏，通过数个媒体 App 的现场直播，既可以看到文字图片，还能看到视频。当天下午，记者会结束 3 个小时以后，手机微信上就已经有了各种图文并茂的关于记者会的精彩归纳与总结。所以，笔者对于全国“两会”总理答记者问的这个重大新闻事件有了全面的了解，已经没有第二天再去看报纸了解这个新闻的冲动与必要了。也是基于此，我们说报纸的衰落是不可避免的了。

我们所创办的社区报都是周刊，7 天才出版一次。在以分钟甚至以秒为单位抢发新闻信息的新媒体时代，以 168 个小时为出版周期的社区报显然已经完全失去了传递新闻的价值与功能。现今的新闻，一定只是存在手机里了。所以，我们清楚地知道，社区报已经不再是新闻纸了。如果我们还死守着新闻报道的陈旧理念，那就等于是坐在牛车上追高铁，不要说赶上时代潮流，连时代的影子都会看不到。即使我们写的是原创的社区里的小故事，也因为其没有时效，也不具备新闻的基本特性，只能算是市井故事。

二、社区报是功能纸

既然叫社区报，又不是一张新闻纸，那社区报到底是什么呢？从我们

7年对10份社区报的探索实践和思考来看，我们认为社区报是一张功能纸，至少可以细分成如下功能：连接纸、导航纸、服务纸、帮办纸、相册纸、品牌纸、心情纸、文化纸……这些细分功能是对前面“社区报功能定位”的进一步细化和阐述。

（一）连接纸

新媒体时代一个明显的特征，就是由传统媒体时期的以组织为中心的传播方式，转变成了以个体为中心的传播模式。新媒体时代，每个人都是以个体而不是依附于某个固定组织的方式参与到社会活动中，因而更关注和彰显个体自身的价值。

这么说有点费解，举个例子可能大家就能明白了。譬如，中央电视台的著名节目主持人崔永元，他是在中央电视台成长起来的，是中央电视台的力量成就了他的影响力，可以说没有中央电视台就没有崔永元。但是到了新媒体时代，情况就不一样了。当崔永元和“打假斗士”方舟子就转基因的问题论战到一定程度的时候，他依附的传统媒体组织可能会限制他说话的范围和程度，于是他选择辞职离开成为一个个体。他自己投入150万元，到美国去采访和调查关于转基因的问题。他最终的调查结果需要通过一个媒体介质向社会进行发布，他借助的是自媒体微博和微信。

虽然说新媒体时代个体的力量越来越强大，但无论如何强大，终究还是需要一个媒介的节点把个体和这个社会连接起来。崔永元的微博内容，也是通过无数个媒体的链接才放大成整个社会的声音，才引导了人们关于转基因的正向思维，也才有了国家关于转基因玉米、转基因食品的一系列动作和态度。

而对于普通的市民来说，每一个个体的力量相对比较弱小，他们更加需要一个媒介的节点，把社会上一个个分散的个体连接起来，同时也把他们与这个社会以及周围的环境和相关的社会组织连接起来，他们才能表达自己的诉求，才能和别人沟通，才能实现自己的意愿。我们的社区报正是具备这样连接功能的媒介：通过这份家家户户都能看得到的社区报，把我们社区里的家庭，家庭里的人，以及人与人之间、人与社会之间、人与政府之间、人与社区组织之间、人与周围环境之间的关系连接起来。

我们要建立居民相互之间的连接，主要采取的手段就是沟通，从这个意义上来说，连接纸其实也是沟通纸。我们前面说到《珠江时报》系列社区报的总体定位是沟通你我，给力生活。沟通是社区报极其重要的一个功能，所以，有次在电台的节目中我们明确提出，社区报要做人与人之间的连接，更要做心与心之间的沟通，还要做人与社会之间、人与环境之间、人与组织之间的交流和沟通。它将成为一个四通八达的交通枢纽和信息的节点，在这个节点上发挥它的沟通互动与交流的作用，化解社会矛盾，推动社会进步，成为社会的正能量。

（二）导航纸

所谓的导航纸，是说我们身处信息爆炸的时代，但是我们的报纸一周才出版一次，而且每次只有 16 个版面。在这 16 个版面之中我们还要拿出部分版面来做广告，剩下来能够用于发布和传递信息内容的版面就不会很多，所以我们能够传达的内容也就不会很多。这样就很难满足市民对于信息和服务的需求。这个时候我们就要改变报纸作为单一信息载体的功能，把它转型为导航纸。

在社区报的功能定位中，其中有一个是“社会瞭望，幸福守望”，导航纸其实也是“社会瞭望”的其中一项功能。我们每周送到读者家中的报纸，仅仅是一个窗口，在这个窗口里面我们只是把要传递给广大读者的内容或者服务信息做一个简单的介绍，如果读者对这些内容感兴趣，那么他只要用手机扫一下二维码就可以直接进入网络版的庞大的内容后台，在那里获取相关内容的海量信息；或者我们告诉他们相关的内容或者视频可以到网络的某个栏目去找，在那里可以看到更加精彩的视频内容；或者我们只在报纸上做一个关于活动的预告和公告，如果他们有兴趣的话可以在特定的时间去到指定的地点，和其他市民一起进行现场的交流和互动。总之社区报，就只是一个广告一个预告一个公告一个遥控器，通过这个大门，读者将被引导到一个更加精彩的地方去满足他们的多种需要。这就是社区报作为导航纸的功能。

（三）服务纸

说服务纸，是比较好理解的。我们一再强调过，社区报不是新闻纸，所以我们始终要记住的是，社区报永远都不是以报道新闻为主，而是以服务居民的生活为主。社区报的总体定位“沟通你我，给力生活”都要通过服务来实现。

（四）帮办纸

帮办是服务的其中一种形式。我们说社区报的最终目的是要给力生活，它所有的努力都是为了让居民的生活更加幸福，所以社区报的主要内容也就集中在对居民的生活帮办上。我们希望提供给居民生活问题的解决方案，这些问题的解决一部分靠政府的力量，一部分靠市场的力量，还有一部分是靠居民之间互相帮助来解决。这里所提到的生活不仅仅包括物质生活，也包括精神生活，我们甚至愿意为居民能够有一个更好的心情而做出各种努力，这也是为了落实我们在社区报的功能定位中提出的做“生活帮手”的目标。

（五）相册纸

“社区报是相册纸”是2014年12月我们在邀请禅城区张槎街道的党委赖华来跟社区报记者交流时他说的一句话，尽管他是不经意地提到这个观点，但是我们却受到了很大的触动和启发。

赖华党委说的是很对的。社区里发生了一件事情，大点的当地日报会进行报道，小点的大家会用手机现场发出去。作为一周才出版一期的社区报，再来刊发这些新闻内容已经没有任何价值了。但是把社区报当成相册就不一样了，人们常常会翻出几年前甚至几十年前的老照片来回忆感慨一番。社区报如果把社区里的人参加活动的照片刊登出来，让居民看到自己或者家人、孩子、朋友、邻居上了报纸，再没时效性他们也会关注，他们还会把报纸拿出来跟家人亲友邻居分享：这是我，这是你，这是他……他们甚至还会把这份报纸好好收藏保存起来，在将来的某个时候再拿出来看。这样社区报就承载了相册的功能。这和美国的Jock教授在他的书中一再强调的“人脸、人脸、人脸，名字、名字、名字”是一样的道理。对自己和亲友的面孔，读者是不在乎时效性的，甚至，时间越长人们越在乎。

这就是社区报的家庭相册功能，它永远不会过时。

（六）品牌纸

虽然我们说社区报是一种新的媒介形态，但不可否认的是，它终究是一份纸媒。当移动互联网以更加便捷的形式成为人们最重要的信息入口与情境入口的时候，纸质的社区报因为其巨大的成本与时效性差会逐步衰减，到时我们把它转型为一张发行量很少，却承载极高公信力的品牌纸。这种品牌纸的作用将更加接近相册，接近资料，接近历史，接近证据，接近档案……

（七）心情纸

所谓的心情纸，主要讲的是居民精神生活层面的问题。我们说社区报的总体定位是“沟通你我，给力生活”，这里的“生活”并不仅是指物质生活，还包括精神生活。而且在物质生活相对比较丰富的今天，社区报更应该关心现代社会分散个体孤独前行中的精神生活，去关心他们的心情，调节他们的心情，让他们用愉悦的心情去享受丰富的物质生活。

这种心情的调节不是靠单纯地写两篇文章就能实现的，我们需要提供一个渠道让大家去互相交流，在倾诉中减轻压力，调节心理；我们还需要组织一些活动让人们在新的尝试体验和环境中去转换心境，感受更多的轻松……总之我们要找到办法让我们的读者在与我们的交流中获得更多的好心情，获得更多的快乐和幸福感。

（八）文化纸

文化纸是指社区报除了沟通和帮办具体的生活之外，还有一个更重要的价值担当，就是承载社区文化建设和发展的任务。

我们这里所说的文化，并不是狭义的文学艺术之类，而是广义的理念态度和价值观方面的影响和引导。这些是社会主义精神文明建设的一部分，是政府需要的，也是居民需要的。如果一个社会没有一个良好的价值观去引导，就还会不断发生“小悦悦事件”，还有我们常见的购物不排队，公交车上不让座，路上随意丢垃圾等现象。我们有责任通过社区报这样一个介质去建设一个良好的社区文化，对社区居民的价值观加以塑造和引导。

总而言之，社区报是社会沟通的好平台、好通道，是居民的好朋友、好帮手，朋友和帮手需要做的事情就是社区报要做的事情。社区报要做的还远不止上面所说的这些，随着报纸的成长、社会的进步，它还会有无限的想象和可能，因为服务无止境。

我们之所以用这么大篇幅来解读社区报究竟是什么，目的是为了引导大家从不同的角度去理解社区报的功能和作用，让社区报这种介质更加立体、更加生动、更加有吸引力，让大家去充分了解它、喜欢它、利用它，最后为大家所用，让社区报在促进社会发展、提升居民幸福感中发挥它的巨大作用。

第五章

荒地生存怎么做?

——系列社区报完全操作手册

理论需要实践的支撑，理念需要落地的路径。前一章的理念阐释让大家知道了社区报“是什么”的问题，这一章则要解决社区报“怎么做”的问题。知易行难。怎么操作，怎么将理念落地才是最难的。本章详细介绍了《珠江时报》系列社区报在内容组织、表达方式、发行覆盖、经营创收、活动催生、媒介融合、数据建设等方面的操作手法。有理论，更重实操，是《珠江时报》系列社区报社荒地生存的内部完全操作手册。

第一节 新媒体时代，社区报采编理念转型的五个路径

报纸转型、报道转型、记者转型，这是新媒体时代传统媒体天天在讲的主题词。

自2014年以来，我们的主报和社区报也一直在探索转型和提升的路径。我们在前面讲到了社区报不是新闻纸而是沟通纸、服务纸、帮办纸，那么社区报的记者和编辑也就不是传统意义上的记者和编辑了。这就存在一个采编理念转型的问题。在实际操作中，我们的记者编辑经常处于彷徨的状态：心里知道要转，操作时也想要转，但是最后出来的效果还是没转，或者说没有预期效果。其实还是没有解决“要怎么转”“向哪里转”的问题。就像我们在黑夜赶路，我们虽然知道向东走，就一定能迎接黎明的曙光，但是身处黑暗中，我们分不清哪里才是东，怎么才能找到去往东方的路？这是一个很现实的困惑和难题。

一、参考与借鉴：从理念通往操作的桥梁

既然大家都有了要转型的共同理想，我们要做的就是，用有效的办法把大家引导到去往理想境界的路上。为什么一个理念说了很多遍也难以变成现实的操作？原因是理念与操作之间还有一段很长的路要走、要摸索，这段路才是最困惑、最痛苦、最难熬的，所以我们要在如何把想法变成办法的这段路上多下功夫。

如何在想法与办法之间架起一座可知可感的桥梁？我们的做法是：参考与借鉴。

有一段时间，我们让社区报的小伙伴们认真学习和借鉴《都市快报》的选题与处理报道的理念和办法，他们从中受到了许多启发和触动。有几份社区报还拿出了一些自己改变与提升的办法来。这就是一个很好的路径。参考和借鉴是最好的学习。

其实《都市快报》的成功，我们觉得就是服务，我们一直强调的服务，他们做到了，而且做得很全面。

而做好服务的前提是，要真正把读者当成是我们的朋友、亲人，去和他们交流，去给他们找信息，去为他们做服务、解难题。有了这样的心

意，就一定能找到有关、有用、有趣的信息。

如果我们只是把报纸当成一个任务，把读者当成和自己没有关系的陌生人，不愿意深入他们的生活、工作、内心去了解他们，感受他们，只是按自己的意愿和想象堆砌一些自己都没有兴趣的内容，读者是不可能真正喜欢我们的社区报的。

二、五个转变：从理念到操作的具体路径

意识指导行为。如果我们能真正理解读者，心念读者，那么我们自然能写出好内容、编出好版面。

这样说起来似乎有点玄乎。怎么操作才能让我们心念读者？落实到具体操作中，就是做好以下五个转变：

（一）从写什么到帮什么

在传统的媒体实践中，记者与编辑都是以我为主。记者一般都是自己先想好选题，然后去找相关人员采访，回来按自己的理解写出来后交给编辑，编辑再根据自己的理解对稿件进行加工排版。交了稿记者就算完成了任务，签完样编辑的任务也完成了。至于报纸出来后读者爱不爱看，对读者有没有用，跟记者和编辑没什么关系。

如果社区报也按传统新闻纸这么操作，那就是自掘坟墓。社区报的总体定位是“沟通你我，给力生活”。沟通和给力，都是需要我们帮忙的。我们要给社区居民搭建起和政府沟通、和社会沟通、和环境沟通，以及互相之间的沟通渠道；我们要帮忙解决居民生活中的很多实际问题和困难，让他们生活得更加容易、更加开心、更加幸福。

社区报的记者，不是要自己能写出多么伟大的作品让读者去接受和欣赏，而是要如何想办法帮助读者解决问题，因此社区报的采编工作要从作品理念转型为用户理念和服务理念。

（二）从说什么到做什么

传统媒体经营中，我们和广告客户的关系是很简单的。客户有一个产品要通过媒体扩大影响，我们收了客户的钱，在版面上刊登出来，任务就算完成了。

现在的广告经营已经完全不是这么回事了。广告客户再也不会傻傻地不管效果就出钱刊登广告了，而是要求我们的传播有实效，达到他们的预设目标。我们接触过一个地产客户，他们准备推出千灯湖一号地产项目，选定了我们的报纸做战略性伙伴。要求是：我们帮他宣传卖房子，但不管

我们出多少版面给他们做广告，他们都不付广告费，只有房子成功销售出去并达到了预期的数量，他们才会按照房屋销售额的一个比例支付给我们作为广告费。用这种方式，将媒体的利益和客户的利益完全捆绑在了一起。

我们于是整合我们所有的媒介形态——主报、社区报、微博、微信等众多平台来全力推广楼盘。为了扩大影响达到销售的目标，我们不仅做宣传报道，还组织读者去看楼，甚至给每位成功预订房子的人补贴5000元的家电奖励，来吸引居民通过我们的渠道去买这个楼盘的房子。事实上我们已经成了楼盘的销售人员，我们必须把房子卖出去，才能得到我们的收益。

其实“从写什么到做什么”和“从说什么到做什么”的转变就是社区报运营管理八原则中强调的“有用是根本”的具体落地，社区报提供的内容和服务必须是有用的，没有用社区报就没有价值。

（三）从是什么到为什么

新媒体的即时功能，让世界上发生的任何事情都会在瞬间呈现在大家的面前。譬如马航飞机失踪事件，在马来西亚召开的新闻发布会上的任何信息，我们都能第一时间知道。所以，是什么或者说发生了什么，已经没有很大的价值，特别是对于社区报这种周刊报纸，等我们报道的时候，早已时过境迁了。

但是，一件事情发生时，虽然有了关于这个事件的海量的信息，人们还是会关心一个共同的问题：为什么？人们会追问，这个事情为什么会发生？

最典型的例子就是马航事件。马来西亚政府突然在2014年3月24日晚上宣布，飞机在澳大利亚的珀斯附近坠毁，机上没有人生还。这个事情通过网络第一时间就被全世界知道了。那些焦急等待的家属发出的第一声疑问就是：为什么？为什么是坠毁？为什么是英国早就给了数据，马来西亚才公布？为什么没有一点残骸就能说是坠毁了？

读者需要真相。去探究坠毁背后的深层原因，解开谜团就是专业媒体记者要去完成的任务。马来西亚政府给出的事实并不多，而且很不完整。而网络上大量的猜测也不足为信。以CNN、华盛顿邮报、BBC等老牌媒体记者的追踪和挖掘为核心的内容披露，于是成了网络上主要的和主宰的信息。国内媒体自己找不到料的时候，只能翻译国外这些媒体的报道来满足国内受众对于“为什么”的追问需求。

所以，在新媒体时代，我们的报纸只有从“是什么”转向“为什么”，才能找到存在的价值，再去挖空心思渲染“是什么”这个过时的现场，没有任何意义。

（四）从给什么到要什么

国内的媒体尽管近年来也经常会做一些关于读者调查的问卷，但是骨子里还是宣传的理念，就是我想告诉你什么，我要你知道什么。

在信息渠道单一、人们没有选择的时代，我们给什么，受众就只能接受什么。如今的新媒体语境下，信息渠道有了很多种选择，如果不是读者想要看的内容，读者就会选择拒绝我们的信息，接受别的渠道的信息。所以我们必须植入互联网的思维，耐心地问读者或者替读者考虑：你们想要什么？大家看看微博和微信的粉丝是怎么来的就知道了。只有提供的内容对上读者的口味了，他们才肯动一动手指头，点一下关注，提供的内容才有可能进入他们的视野。否则，即使写了再多、再好的内容，也会没有一个人看，做无用功。

这就是新媒体时代的残酷现实：如果不去诚心问问受众要什么，我们就会寂寞地死在读者的眼神外。

（五）从看什么到想什么

前面说到，传统媒体做采编是以我为主的思维，考虑的是我们想给读者看什么，至于读者看不看则不是我们要考虑的问题。随着新媒体即时互动功能的实现，我们不能再自娱自乐了，读者看了还不算完成任务，还要追踪受众是怎么想的，有什么感受。

我们经常看到一个微博和微信上的内容只有几十个字，但是后面跟帖的评论却有几千字，再后面的跟帖者可能已经不知道最原始的新闻或者信息是什么了，那些评论变成了信息源，大家就评论发表评论，把意见延伸到了一个也许与原始信息完全不相干的事件上去了。而且，很多时候，我们发现读者对原始信息的兴趣还不如对后面跟帖的评论的兴趣大，这也是新媒体时代的一个舆论特点。所以这个时候，我们要特别关注一个问题：我们这个信息发出去之后，会产生什么样的舆论风波？

一个明显的例子就是佛山一环打人事件。事件出来后，读者已经不去追究“为什么打”“后续怎么处理赔偿”这些问题，而是转移到了“部门负责人如何撒谎”“如何不值得信任”这些问题上去。还有“小悦悦事件”，读者的关注延伸到了佛山人没有人性、见死不救、社会价值沦陷等话题上。一件事情发生后，受众想的已经不是我们所能想到的，更加不是我们能够控制住的。

这就要求我们考虑给读者看什么时，还要同时考虑到读者会想什么，会引起什么反弹，并加以引导，这样才能不至于失控。

我们在社区报的具体采编工作中一定要谨记上述这五个转变，经常面对我们对话的方向，站在读者的位置，对我们的工作进行自我提问，问自己是否做到了上述转变。时间久了，就会形成读者思维，真正做到理解读者、心念读者。

第二节　社区报的采编机制

为了适应新媒体时代需要，社区报采编理念必须要做到前面说的五个转变。那社区报用什么样的采编机制来实现采编理念的转型呢？根据社区报的定位，我们觉得采编合一机制是最好的选择。

一、社区报的记者编辑必须沉在社区

我们在前面已经阐述过，社区报不是新闻纸，而是连接纸、导航纸、服务纸……社区报内容的服务性要求很强，必须离读者更近。社区报记者如果不到社区中去，就没有办法去发现生活；同样的道理，如果社区报编辑没有基层社区的滋养和熏陶，将失去对社区读者需求的感觉，导致编辑的内容与读者的需要越来越远，甚至不被接受。

社区报的版面是一个沟通、交流与互动的渠道与平台。我们要带动热心读者跟我们一起玩一起乐，一起在活动中沟通和交流，一起来讨论社区中的公共服务。这就更加需要记者编辑到社区中去，到活动中去，才能生产和设计出最生动、最贴近的内容产品。

还有一个原因，社区报的专职记者毕竟不是很多，我们每份社区报的标配是 5 个记者，还要维护社区报的微信，还要组织活动。这就需要和依靠社区的市民记者参与进来，和专职记者一起来完成生产内容的工作。如果记者编辑不深入社区，就没有办法去接近和培养社区中的热心人士来做市民记者，更加没有办法让社区居民一起来跟我们办报。

只有社区报的编辑和记者在社区中在居民中在生活中，社区报才能真正回到社区中，社区报才能长久运作。

二、社区报编辑部要成为策划与主创团队

为确保社区报功能定位的实现，社区报的编辑部应该成为一个创意团队、一个方案策划中心、一个思路形成部门。编辑根据对前线记者的沟通了解，甚至亲自到社区走访调查，通过每周的策划会确定每期的内容创意，形成每期的大概思路、主要话题和内容方案，并制订执行计划，交由社区报一线采访人员去采集和完成，然后再回到编辑部加工处理和设计

成型。

但是，并不是说社区报就不需要后期编辑，我们反而要强化后期统一的编辑部的功能。因为每期内容方案确定之后还要对方案进行分解，并全程跟进督促一线记者落实执行。收到记者交回来的稿件后，编辑要马上验收，是不是达到了预期要求。如果没有达到要求，要布置记者去补充采访。如果现实的采访和原来的设想有较大的出入，编辑要及时应对，或者转换思路，或者干脆取消这个内容的制作。内容做好后，还要与版面设计人员讨论如何把好的内容，用最适合恰当的形式表现出来，让读者用最便捷的方式、最低的阅读成本、最愉悦的心情来获取我们传递的信息。这些都是编辑部后期要完成的工作。

另外，新媒体时代的社区报编辑，不仅要会处理纸质版面的内容，还要会处理其他电子媒体传递方式。比如要知道哪些内容适合网站传播，哪些适合用微博，哪些适合用微信的方式，而且要清楚多种媒介之间的相互关系与融合方式。

总而言之，社区报的编辑不是一个等米下锅的人，而是一个从开始就参与意见给出方案，再全程跟踪的主要创意和执行人员。

三、社区报记者是组织者与执行者

社区报的记者则应该是组织者、协调者和执行者。

社区报的记者应该是一个探矿者而不是一个简单的挖煤人甚至是捡煤人，他带着报纸的定位与理念，到自己的领地上去寻找新的矿源，形成开采意见，再联系市民记者完成。所以社区报记者有一个重要的任务就是组织培养社区记者队伍，让社区市民记者帮忙完成一些采访。前面说到，我们每份社区报只有 5 个记者，还要兼一些版面的编辑，人手是不够的，必须借助广大社区市民记者的力量，跟我们一起办报，所以记者培养社区市民记者的工作甚至比记者自己去做具体的采访更加重要。当然重要重大的选题和策划，还是要社区报的专职记者亲自执行，这样才能保证质量与效率。

需要特别强调的是，社区报记者是整个组织流程中离读者、离现场、离问题、离主题最近的人员，所以他们对于社区读者需求的感知，他们对事实方向的判断与把握是最直接、最准确、最深刻的。所以我们一定要理解尊重记者的意见，这一点务必要请社区报编辑牢记。

当然理解不是乱解，尊重也不是盲从，需要记者和编辑保持无缝隙的沟通，在沟通的基础上，平等讨论，达成共识，完美执行。如果有一方抱有不屑或者不顾，就会极大伤害报纸的生产效率和读者的认可度。

关于社区报记者的功能定位，我们比较认同香港《头条日报》对周刊记者定位的描述，归纳起来有如下五条：

（1）进驻社区，与社区物业、学校、商业、警方等取得密切联系，建立线人队伍。

（2）参与社区公益活动，成为社区公民。

（3）提供社区问题解决方案。

（4）组织社区活动，让社区居民的形象、创作登上报纸。

（5）最终成为社区活动、观点、态度的倡导者和引导者，也是社区互助的组织者。

四、实行采编合一机制

我们的系列社区报都是采编合一机制，记者同时又是编辑、摄影师、活动组织者等，身兼数职，属于复合型多功能人才。

当记者在设想选题内容时要同时想着：这个选题要用多少版面需要多少稿件？自己写多少？要找社区市民记者或者其他记者帮忙写多少？照片怎么解决？要用什么样的版面呈现形式？需要事先交代美编准备哪些表格与图形？对这些工作，都要有一个基本思路。不能等到采访完了才知道要写多少；或者写好了交给编辑的时候，却发现没有版面放不下了，要删掉好多精彩的内容；或者等到排版时才发现缺照片、缺图表、缺相关数据。这些问题是大多数综合性报纸每天都在发生的遗憾，因为时效的问题很难解决。但对于时间相对充裕的社区周报来说，就要避免这种遗憾，用采编一体化机制来避免这种遗憾。

当然，并不是社区报上所有的内容都必须采编合一，每期重要重大的有针对性的主题策划才需要，这些一般只占社区报内容的50%。至于那些有共性的生活服务资讯类的内容，譬如教育、健康、美食、养生、旅游等，可以由系列社区报的大编辑部成为中央厨房，统一策划生产版面，再配送到各个社区报，实行资源共享。这就要求系列社区报的大编辑部要有几个精通整合、综合、信息再加工的编辑，对所有社区报读者共同需要的内容，进行统一生产，这样既保证了版面的专业制作，又节省了每份小社区报都去加工同类版面所需要的人力。

第三节　社区报的内容法则

社区报的内容法则来源于社区报的总体定位和功能定位。前面我们说到，社区报不是为了简单传递新闻信息，告诉读者发生了什么，而是为了让读者从社区报的内容信息中获得帮助或者快乐。我们觉得社区报的内容法则是：有关、有用和有趣。

一、有关

“有关”是为了强调社区报内容的地域性和相对限制性。因为社区报是发行到社区内的居民家庭中，而且是周刊，每周只有16个版面，所以我们必须对内容进行限制，限制的关键词就是：有关。

与本地居民有关，与生活有关，与社区环境有关，与社区居民的衣食住行，甚至与社区居民的心情有关。无关则无用。

二、有用

何为有用？《庄子·人间世》：“桂可食，故伐之；漆可用，故割之。人皆知有用之用，而莫知无用之用也。”郭象注：“有用则与彼为功，无用则自全其生。”

“有用”在汉语里有点虚，不好理解，我们找到英语来对译一下也许更易于理解。在汉英词典里“有用”主要有以下两个意向：

（1）to be of use，to be of help，to be of service，to serve the purpose；

（2）useful，helpful，serviceable.

通俗地理解，有用就是对另外的人有功用、有帮助、有价值、可利用的意思。

我们说，社区报是沟通纸、服务纸、帮办纸，最终目的是为了给力生活，因此对于社区报来说，重要的不是内容多轰动、多离奇，而在于是否有用，这一点也是所有商家看好社区报的地方。所以我们在社区报运营管理八原则中提到“有用是根本”，有用是社区报存在的根本价值所在。

三、有趣

何为有趣？现代汉语大词典上对“有趣”的解释是：能引起人的好奇心或喜爱。英语中给出了三个意向：

（1）interesting，引起兴趣的；

（2）fascinating，迷住，强烈地吸引住；

（3）amusing，逗人发笑的。

综合起来，我们觉得社区报内容的“有趣”包含以下两层意思：

（1）引起人的好奇心，吸引人愿意看，并且能轻松接受和理解我们传递的信息。

（2）能让人喜爱并带来快乐和好心情。

我们在社区报运营管理八原则中提到“有趣是关键”，再有用的内容，读者觉得有趣才会往下读，没有趣读者不愿意读，再有用也没用。要求有趣并不是说让我们滑稽、庸俗、演小丑，而是要找到一种吸引人们眼球，挤入人们脑子里的路径和办法，所以有趣不仅是社区报内容的要求，同时也是对社区报版面呈现形式的要求。

内容有趣是指我们选取的题材、话题要有趣。要让话题有趣，这就要求社区报记者在写作的时候，要有自己整体的逻辑和思考。一篇没有观点的报道，说得再多也是表面现象，是无法让人回味的。让人觉得意味深长的东西，一定是经过了记者思考的有深度的内容。这种深度，不是高深，不是故弄玄虚，而是经过记者的逻辑思考之后，能给读者一些启发，让人有所感悟。就好比一杯好茶，喝完后会有满口回甘直至五脏六腑，而劣茶喝完了就喝完了，从来不会沁人心脾。

话题是社区报内容构成的一个重要部分。如何制造话题我们在后面的章节中还会有专门的介绍。

版面呈现形式有趣是指我们要用有趣的方式来展示社区报的内容，譬如多用照片、多用图表，让版面清新，阅读轻松。

在新媒体时代，版面内容固然重要，版面呈现形式与内容也一样重要。有时候枯燥的内容，经过有趣的版面呈现，也会让读者觉得没那么面目可憎，变得容易接受。

怎么样才能让社区报的版面呈现形式有趣，我们在后面的章节也会有专门的介绍。

四、有关有用有趣互为条件

有关、有用与有趣不是相互割裂的，而是互为条件的。有关的内容才能吸引人看，有趣的内容读者才爱看，读者看到了才真正有用。无关则无用，则无趣。再有用的内容如果表达得很无趣，读者也不会看，有用也就变成没用了。

社区报的记者写新闻报道或者服务信息时，都要用“有关有用有趣”这六个字来检验一下：或者能让社区居民用得上，或者让他们觉得开心快乐。只有我们自己觉得好的内容是自娱自乐，只有商家说好的内容是急功近利。香港《头条日报》登出了两个表格，通过这两个表格的内容可以让我们更深入地理解什么是有关、有用和有趣。

第一个是关于《头条日报》主要报道内容方向的表格：

· 社区重要事件
· 本区域内的犯罪活动
· 针对犯罪采取的相应对策，比如安全措施
· 地方性活动
· 社区内的人物和居民
· 当地所需的各种生活服务（包括各种杂工，如木工、花工）
· 区域内的发展和变化
· 区域内的就业机会
· 当地的体育活动
· 有关购物的信息，如特价促销、新店开业、广告推介等

第二个是关于社区需求排行前 10 位的表格：

· 钟点工、月嫂等家政服务
· 净水、绿色净菜等生活派送
· 家庭上门修理等应急服务
· 小区周边信息资讯
· 健康医疗等咨询
· 儿童摄影等家庭礼仪策划
· 幼儿兴趣教育等教育培训
· 休闲旅游票务代理
· 洗车等汽车服务

· 房产中介、个人投资等家庭理财

香港和内地尤其是和佛山南海的社区很多情况不一样，因此我们不能照搬。但我们可以根据他们的排序来想象我们社区的现实情况与状态，然后构思出我们社区报的内容架构与需求排行，这样我们就会清晰社区报的内容应该向哪个方向努力。

在实际操作中，社区报的采编人员在进行内容生产时，一定要牢记“有关有用有趣”这六个字，并经常给自己提以下三个问题：

（1）我要报道的这件事和社区居民的生活有关系吗?

（2）我所报道的内容对居民来说是有价值、有功用、有帮助的吗?

（3）我们怎么做标题写导语，怎么包装处理才能引起读者的兴趣? 怎么表达才能让他们轻松接受并愿意看完这些内容呢?

第四节　社区报的内容表达法则

新媒体时代，信息获取渠道丰富多元，我们一定要充分考虑读者的阅读习惯来处理社区报的内容表达，否则就会被读者拒绝。如何创新社区报版面的表达方式？如何让内容表达变得有趣？我们的理念是：封面海报化，版面图解化，表达故事化。

一、封面海报化

在信息海量的新媒体时代，封面的作用不应该是报道新闻内容，而是对整期报纸的重要内容进行导读和提示，承担导航功能，相当于整份报纸的宣传海报。

它就好比是一部电影大制作的海报，在这张海报上，没有很多的台词，也没有太多的镜头，一张照片、一幅漫画或者三五个字，却能让观众为之心动，欣然前往，这就是海报的力量。报纸的封面其实也是这样的功能和作用。很长时间以来，我们都用所谓的政治性、重要性或者服务性来确定封面版的内容，大段大段的文字，并不能吸引读者的注意力。显然我们心中的重要和读者眼中的好看，并不是一回事。

在信息严重过剩的今天，已经颠覆了有关新闻的很多传统理念甚至理论。比如，一条信息，是因为有人读了才重要，而不是重要了就有人读。每个人都是独立的自主的个体，重不重要已经无法成为共同标准，但有一个标准是大家共同追求的：好看。所以我们在制作报纸封面的时候，首先要思考的问题是：哪个内容最好看？怎么设计才最能吸引人看？最好看的，哪怕只有一个标题、一张图片、一幅漫画，就足以完成封面的任务：吸引眼球。只要封面的其中一个内容吸引读者翻开整份报纸，那它就是一个成功的封面。

所以，我们说封面是整份报纸的一个海报，用来产生吸引力，把读者的目光引向里面的版面。

二、版面图解化

版面图解化，简单地讲，就是要多用图片、多用漫画，让没有时间或者不愿意读文字的人，甚至是看不清文字的人，看看图片、看看漫画就知道我们要说的是什么意思。

在上古时期没有文字，人们通过画一个图形来告诉别人自己的想法和意思。我们中国的文字叫象形文字，最早也是画画。所以说图画、图形是最早、最原始的传递信息的方式，也是最简单易懂、最有效的信息传递方式。

在现在的互联网时代，海量信息汹涌而至，让人们晕头转向透不过气来，在逆反心理的作用下，很多人已经开始反感阅读，或者是没有时间阅读，我们就要想办法让他们在最短的时间内用最简单的方式接受和了解我们想要传递的信息。

版面图解化包含两方面的意思：

一个意思是“图”，包括图形、图表、图片、图画等。发挥的是视觉引导的作用，让读者通过视觉的作用，进入文字、进入内容，同时通过视觉与形象，让读者更好地接受和理解文字要传达的意思。图形有很多种：字母带出来的类似 logo 的栏花是图形，每个小标题后面留白形成的小长方块是图形，底纹的用色也是图形……

另一个意思是“解”，指解散、解构、解析，这是为了解决一个版面上几千个字黑压压的一片，让人一看就没有阅读欲望的问题。在实际操作中，我们惯常的“解”的手法是：

在正文前，做一个精短的核心提示，把事情的前因后果以及基本情况做一个言简意赅的交代，让读者看起内文来有个基本的了解，不会看不明白。

对报道的内容主体部分进行解构，用小标题拆解成几个小板块，让人看了小标题之后，对整篇文章就有一个大概的掌握。这样把所有内容解构之后，既有形式的统一，又有具体内容含义的不同。这种规范与克制，短小精练的意见表达，让读者一小段一小段地看，就不会觉得累。

所以我们要求社区报的记者不仅要能写长篇大论，更要能写短故事，还要会拍图片、拍视频，甚至画漫画，用多种方式来确保我们的信息传递出去并让读者乐于接受。

我们的目标是，未来我们社区报的版面上，图片、图形、图画与文字的比例达到六比四或者七比三，如果达到八比二就更好了。读者拿起社区报只要简单翻一翻就知道我们要表达的是什么，就知道下一步我们要做什么。这是我们追求的社区报版面呈现形式的最高境界。也许我们永远都不能达到这样理想的境界，但这始终是我们努力的方向，我们就是要做那个推着石头上山的西西弗斯。

三、表达故事化

表达故事化指的是社区报的内容表达方式，即要用讲故事的方式，让读者觉得有意思、有趣味，愿意听下去。尽管我们有好的内容、好的服务、好的活动，但是如果我们没有一个好的表达方式传递给读者，或者让读者听了不感兴趣，那么我们所有的良好愿望和想法，都会归结于零，无法产生实际的功用和效果。

譬如我们都知道药能治病，但是很多药苦得实在让人们没法吃下去。于是厂家发明了胶囊，把这些很苦的药磨成粉再用一次性胶囊把它装起来，这样就能吃下去了。所以说用什么样的表达方式才能让读者接受是很重要的事情。

讲故事是老祖宗告诉我们的很好用的方法。好多少数民族是没有文字历史的。他们文化传承的主要方式，就是老一辈给小一辈讲故事，并且要让他们记住这些故事，将来再讲给下一代人听。如果这些故事没有意思引不起大家的兴趣，就没有办法一代一代讲下去，历史也就没有办法传承下去。中国历史上最典型的司马迁的《史记》，就是一个故事加上一个故事告诉我们那个年代发生了什么，以及作者对这件事情的态度，也就是我们现在讲的短评，那个时候叫“异史氏曰”。

我们人类的学习最早也是从故事开始的。家里有孩子的父母都知道给小孩最早的教育就是以讲故事的形式来实现的，我们自己也还记得小时候爸爸妈妈给我们讲过的故事。所以说，讲故事是最有效的表达方式，是最容易被人接受的信息传递方式。

我们采访到了一件事情，或者我们有一个观点要告诉读者，这件事情或者观点很有用但是很枯燥，如果原样写出来肯定引不起读者的兴趣。这个时候我们就要用讲故事这个非常有用的胶囊，把这些能够治病救人的内容包装起来，让读者顺利地吃下去，从而达到信息传递的目的，来实现社区报对居民的影响和引导。

我们为什么这么在意表达方式，这是因为我们一直铭记了这一点，社区报不是新闻纸，我们要做的是沟通、是服务而不只是简单的信息传递，所以我们更在意用户体验和服务效果，我们一定要想办法让读者愿意接受、乐于接受我们所传递的信息，这样他们才会愿意跟我们交流互动，其实这也是做好服务的应有之义。

第五节　社区报的发行覆盖

社区报的发行问题是我们7年社区报实践遇到的最难的问题之一。在2015年3月19日华南师范大学城市文化学院举办的社区媒体高峰论坛上，我们提出：社区报的发行，应该是一个世界性的难题。这句话经过现场翻译之后，得到了来自美国社区报专家、北卡罗来纳大学Jock教授的认同。因为他自己也办过社区报，后来卖给了巴菲特，现在他又在与当地政府合作办一份新的社区报*the Voice*，怎么发行也是他面临的难题。

一、社区报发行的四大难题

（一）发行多少?

社区报一般都是免费派送的，所以发行印刷成本是一个大问题。发少了没有用，发多了印刷和投递的费用让我们难以承受。所以现在很多报纸的发行数字水分很大，我们知道的某份报纸对外公布的发行数字是10万份，但其实真正发行的只有几千份。

（二）发到哪里?

传统的报纸一般有三个派送范围：一是送到单位，二是送到家里，三是街头或者地铁派送。

社区报应该送到哪里？如果按照定位说应该是要送到各社区的家庭中。但现实的情况是，许多地方的社区报是在街上派发的，还有的是送到小区门口，也有的社区报是一元钱一份卖的。在这个问题上，大家没有形成共识。

（三）找谁派发?

因为成本与队伍的问题，现在国内社区报的发行方式五花八门：有的是委托报业集团原来的发行公司发行，有的是找社区居委会的工作人员发行，有的是志愿者发行，有的是学生发行，还有很少部分是委托邮政发行。每一种发行方式都有它的好处与不足：有的不能保证稳定性，有的不能保证时效性，有的无法统计到达率。

（四）如何覆盖?

即使我们大多数人都知道社区报要到达家庭，但是，究竟要到达多少家庭，到达哪里的家庭，仍然是一个让人特别纠结的问题。

那种面向全市发行的所谓社区报，到达率估计没有办法统计。那些与房地产合作的社区报，也只是他建的楼盘才有，隔壁的楼盘就没有。那些采取街头派发方式的社区报，给人一种到处都是社区报的假象，事实是过于随机，没有办法知道小区里究竟谁看了报纸，谁没有看到。还有一些社区报，只在一个小区或者一个街道有覆盖，但是也只是这一个小区或者街道，对于广告商来说，一棵树再好也无法替代森林的功能。

二、《珠江时报》系列社区报核心发行理念

以上这些问题和困惑，我们都遇到过，希望我们关于社区报发行的痛苦探索经历，以及我们试图解决这些问题的办法，能够对未来创办新社区报的媒体或者团队有所借鉴或者启发。

我们这7年实践逐渐明确的社区报发行的核心理念是：

> 内容不是根本优势，入口才是核心价值；
> 全覆盖才有全接触；
> 多发是前提，少发是结果；
> 全覆盖只是手段，全链接才是追求；
> 发行的最终目的是建立与社区居民的强力互动的关系纽带。

这些核心理念是我们在7年的探索实践中逐渐清晰和形成的，我们会结合发行实践去逐一阐释。

三、《珠江时报》系列社区报的发行实践

（一）从模糊投送到精确覆盖

我们的第一份社区报《桂城社区周刊》发行起步的时候，还是模仿传统都市报的方式：只印了一两万份，就号称是10万份，然后给每个小区送去一部分，让物业公司帮忙派发。至于他们派发给了谁，甚至派了还是没派，我们其实也无从知道。好像是哪里都有，但其实很少真正到达居民的家庭中。

采取这种方式其实也是缺钱之下的无奈之举，一是想少印点报纸节省印刷纸张费，二是找人帮忙派发可以省发行费。然后跟广告商把发行量说大，感觉似乎一切都妥妥的。现在一些正在创办的社区报也正在走我们走

过的这条自欺欺人的路径。

这么做，问题其实很快就出来了。我们说哪个社区的居民家庭里都有我们的报纸，结果这个社区的很多居民说：为什么我们家没有？结果发现，物业公司的办公室里堆了成堆的社区报，根本没有派出去。因为他们也有自己的工作，他们也没有义务给我们去送报纸。而如今的广告商是无比精明的，他们会去家庭里抽样调查广告发布的效果。为了搞清楚真实的发行量，他们甚至去印刷厂查我们的用纸量，虚假发行量根本就不堪一击。

这样做还出现了一个更为严重的问题，就是出资办报纸的街道领导也质问我们：你们这份报纸东家有西家没有的，我的一个政策、一个会议精神、一个便民措施，没有办法到达所有居民家中，那不等于没有用，难道我们还要再找一个渠道传达下去吗？如果这样，我为什么要花钱花时间和精力来支持你们办社区报？

街道领导的质疑让我们突然明白了，社区报与传统都市报之间根本的不同。互联网时代，我们可以有无数个渠道选择，之所以要选择社区报来作为沟通渠道，是因为它的有形与全链接。从那天开始，我们就研究如何把过去的模糊发行，变成精准覆盖。

首先，我们和桂城街道一起找专业公司进行了一个调查，摸清楚在全部街道的社区中，有多少房子是有人住的？有多少房子是没有人住的？在所有的住房中，多少是本地人？多少是广州人？全部住户中，城市社区占多少？村居住户是多少？有了这些准确的数据后，我们制定了一个第一期5万多户的投送计划，同时取消了原来为了省钱的投递办法，全部委托邮政对城市社区进行定时定邮箱的准确投递。对于城郊的村民则实行逐步覆盖，最终达到6.7万份的总发行量，覆盖了绝大部分的户籍家庭。

除此之外，街道还在每个社区聘请了两名核查员，每周进行入户抽查，社区报是否按时投递到位。

尽管目前仍然有个别居民因为没有收到当期的报纸而电话投诉，但是总体的到达率得到了保证，报纸的有用性也大大提高。

(二) 探索多种方式保证报纸送达

我们说社区报的发行是一个世界难题，这不是耸人听闻。像我们这样的10份社区报，平均一份社区报在一个镇或者街道要密集发行5万份，这不仅在中国没有，即使在国外也是没有见到过的。在相对有限的资金下，用什么方式在短时间内全部到达，是一个新的课题。

即使我们全部委托邮局，愿意每份承担0.15元的费用，也不能解决全部的问题。其中一个主要的原因就是，在我们这个区域，有很大一部分是刚刚由农民转为居民的村居住房，他们居住相对分散，没有成熟小区的集中邮箱投放。邮局觉得需要这样挨家挨户投递成本太高，每份0.15元的投递费用不足以维持他们的成本，从而不愿意跟我们合作。我们的第二份社区报《孝德社区周刊》的发行就正面遭遇了这个问题，因为罗村离中心城区较远，成熟社区相对较少。

为了解决住户分散的村居区域邮局不愿意投递的问题，我们于是探索了以工代赈的方式。在这些村居里，有一部分低保户和相对困难户，政府每月是要给予他们一定生活补助的。我们建议，对于一部分有劳动能力的人，给他们一份送报纸的工作，按每份0.15元的价格给他报酬，这样他每个月送报纸又可以多拿几百元。后来我们把这个经验也推广到其他镇（街），取得了一定效果。

《九江社区报》的发行，我们则是采取由镇宣传办牵头，与社区和村居管理服务部门合作的方式，由他们负责进行报纸的分发工作。投递费用则直接拨到该社区或者村居小组。我们只负责监督、检查，接受居民投诉。这种方式比较有效，九江也成为我们系列社区报中到达率最高的镇（街）。

在不同的镇（街）和社区，我们根据不同的要求和居民居住情况，探索不同的投递方式，然后再把好的经验进行复制和推广，以最大程度去满足当地政府和居民的意愿。

（三）全覆盖不是终点

在传统报纸的运营中，如果哪个报纸能够在自己覆盖的区域内做到家家户户都有，那几乎是不得了的事情，也是很难办到的事情。然而对我们的社区报来说是可以真正做到全覆盖的。但我们却说，这已经不是我们的终极目的，全覆盖还不算成功，这又是为什么呢?

首先，这种全覆盖的巨大的成本压力难以长久坚持。

在我们这个人口相对密集的地方，一个镇（街）就有几万甚至近10万社区家庭，所以，我们的一份社区报最少的都有3万多份，多的达到5万甚至7万份。目前，我们发行量最大的《狮山树本周报》已经由原来的7万份提高到11万份，要对全镇的户籍人口全面覆盖。这是一笔不小的费用，一年要增加近50万元成本。发行成本过大，是很难长期坚持的。

其次，因为社区报是免费赠送发行的，所以即使是全覆盖也经常会难以直接判断报纸的内容与服务是否真的得到了读者的认可与喜欢。这与读者花钱订阅相比，评判没那么直截了当。

最后，报纸毕竟只是单向传播的载体，还不具备双向互动的功能。我们无法直接得到家庭读者的意见反馈，这在互联网时代是有巨大缺陷的。

因为我们的政府部门，把一个会议精神或者一项政策告诉百姓，同时也很想知道社区居民对政府工作的意见和态度，以及对政府的期盼与建议。我们的商家，把广告发给大家，他们也很想知道大家对他这个产品或者广告有什么评价。所以，单向传输只是完成了媒体任务的一半，双向沟通互动才是互联网时代的根本需求。

（四）通过入口，起动链接

有的人会觉得疑惑：既然新媒体有更好的互动功能，为什么不一开始就办微博、微信？何必再花钱费纸去办一份社区报？的确，未来我们一定要向新媒体过渡，但是现阶段，有两个问题还是必须正视的。

一是互联网时代因为沟通渠道的丰富，受众与读者也就因此而进行了渠道分层。尽管更多的年轻人越来越愿意通过手机等新媒体渠道获取信息解决问题，但是还是有许多年长的人和机关的人，依然愿意坚守报纸这个熟悉的传统介质。纸质的媒介在相当一部分年长的人群中，还是有较强的市场的，至少近十年，报纸不会在中国退出市场。

二是互联网是新东西也是好东西，但是互联网在信息爆炸与信息过剩的现状中，也给我们困惑与不便。在海量信息中，看什么，怎么看，需要现有的报纸在认真研究社区居民与受众切实需求之后，有针对性地进行导航与推荐，把有关、有用、有趣的东西，带到这个准确的入口，让人们形成稳定的链接，从而进入全媒体服务的状态。

在这样的理念指导下，我们的每份社区报创办之后，立即注册微博与微信公众号。一方面对社区报的信息时效性进行补充和提升，另一方面还能即时与社区居民进行沟通与互动。同时，也逐步把大量的年轻读者导航到新媒体的渠道上来。

目前，10 份社区报的微博、微信群所积攒的粉丝已经形成几十万的规模，这也为社区报的运营发展创造了强大的商业价值。

（五）发多是为了发少

今天的报纸发行，特别是社区报的发行，已经不是传统报纸发行的规律，拼命搞到一个巨大的发行量，然后去守着这个数字防止下滑。

事实上，传统报纸的发行量已经是守不住的堡垒，多数报纸特别是都市报都在不断地下滑。这不是报纸好不好的问题，而是一部分人已经转去新媒体获取信息了。

在这个时候，社区报这种免费派送的报纸，就更加要调整与创新发行策略。在迅速达到发行的最大值无缝全覆盖之后，就应该在一段持续的时间内，马上开始引导部分读者向新媒体过渡。

当一定比例的居民养成了每天通过手机移动新媒体与政府、商家、报社以及与其他社会环境进行沟通与互动的习惯之后，就应该开始收缩发行量。当然这种收缩不是强行的、生硬的，而是自动的、柔和的。

尽管目前我们10份社区报的镇（街）政府要求我们把这种高峰值的发行量保持一个较长的时间，但是我们希望未来在一个时间点上会下降。

我们会进行免费报纸的登记制。就是说，尽管报纸是免费派送的，但是想要继续阅读的读者要进行登记索取。只要一个电话、一个信息、一个微信，甚至一个招呼，我们都会把报纸按时送到家中或者邮箱里，否则，我们将把那些不需要、不必要的读者的报纸削减下来。这样节约下来的成本，可以用于建设社区报的新媒体平台与通道。

我们最终的目标是，年轻人和中年人都用手机、电脑和我们沟通互动，只有年纪大的，用手机不方便的老年人或者特殊人群，才需要我们纸质的社区报。那个时候，报纸的发行量将降为现在的一半或者三分之一，而总体的沟通互动能力却不断增强。

（六）强链接才是最终目的

我们前面说到，社区报已经不是新闻纸，不是简单地传递信息和报道新闻，而是连接纸、服务纸，它更大的功能是作为一个入口把我们带入社区居民家庭的客厅里，同时它还带着各种样式的新媒体，比如微博、微信、App，甚至把周围环境的许多链接方式带入社区居民的客厅里，供居民读者进行选择与链接。

未来的社区报，不可能仅仅靠一份报纸来完成与居民的全部沟通与互动，而是必须用报纸、社交媒体、电视屏幕、现场活动、沙龙活动等多种方式进行。社区报的功能，就是要把这众多的新渠道与方式链接到自己的手里，这样就会形成一个全媒介的、立体化的、全方式的互动空间。

我们始终要记住的是，我们的目的不是多少人愿意看我们的报纸，而是有多少人愿意来响应我们的呼唤与引导，以及有多少人愿意在我们这个平台上与政府互动，与市场互动，与环境互动，与周围的人群互动。当我们的社区居民遇到问题与困难的时候，有多少人愿意来找我们的平台沟通和解决问题，而我们又能为他们解决多少问题，这才是社区报未来的核心动力与价值。

有多紧密的链接，才能造就多么强大的社区媒体，这就是我们发行工作的全部意义。

第六节　社区报的经营策略

我们的社区报由 7 年前的 1 份发展到了目前的 10 份，在佛山中心城区，已经有 45 万户籍居民家里有我们的社区报，按一户三口人计，直接影响 130 万人。我们的社区报已经不再是可有可无探路求生的试验品，而是成为了我们拉动整个报纸结构性增长的重要一极。这就要求我们认真思考并确定系列社区报的经营策略了。我们要采取什么样的商业模式来获得社区报最大化的经营效果？或者说我们与众不同的系列社区报，如何形成一个与之配套的独一无二的有自己核心竞争力的经营策略?

一、认清社区报的不足与优势

无论采取什么样的经营策略，首先要对自己有一个清晰的认识。

与其他平面媒体相比，社区报的不足是周期比较长，品牌影响力没那么大，经营队伍不完善，而且没有现成的广告经验。但是我们的社区报也有自己的优势。

一是社区报并不像其他媒体那样一创办就面临着巨大的资金压力。因为我们的社区报在一定时期内，还是有镇（街）的部分资金支持的，这就给了社区报成长的时间，给了我们从容按市场规律制定经营策略的空间。我们可以选择我们未来的目标客户去慢慢培育，不需要采用杀鸡取卵的恶性办法。这是社区报的优势，但也有不好的一面，因为有地方政府的支持，我们对社区报广告经营的危机感和紧迫感没有那么强，觉得钱够花够用就可以了，然而地方政府的这种支持是阶段性的、也是不稳定的，可能换个领导就没有了。另外就是媒体的广告经营必须在一定的时间内成长起来，时间长了，广告商就会认为这份报纸没有人做广告是因为没有效果，到时再想让广告商改变印象来投入广告就很难了。

二是我们的社区报直接进入家庭，而且是对一个镇（街）小范围的高密度覆盖。这种优质读者群及准确的投递指向，是广告客户不可多得的平台与渠道。

三是我们的社区报主要定位于生活，而不是时政新闻，这样更容易吸引与生活相关的各类广告客户。

四是我们的系列社区报都是与政府合作创办的，不是纯粹商业性的报纸，因此公信力是很强的。

五是我们有南海和禅城两个代机关报的资源整合能力，还有我们已经形成的多媒体融合的能力，所以我们的商业广告的开发应该比其他的媒体有更多的优势。

二、寻找社区报独特的经营路径

虽然有这么多的优势，但我们还是必须寻找到一个明确的经营路径才行。

（一）我们营销的不是版面而是注意力

我们要营销的不是我们每份社区报每个 34 厘米高乘以 24 厘米宽的版面，我们要卖的是已知的和确定的社区数万个家庭的注意力。所以我们的业务人员出去与客户谈广告的时候，不要总是去强调社区报的版面有多便宜，能给你打多少折扣之类的，而是要强调：我们的社区报进入了 5 万、8 万、30 万、40 万个家庭；我们的社区报对区域内的所有家庭无缝覆盖；我们的目标读者都是佛山、广东甚至全国最富有的家庭，他们也许正在或者将要消费你的产品。

要有效营销注意力资源，我们必须做好两方面的工作：一是做好发行，确保社区报的到达率；二是做好社区报的内容生产。把社区报从 1 份到 2 份到 3 份到 10 份，都办得让居民愿意看。然后我们去营销 10 万、30 万、50 万、100 万、130 万人的注意力资源。

这也是我们每份社区报不是由内容执行主编负总责，而是让运营总监来负总责的主要原因所在，内容要服从服务于销售注意力的总体方向与宗旨。

另外社区报的经营还要通过活动与互动来黏住居民用户，把经营和内容都捆在一个战车上，形成利益共同体，这样才能同心同德，才能合作共赢。

（二）从生活着眼，从服务入手

社区报的广告原则上不能像综合性报纸那样，只要客户出钱，不管什么类型的广告都登。社区报的定位是沟通你我，给力生活，所以社区报的广告原则上也不能游离这个定位太远，必须紧盯生活。

社区报所选定的广告方向应该是与家庭有关与生活有关的，这样的方向尽管初期会有些为难，会觉得范围有点限制，但是长期下来，因为与居民生活同频同步了，居民会有更多的耐心与兴趣来关注我们，居民的注意力就是我们的财富。

譬如罗村《孝德社区周刊》，我们首先把目光盯住当地的几大超市，因为超市和居民的生活关系太密切了。经过一段时间的尝试与努力，终于把区域内的所有大超市都变成了我们的广告客户。超市的打折信息也成为了我们社区报内容的一部分。这样的广告才是长期稳定有效的。如果在版面上经常看到与生活与家庭无关的广告信息，时间长了就会淡化社区报的服务功能，长此以往，影响将会是灾难性的。

从服务入手的意思是，我们做社区报的广告不能单纯从钱入手，不能急功近利。我们最初也尝试去一个一个找客户谈钱，很辛苦，效果还不好，已经是低到不能再低的折扣了，客户还是不愿意做广告。后来我们换了一个思路，从服务入手，去培养客户花钱的习惯。我们先做服务，帮客户宣传，让客户看到效果，客户就会主动找我们，其实我们也是在创造他们的需求。我们要用 3 ～ 5 年的时间，培养广告客户花钱做信息沟通的习惯，这种习惯的形成才是我们取之不尽的财富。

从服务入手，我们首先要考虑的是，什么样的信息才能给社区读者和居民最有效的服务呢？什么样的信息会让他们的生活变得成本低又质量高呢？然后我们就去寻找这样的信息。当这样的信息做多了做久了，就会让社区居民对我们的社区报形成依赖，广告客户自然就来了。

譬如我们社区报的二手房超市，先免费给大家刊登二手房的信息，形成规模后与网站配合，扩大影响力。读者慢慢就形成了一个意识：要买卖二手房就去看社区报的二手房超市，选择多、服务好，还省钱。当大家都抢着来看时，就会有人抢着来登，我们再从中选择优质的客户。从最初的 10 元一则信息到 20 元再到 50 元最后到 100 元，社区报直接就抢了房产中介的一部分生意，所以后来房产中介也到社区报的二手房超市来做广告。这就是先造市，再成场，最后成为规模的专业市场，这样就不愁找不到客户了。

（三）研发个性产品，多种机制代理

社区报的广告经营不能学习其他报纸的广告经营，采用人海战术到处去拉广告，这样人力成本太高而且效果不好。应该采取的是，集中几个主创和策划人员研发新的产品，然后通过代理机制，推行到商业市场中去；或者通过报纸自身的影响力，进行报纸上或者网上招商。这样我们就能用最少的人，做最多而又最稳定的业绩。

在前面我们已经说到，社区报经营不是卖版面而是卖注意力，所以研发广告产品不只是社区报经营人员的事情，而是要与社区报采编部门后期制作部门共同策划才有可能有好的效果。比如社区报的一线采访人员，从

居民中收集到或者注意到生活中大家对什么有需求，对什么信息感兴趣，那么我们就针对这种情况设计版面，进行信息整合。经营人员负责寻找到合适的商业模式，后期制作部门负责设计成最容易被读者接受和喜欢的产品包装，如此形成合力，才是最好的广告。在新媒体时代，不仅要讲媒体融合，还要先一步进行业务融合，所以我们的社区报，不仅采编要一体化，甚至与广告经营也不能截然分开。

多机制代理是指当我们不能养很多人、采用人海战术进行广告创收的时候，我们要找到其他代偿机制，完成我们的产品与广告客户的对接与业务流程。这种代理可以是与广告公司的代理，也可以是与其他媒体相关部门的代理，也可以是社区报内部的广告代理。我们要鼓励社区的管理部门、服务部门或者银行等商业机构给社区报进行代理，我们也可以探索尝试社区报的编辑记者代理部分广告。

但是，不管什么方式的代理，不能采用总代理的方式。我们不可以把社区报的市场控制权代理给别人，这样是很危险的，所以只能代理一部分，切分权限。如果市场最终控制在别人的手里，对社区报的良性运行是非常危险的。

（四）关于社区报服务的一体两面

一体两面是指一个事物在两个方向上的特性。比如社区报的服务性，既是我们报纸联系读者吸引读者的主要手段，也是我们报纸要获得收益的根本途径。离开了服务，一切都无从谈起，所以当我们谈起服务的时候，不要总是一副施舍或者给予甚至活雷锋的样子，其实我们服务背后的根本动机是要有所获利。如果这个问题想开了，服务就不是读者或者居民单方受益，而是大家共同受益。所以说，真诚、用心、有效的服务既是社区报办报的根本宗旨，也是社区报经营的起点与方向。

我们这里所说的服务，包括服务意识、服务内容和服务机制。

首先，最重要的是社区报团队要有强烈的服务意识。无论是记者、编辑、美编，还是广告发行人员，甚至社区报的热线接线员，都要有强烈的服务意识。

其次，社区报的内容生产环节要有强烈的服务意识。社区报的每一个内容、每一个活动、每一个信息、每一个策划甚至广告都要有服务性，简单点说，就是对读者要有用。要以“是不是对读者有用”来检验社区报的一切行为。不管是新闻服务、信息服务、生活服务、健康服务还是心情服务，我们都要认真研究我们的目标读者的真正需求，而不是随意找点信息放在版面上。只有用心去体会读者的感受，感知读者的需求，才能发现并创造出好的服务。一份没有服务性的社区报，就是一份失败的社区报。这也是互联网思维的基本要求，就是注重用户体验。

再次，要形成一个常态的服务机制。我们不能仅在嘴上讲要服务，而操作中没有具体的人负责。服务是要解决难题，这就需要花费我们的时间、精力甚至心血，所以不能仅仅靠个人的热情与耐心来做服务，而要用机制来规范与固化我们的服务。读者的一个诉求来了，谁接待，谁负责协调，谁解决，谁答复，谁把这些内容放在报纸上……这些都要形成服务机制。

只有在意识里把我们的居民读者变成我们要服务的客户，在实际操作中，我们才会把服务当成分内最重要的工作。其实只要我们做好了切实的服务，经营效益自然就会在服务中产生了，这是水到渠成的事情。

第七节　社区报的话题制造

新闻即时破碎，话题永不过时。4000 年前的《论语》到现在还被我们热议。关键是我们的话题如何激起读者的关注与反响。

社区报的出版周期决定了社区报不可能以新闻为主，但是我们可以走另外一条路径，那就是不再追逐新闻的时效性，不纠结于我们是不是最早报道这个事情，而是去引导和关注人们对于事件或者问题的观点与态度。这就要精心设计好话题，然后提供给市民读者，让大家来议论甚至争论，然后把不同的观点进行归纳展示给大家。经过发酵之后，再把新的意见反馈给读者，这样一方面通过把大家的态度进行交流与碰撞从而形成比较主流的意见，另一方面也可以引导大家关注社区报并产生对报纸的阅读期待。

在这样的话题环境中，既可以充分表达居民自己的意见与态度，也可以与周围人群进行意见的交流与碰撞，还可以分享其他人好的做法与想法。

一、话题来源应该多角度多渠道

（一）外地事件的本地关照

比如北京洋超市发现种种欺骗顾客的劣迹，那么我们佛山、南海，我们社区周围的超市是什么情况？有关部门检查出来多少？消费者投诉有多少？我们的居民自己遇到的有多少？我们的记者又发现了多少？把这些都拿出来讨论一下，把大家应该注意的东西整理出来，再给一些具体的方式方法，相信读者一定会有兴趣的。

（二）本地事件与问题的交流与碰撞

本地的一些公共问题与事件，都需要政府、市民、群体之间的沟通与交流。这些问题不可能都通过投诉与信访来解决，社区报作为社区常态的信息沟通与交流的机制，可以通过对话与座谈的方式把这些信息与居民的想法进行充分沟通，起到互相理解、化解矛盾、解决问题的作用。

（三）居民关心的问题的讨论

比如食品安全问题、孩子教育问题、治安问题等，凡是敏感、热点的问题，都可以用话题的方式进行议论。交流经验，借鉴方法，疏导情绪，健康生活……这些话题的来源，可以是我们在报纸上征集来的，也可以是微博微信上话题的放大与强化，也可以是我们的社区记者收集起来的，还有一些是社区报的编辑、记者根据对社区舆情的掌握，自己设计形成的。

二、找到一个正能量的引爆点

这就像我们使用炸药一样，不管有多少炸药，如果不用一个雷管来引爆的话，炸药再多也无法发挥威力。我们制造话题就相当于制作一个雷管，放到读者中去适时引爆，引发大规模的化学反应，我们再把这种反应整理形成报纸内容，所以用什么引爆、什么时候引爆是很重要的问题。

当然，我们的引爆一定是正能量的，而不是破坏性的和负面的。要实现正能量的引导与引爆，就要关照当前的中心工作、主流思想以及核心关切。需要特别注意的是，在新媒体时代的今天，我们沟通与互动的主要方式是微博、微信、App 以及网站等，话题的制造就有一个规范与控制的问题，不能让话题成为非主流观点的宣泄地，否则会事与愿违，弄巧成拙。

第八节　社区报的活动组织

一段时间以来，我们在社区报沙龙里和大家一起讨论关于社区报的活动组织问题，得到了很多社区报小伙伴的响应和支持，一些同事马上就拿出他们想好的活动方案让我们帮忙提意见，这让我们很感动。

比如，《桂城社区周刊》的记者余晖早上 5 点就起床做一个关于千灯湖骑士俱乐部的 PPT，然后去和商家谈合作，初步得到商家的认可；罗村《孝德社区周刊》的小伙伴也策划出一个二手货义卖活动的方案，并找到了合作方；还有小记者培训方案，几个社区报都在分头组织。小伙伴们能够想出这么多点子，实在令人振奋。

我们在社区报的功能定位里提到社区报是互动平台，活动舞台，受大家的启发，我们再次思考社区报的活动组织，就又产生了一些延伸的想法，跟大家分享。归纳为三句话：催生活动，引导活动，经营活动。

一、催生活动

我们前面说过，社区报的记者或者编辑不仅要会写稿、编版，还要培养社区市民记者、策划组织活动。活动多了，社区报的版面就会热闹有人气。但是又存在一个问题，如果社区报的记者编辑都陷入做活动中去了，有谁还去思考社区的问题呢？谁还能静下心来写那些居民读者需要的内容呢？所以，我们不能让社区报的所有记者都陷入活动中去，初期可以，长期不可以。那怎么解决社区报活动的组织呢？我们的想法是，在社区报记者自己做过一些活动有了一定的经验之后，去催生当地政府部门、社区或者商家来组织活动，让他们去制造活动，我们借力就好了。

二、引导活动

引导活动是催生活动的下一个阶段。当社区报的活动达到一定的数量规模之后，我们就要引导这些活动向常态化、品牌化、生活化迈进。我们可以通过招标的形式，筛选一些与居民生活密切相关的有用、有益的活动，用固定的版面加以呈现。这样我们的社区报就会进入另外一个更加自如的境界。

三、经营活动

催生活动之后引导活动，然后就要经营活动。这种经营包括几个方面：一是经营人气。让这些活动为社区报带来更多的参与度与关注度，也就是吸引更多的眼球和人气。二是经营内容。活动中会产生大量鲜活的足以引起读者注意的内容资讯，它们也是社区报版面所需要的内容，活动内容一多，就会大大减少社区报记者苦苦找料的痛苦。三是经营收入。我们做活动，除了吸引人气服务居民生活外，还有一个目的就是创收。我们要在活动中产生广告、产生搭车的销售收入以及更多的边际效益。

活动有了收益，我们就可以通过奖励的方式，让社区报的记者编辑们获得更多的收入，也会让社区报成长为强大的广告纸。

第九节 社区报的介质融合

介质融合，具体到社区报来说，主要是四种传递介质的相互融合：报纸、微信、网站、活动。这四种介质并不是各自为战，形成自己独立的氛围或者影响力，而是互为补充，互相作用，相互呼应，共同形成强大的吸引注意力的资源。

这四种介质的功能角色分别是：报纸做舞台和导航，微信做互动纽带，网站做后台依托，现场活动做黏合剂。

一、报纸做舞台和导航

报纸就像佛山祖庙里的大戏台，最好的故事、最有用的信息、最精彩的表演在这里展示出来，让观众去获取、去欣赏。它成为人们的期待，成为人们注意力的焦点。

另外，因为社区报一周才出版一次，而且每次只有 16 个版面，在这 16 个版面之中我们还要拿出部分版面来做广告，剩下能够用于发布和传递信息内容的版面就不会很多，所以我们能够传达的内容也就不会很多。这样就很难满足市民对于信息和服务的需求。这个时候我们就要让社区报承担导航的功能，把社区报当成一个窗口，在这个窗口里面我们只是把要传递给广大读者的内容或者服务信息做一个简单的介绍，如果读者对这些内容感兴趣，那么他只要用手机扫一下二维码就可以直接进入网络版的庞大的内容后台，在那里获取他对相关内容的海量信息；或者我们告诉他们相关的内容或者视频可以到哪个网址去找，在那里可以看到更加精彩的视频内容；或者我们只在报纸上做一个关于活动的预告和公告，如果他们有兴趣的话可以在特定的时间去到指定的地点，和其他市民一起进行现场的交流和互动。

二、微信做互动纽带

科学技术不断更新，时代不断进步，人与人、人与社会、人与组织之间的沟通方式也在不停地进步与改变。从读者来信到读者热线到短信报料到 QQ 网聊到现在的微博微信即时双向传递，人们沟通互动的方式发生了很大的变化。社区报也要与时俱进，充分利用和获取新技术带给我们的便利和好处。

各社区报要设专人对微信进行管理和维护，及时与社区市民记者和热心读者进行互动与呼应，还要把所在镇（街）内的所有有价值的个人微信关注进来，进行有选择的转发与挖掘，同时要安排专人对众多微信上的内容或者读者在网上的互动内容进行整合，成为社区报版面上的内容。比如盘点本周最热闹的本地微博微信的内容、本周最热门的话题，评选本周最猛的微博微信报料、最及时的微信服务等。

要通过这种操作让微信成为台下观众与台上演员最畅通的即时交流渠道。通过这种沟通渠道，一方面把大量台下的精彩故事变成台上的演出节目；另一方面把台上的精彩表演通过这个渠道推送给众多没来得及到台前观看的读者，引导他们的关注。同时进行预告，告诉读者我们的报纸舞台即将上演什么节目提供什么服务，提前吸引他们的注意力。

相比于网络的海量资讯，报纸记者个体能创造的内容已经是沧海一粟了，而且，微博微信的免费生产力和它对思想主体性的放大作用也是一张报纸所不能忽视的。

三、网站做后台依托

报纸因为周期与版面的限制，只能有选择地展示一部分读者最喜爱的内容与最有用的资讯，更多更丰富的内容则需要引导读者到网站这个庞大的资源库中去查找与分享，我们在文章后面链接上我们的网址，如果想看到社区报上某篇文章的更详细的内容报道，提示读者链接到我们的网站，所以网站是我们开放在读者面前的更广阔的舞台。我们前面说到的社区报是导航纸是窗口其实也就是这个意思。读者在网上的评论与发言反过来又会成为下一期社区报刊发的内容。

所以我们做好网站的维护，确保信息资料的强大、完整与新鲜，方便读者去查阅与使用，让网站成为读者生活、工作、理财、出行时不可缺少的助手。

报纸、微信和网站三个平台虽然有各自的特质和分工，但必须融合在一起才能发挥最大的作用。报纸的展示与导航功能，微信的沟通互动功能，网站的后台支撑与延伸功能，三种介质配合起来就能成为一个强大的媒介阵，控制住当地最强大的信息与话语权，形成最强大的服务功能。这样的社区报才算是真正完整的。

四、现场活动做黏合剂

我们不能忽略的还有一个介质，对社区报来说也是特别重要的介质，就是现场的活动沟通。尽管它不是传统意义上的具体的一种介质，但它确实是一种任何其他形式都不能代替的沟通方式，在所有的介质中间，我们认为这是最珍贵的一种沟通互动的方式。

无论社会怎么进步，无论新兴媒体怎么发展，都没有办法完全替代人与人当面沟通互动的需求。面对面沟通所能传递的信息量，除了事件事实本身，所承载的表情、动作、情绪、形体语言以及现场氛围等信息量，都是其他任何沟通方式没有办法实现的。在前面我们已经说过，组织活动是社区报的重要工作。现场活动也是社区报非常重要的一种介质，它是社区报与读者之间最好的黏合剂，可以有效拉近社区报与读者之间的亲密关系。

我们要记住的是，这四种介质都是为了传递信息、为了沟通互动、为了服务居民，所以社区报的记者、编辑，不能只盯着一种介质，更不能只使用一种介质，而是应该综合研判使用、合理选择、科学搭配，最大化传播效果。这才算是一个新媒体时代下称职的社区新闻人才。

第十节　社区报的数据库建设

尽管我们的每份社区报实实在在印了4—5万份，尽管我们的每份社区报也确实免费派送到了居民的邮箱里，但是我们实际上并不知道到底是谁看了我们的报纸，更不知道他们是主动有意愿地看，还是看不看都无所谓，又或者他们根本就没看，从邮箱里取出来直接就扔到垃圾桶里了。我们面对的读者是什么生活状态？他们的需求是什么？他们消费的能力和大概方向是什么？那些愿意主动经常和我们沟通的是什么人？他们为什么愿意沟通？还有哪些群体不和我们沟通，为什么？

只有对上述这些问题做到心中有数的时候，我们的服务才是靶向式、精准式的，对于政府和商家来说才是有价值的。所以建设社区报的数据库是十分必要，甚至是不可或缺的。数据库是未来社区报生存、发展、竞争的根本基础。从某种意义上来说，数据库是社区报一切行为的出发点，甚至是终点。

社区报的数据库应该包括以下几方面的数据：

一、发行数据

从《桂城社区周刊》开始，我们就有意识地在发行数据库建设方面进行努力和尝试，从最早的向邮局索要发行范围到我们自己进行读者调查，都是在为建设发行数据库做准备。有了发行数据，我们就可以逐步调整社区报的发行方式。

第一阶段：随机投放转变为指向投放

我们作了关于桂城街道住宅小区入住人员的情况调查，包括本地、外地人口的分布和比例，这些数据可以让我们清楚地知道，我们下一步发行要重点投放的方向，即只给有人住的家庭邮箱投放报纸，而且优先保证本地居民的邮箱有我们的报纸。这样我们就从初期的随机投放转变成了指向投放。

第二阶段：主动投放转变为索取投放

有了这些发行数据，接下来我们可以做进一步的工作，就是要从主动投放转变为索取投放。简单地说，就是原来我们是按照各个小区内的住户名单，通过邮局将我们的社区报主动投到他们的邮箱，而不管他们是不是愿意看我们的社区报。当我们的社区报影响力足够大的时候，我们要转变为读者登记式发行，如果读者想看我们的社区报，就要给我们打电话，或者给我们一个信息，告诉我们地址，然后我们通过邮局投递到家。对于那些没有意愿看我们社区报的居民，我们要有意识地分批分片区分比例地停止免费的报纸投递。这样一方面可以强化读者对社区报的忠诚度，另一方面也可以把无效发行的那些报纸转给那些有效有意愿的读者家庭，从而提高报纸的阅读率和有效率。

第三阶段：免费发行转变为附带一定代价的发行

再下来就是要将完全的免费发行转变为附带一定代价的发行。就是说，我们免费给居民报纸，但是居民也要给我们一点补偿或者回报。当然不是要居民给我们钱，而是要他们参加我们的读者调查，回答我们的一些问卷，给我们一些意见和建议。用这种方式进一步增加我们和读者之间的黏稠度。因为这样的调查对于社区报报纸内容的生产，对于市场的了解，对于社区报的广告经营，都会有很大的好处。

二、社区市民记者数据

有一本书名叫《与众不同》，里面告诉我们一个观点：如果你的企业还在以追求质量和顾客服务为差异化定位的话，那么很遗憾，这只是20世纪90年代的生存法则。在21世纪的今天，你的竞争对手几乎都跟你一样，接受过质量管理和顾客服务方面的培训，学习过这方面的课程，质量和服务已经成为顾客预期之中的基本要求，不再是具有差异化的竞争要素。盖洛普为美国质量控制协会作了一个调查，接受调查的执行官中只有28%的人表示从质量努力中获得了显著成果。这让我们突然明白了一个道理：不要再去过度纠结社区报的某个报道是不是比别人好，而是赶紧用1001个方法去吸引、去热爱、去结交、去紧紧抓住那个叫社区读者的人。

那么，谁才能抓住这数万甚至数十万的社区居民呢？我们要找社区市民记者。我们要让社区居民成为我们的合作者：成为我们的主编、成为我们的记者、成为我们的线人，甚至成为我们的决策者。这些社区市民记者不是一个两个，也不是八个十个，我们希望是一百个，甚至是几百个。越多人参与进来，就越能够准确地指导我们的内容生产以及信息服务。

社区市民记者数据库的建设就是基于这样的理由。

对社区市民记者要进行各种分类——分片区、分年纪、分兴趣、分专业等，然后由我们的编辑进行分组管理和密切沟通，核心骨干的市民记者小组要定期提供相关业务报告，其他的则可以不定期提供信息报料。

三、社区公共服务数据

我们对每份社区报所在的镇（街）及其周边有哪些公共服务应该做到心中有数，无论是采访需要还是读者求助，我们就能第一时间知道去哪里找这些服务机构，找谁提供相关的服务和采访内容，社区报也要经常发布这些公共服务的即时信息给读者。

四、社区商业服务网点数据

各社区商业服务网点的信息也是我们要提供给社区报读者的服务信息，他们也是我们社区报广告的潜在客户，所以这些商业服务网点的信息也应该成为我们数据库里的核心商业数据和机密。

五、与社区居民互动的数据

前面已经说到，社区报是服务纸、帮办纸。在帮办过程中，我们就要在必要的节点上形成数据流。通过挖掘和分析这些适时的数据流，就可以产生很多新的数据，从而形成很多新的观点。譬如通过这些数据分析，我们可以知道某个时间段内社区居民的共同关切是什么？他们生活中的问题集中在哪些方面？这样，社区报就可以有针对性地提前准备，做好相关的服务信息，满足社区居民的诉求。通过数据流的分析，我们也更能清晰我们要服务的内容和方向。

需要注意的是，数据库不是一堆静态的数据，必须是能够适时反映当前现实状况的数据信息，它是动态的，是可以通过挖掘分析生产出新的有用的信息的数据，所以数据库的建设既要有强大的硬件投入，还要有专业人员的投入。

未来无论是办报，还是服务，或者承担政府的一部分职能，都离不开大数据的支撑。所以，社区报也要围绕大数据来做无数的建设与创新。

第十一节　社区报的团队建设

当我们只有一两份社区报的时候，社区报队伍怎么带似乎还不是一个问题。因为人不多，我们有时间和精力来亲自指挥这支队伍。但是当我们把社区报办到 5 份以上的时候，我们发现一个科学的队伍机制对于推动社区报的健康发展是至关重要的。因为没有任何现成的模式可供借鉴，我们关于社区报团队建设的思考完全是我们 7 年社区报实践的一些体会。

一、目前国内社区报团队存在的问题

我们观察到，目前国内社区报有两种团队组建和管理模式。一种是完全按照传统报纸的方式，每份社区报都配齐配全了所有的人员，从采访到编辑到美术编辑到经营，平均每份社区报达到 10 个人之多。这样的话，一份社区报仅人力成本就要 100 万元到 150 万元，对于尚不能赚大钱的社区报来说，经营亏损就很难避免了。华东某个城市的系列社区报就是这种模式，所以经济效益都不好。还有一种模式，就是一份社区报不同的业务分别由不同的人统筹——管理、采编和广告，三个部分分别由总部派来的不同的人来负责，三个人是同一层级的，谁也不能管理谁，出现分歧的时候会导致没有办法开展工作。看似管理权限划得很清楚，但是其实他们并没有和这份具体的社区报形成切实的利益关系，责任不清，利益不明。

二、社区报团队是一个业务自治的利益共同体

对于社区报团队的组建和管理，根据我们 7 年的实践，我们明确提出应该打造一个业务自治的利益共同体。

首先我们要明确什么是团队。管理学家斯蒂芬·P. 罗宾斯认为，团队就是由两个或者两个以上的相互作用、相互依赖的个体，为了特定目标而按照一定规则结合在一起的组织。所以并不是说拉几个人组一个队伍就是团队，而必须是一个结合紧密的组织。在这个组织里，大家要互相依赖、互相作用。

业务自治的意思就是说这样的组织不能仅仅靠报社编辑部或者上级领导来管理和督促，而要依靠团队自身进行自我管理、自我促进，最大限度

地发挥团队的主观能动作用。

譬如，我们的罗村《孝德社区周刊》团队，在发现每个人跑的线口因为不平均已经影响到正常采编的时候，他们几个人能够坐下来一起讨论，重新分配线口，形成团队共识并去遵守和执行，而并不是等着上级部门来介入，这就是能够自治的团队。还有我们的《九江社区报》团队，主编助理很有担当，她确定每期的主题，策划项目和活动，提出一个完整的执行方案，然后分配下去，团队的其他人非常配合工作，按方案认真执行，这也是一种很好的自治效果。

我们的社区报编辑部分布在不同的镇（街），近的离总部有 20 分钟的车程，远的要一个小时。总部的领导不可能完全了解下面各社区报小编辑部团队的具体情况，如果全靠总部领导来命令和安排工作，就会出问题。所以最好的办法，就是他们小团队内部能够自我管理，自我作用，自我纠错，自我调适内部关系，实现业务高度自治。

三、五方利益要兼顾

团队有了自治的能力，能不能保证长期稳定和发挥作用也是一个问题。毕竟人是需要持续的激励才能持续保持兴奋和激情状态的，这就需要通过建立一个利益共同体的机制来保持。

根据社区报的特殊属性，社区报的利益共同体至少包括五个方面：报社、政府、社区居民、客商以及采编团队。五个方面都要形成有机的利益共同体，这个团队才能健康高效运转下去。报社要求的是整体效益，这种整体效益包括两方面，一是品牌也就是社会效益，二是经营收益。

政府要的是社会效益和政治效益。政府出部分费用来办社区报，最重要的是追求社会效益：让社会进步，让市民受益，让上级满意。还有一定的政治诉求，就是要把党委和政府的意志和声音传播到千家万户中去，便于政府进行有效的领导和管理。

社区居民要求的是减少烦恼，健康快乐，方便生活。

客户和商家的利益诉求是通过与我们的合作获得利润。

而采编团队的利益诉求是劳有所得，职业成长，实现个人价值。

四、办报方向统一，股权清晰

要实现这么多方面的利益调和，将他们形成共同体，是一件不容易的事情。我们设计的利益共同体机制是：在办报的政治政策方向上，接受地方党委政府的领导与指导，在经营部分则明确划分股权。

（一）地方政府占51%的股权

因为每一份社区报的启动资金都是由镇（街）政府提供的，我们除了人力资源以及品牌投入外，没有投入一分现金，所以，由出资最多的政府占绝对话语权，他们控制51%的股权是恰当的。有这样绝对的话语权后，也能确保地方党委政府对社区报的主导权。

（二）第三方运营公司占25%的股权

第三方运营公司应该由承担内部刊号的社会组织、大学的传播学院或者文化数据类投资公司来共同组建。因为有了第三方运营公司，才能解决社区报的刊号问题，使得社区报的发行与经营成为可能，所以他们要占25%的股权，属于仅次于地方政府的第二大股东。政府的股权是不可以收取利润的，但第三方运营公司是可以正常收取利润的。作为第二大股东的第三方运营公司有经营管理社区报的权力，但没有决定社区报办还是不办以及报纸定位方向的权力。换句话说，当报纸的定位和办报方针与镇（街）党委、政府的理念产生冲突，或者报纸质量没有达到要求时，镇（街）党委政府可以解除与第三方运营公司的合作，另外选择合作单位。

（三）设置15%的社区社会股权

这15%的股权是为社区有关部门、社区商家和个人设置的，目的是让社区报在运营过程中，吸引社会力量来共同参与报纸的发展和经营管理，同时也接受他们的监督和管理，实现责权利的统一。

（四）为每份社区报的核心团队设置9%的虚拟股权

操作办法是让社区报小编辑部团队的人员根据自己在团队中的位置和责任大小，缴纳不同数额的股权本金，比如8000元、6000元、3000元等，年底根据社区报的盈利情况按照股权来分配利润。

尽管每个人交的钱不多，但是把每个人的利益与社区报的整体利益关联了起来，大家要共同努力，共同负责，共同受益，避免有权干活却没权说话，报纸利益与己无关等情况的发生。

这样一来，不同的利益方形成了一个利益共同体，大家互相牵制，互相支持，互相监督，共同为报纸的发展用心负责。这就是我们设想中的利益共同体机制，大家都在共同利益最大化的过程中，获得自己的一部分利益。

第十二节　社区报的新媒体建设

如果说社区报是一个扎根在镇（街）和社区的沟通和服务读本的话，那么社区报新媒体就是让这种沟通和服务常态化、动态化、互动化的最佳途径，而且更重要的是，这个媒体形态符合互联网时代窄众、垂直、细分的一切优秀产品的特征。

“深耕本地，深度报道。”这句话是网易前总编辑赵莹在离开网易创业后，对国内正在溃败中的平面媒体提出的建议。

深度报道，其实此时已是一厢情愿，国内诸多市场化媒体已经取消了深度报道的部门，解散了深度报道记者团队，这是客观的现实，不用去问为什么，因为已经发生了。

而深耕本地，看来是有可行性的。

地方媒体、地方党媒，在本地化上面做了很多努力。家长里短、柴米油盐已经取代了苦大仇深、家国情怀。本地化生活，本地化服务，媒体已经由仰望星空到脚踏实地，而社区报新媒体是深耕本地的最有效路径。

一、社区报公众号，有底气的“公信”

微信公众号，是每个社区报必做的项目。2014 年 3 月，《珠江时报》旗下的 7 份社区报——桂城、狮山、罗村、九江、里水、祖庙、西樵全部开通了社区报官方微信公众号。

微信公众号选取的名称都统一成一个格式：“××公信”，以“公信”为名，是为了让社区报的微信公众号有别于草根号和营销号。

社区报的微信公众号是媒体的公众号，有媒体的信用背书，有记者和编辑的专业背书，有镇（街）政府的权威背书。所以，它具备号称“公信”的底气。

每一个“公信”的功能介绍中都是这样的格式：“××社区报公共信息分享平台，服务××社区市民，共建美好家园。××公信，公共平台→权威信息→公信力。”

同时，它又是一个跟社区报很不同的产品，它像一个精灵，穿行于报纸与用户之间，它说着网络流行的语言，调皮、卖萌、吐槽、投诉、求助……

以罗村公信为例，在它文章末尾的求关注的栏目中写道：这里没有外面世界的变幻莫测，这里也没有“朋友圈”的纷繁杂乱，这里只有与你我相关的生活小事。

它所说的“生活小事”其实并不小，事关每一个社区居民的“生活小事”，对于一个个体来讲，那就是天大的事。

比如：罗村公信 2015 年 9 月 17 日发布的首条：佛山人常吃的这些东西居然上黑榜了！其中包括百富露……

这样一条只有几百字的省食药监局发布的消息和一个检测结果图表，而百富露的名字被加了颜色放在内文中，阅读量达到了 6600 多。这样很平常的一条微信，有来源，标题好，内容干脆利落，又有图表配合的微信文章，已经很容易秒掉草根营销号那些很 LOW 又很耸人听闻的内容，而且阅读量比起营销号一点不差。

社区报新媒体的价值，在跟其他新媒体比照时，是完全看得出来的。

罗村本地微信公众号随机抽样阅读量情况对比

名称	首条阅读量
罗村公信	6000
佛山市南海区罗村医院	200
大润发罗村店	900
罗村中心幼儿园	280
罗村实验小学	730
中影大扬国际影城罗村店	138
钜隆罗村风度花园_ 微房产	无

由此可以看到：罗村公信一天的阅读量是所有本地公众号的阅读量总和。

在电脑中，找到一份各社区报微信公众号刚刚开始运营不久的时候的《运营状况和分析对策》，那时候仅有两三百用户，而如今这些公众号的用户早已过万。

一个社区报的新媒体，在社区中的权威性和商业价值因此显现出来。无论是做政府层面的政策解读还是做市民层面的资讯服务，还是做服务全社区的商业推广和接入服务，社区报的微信公众号都具备了这样的品质。

二、地理位置新闻客户端：一款资讯 O2O 产品

我们的主报《珠江时报》，在 2015 年 6 月份上线了一款基于 LBS 的地

理位置新闻客户端，叫南海通。

它一反新闻按时间排序的常态，把它们按照地理位置排序，同时它又是一个 UGC（用户产生内容）的产品，可以由任意一个注册用户发布图文消息到指定的位置上。

这是一个资讯 O2O 的产品，这个产品天然具备社区报新媒体的使用属性。按新闻学的概念来讲，新闻的贴近性，并非真的与距离强相关，而对于一条新闻的关心程度，也并非是读者与这条新闻发生地的距离远近有非常明显的正相关。但是，有一部分新闻是符合近大远小，近关心远不理的逻辑的，就是微小区间内发生的事情，身边的事情越近，受众会越关心。

广州有个人跳楼，你可以不理，你家小区有个人跳楼，你就很惊慌，如果跳楼的人就在你家楼上，你怎么想？这个就是实例。当然上面说的这个比较极端，但是社区内发生的事情，只要你关心自己的生活区间，它的重要性一定是按地理位置排序的。再比如，广场舞大妈是不是还在你家楼下吵闹，物管保安在哪里把乱停放的车胎给扎了，小区门口的草坪被铲走要盖一栋楼。这些事情你一定会非常关心它的发生地。

人人手机都有导航，人人都能看懂地图的年代，带有地理位置的资讯，已经非常容易获得关注了。

那么，地理位置资讯，它的商业价值在哪里？

目前，很多 O2O 服务类 App，都是资本和商家依靠中国庞大的互联网体系建造的，里边所有的规则都是资本和利益的规则，没有公理，没有道义，也没有温情。本已孱弱的传统媒体，无力也无法深入互联网商圈中做客观的评价和监督。

比如，大众点评。其中的“大众”在描述服务品质上很多没有参考价值了，评星也不太靠谱。靠谱的店还是靠口碑，一定要有权威评级才能让用户有更好的体验。而这个，社区报新媒体完全可以做。

步骤：

（1）先做个案：把参与点评的店做适度还原真相报道，树立媒体权威和公信力。

（2）做服务品类梳理：餐饮业 100 家社区报评星店，酒店业 100 家社区报评星店，KTV100 家社区报评星店等。星级根据不同行业，以餐饮为例，按：卫生 1 ～ 5 星，味道纯正 1 ～ 5 星，环境 1 ～ 5 星，游客上座率 1 ～ 5星。最后每个店有综合评星，逐个店做下来。

（3）参与感：本着可量化、第三方的原则，拉有关专家和活跃读者参与，共同组成社区报点评团，社区报做组织者和记录者，保持客观态度，保持媒体公信力和影响力。如组织试吃团、体验团等实现读者与商家的良性互动，逐一评星后，在社区报以及新媒体公布，并且在地理位置新闻中列出。

（4）频率：每天做评星店报道，每月做商圈专题，每年发布一次全榜单，可以联合参与商家、读者、居民做发榜单活动。

发布后，印刷服务业评星单行本，次年可以评星增减，以警商家认真对待。同时，公众号发布查询系统，方便居民使用。

再强大的互联网商业长城，也有它的弱处，那就是失去规则，没有舆论监督的互联网商圈。这是一个政府监管部门无力触及又与百姓息息相关的商圈，社区报新媒体在其中大有所为。

第十三节 社区报要靠社区的力量成长

社区报到底要怎么经营和发展，这是所有来我们报社探讨和交流社区报的人都会提出来的问题。在国内，关于如何经营和发展社区报是一个至今还没有人能解出来的哥德巴赫猜想。目前国内大部分关于社区报的经营和发展路径都是依托于传统媒体的经验而来，因此让人纠结甚至无解，所以我们需要创新思维。我们或许可以从“社区”的英语单词中得到一些启发。

一、两个单词的三个启示

Community（社区）这个词是15世纪晚期进入英语，源自古法语 communete，它最初源自古典拉丁语的 communitatem，意为社区、团体。拉丁语中 communitas 有“共同体、联合、交融”的意思。community 一词除了社区，还有团体、公众、共同体等多种含义。

1955年美国学者 G. A. 希莱里对已有的94个关于社区定义的表述做了比较研究。他发现，其中69个有关定义的表述都包括地域、共同的纽带以及社会交往三方面的含义，并认为这三者是构成社区必不可少的共同要素。因此，人们至少可以从地理要素（区域）、经济要素（经济生活）、社会要素（社会交往）以及社会心理要素（共同纽带中的认同意识和相同价值观念）的结合上来把握社区这一概念，即把社区视为生活在同一地理区域内、具有共同意识和共同利益的社会群体。

Communicator：传播者，也就是我们这些传媒人。它的动词 communicate，有以下多种含义：

交际，交流思想，交往
【宗】接受圣餐，授予（圣餐）
传达，传递，传播，传授
相通，连接，相连
通讯，通信，通话
交通
（使）传染（疾病）

传情，传神，（使）感染
沟通，交流
通知，告知，告诉

综合以上多重含义，我们理解它的核心意思是：传播、连接、通信、沟通、交流。

比较 community 和 communicate 这两个单词，我们可以发现：communicate（传播、沟通、通信）和 community（社区）这两个词的主体结构是完全一样的，它们之间有着深刻的关联。

它给我们的第一个启示是：由传媒来做社区的事情，是有道理的。

第二个启示是：社区报重点是社区，不是报。我们首先要进入社区，融入社区，我们的“报道，报告，沟通，交流”才有价值。否则，社区报同样是一个无向投放、受众模糊的传统媒体。

第三个启示是：社区报要做的事情不只是进入某个地理意义上的社区，还要用报纸以及多介质媒体融合之力，去建设若干个功能社区，并且借助这些功能社区的通道平台去做大量的交流、沟通、互动和服务。

二、社区报与社区居民是利益共同体

社区报与传统媒体最大的区别是：传统媒体是一群专业的人士来做所有的事情，它的目标受众不参与它的生产与运作的过程，所以它的受众人群也不会享受到媒体经营所取得的红利或者好处。

而我们的社区报不仅要考虑地域要素，还要考虑经济要素、社会要素、心理要素，并与我们的社区居民一起共同建设成一个更加紧密的圈子，最终让越来越多的社区居民和我们的社区报成为一个利益共同体。

所以社区报的经营模式不是简单地卖版面，而是要和我们的社区居民，即我们的利益共同体成员一起去挣别人的钱，然后共同分享。为了让大家更好地理解，我们举例说明。

2014 年初，我们要求每份社区报开设微信，我们在社区报上不惜版面宣传号召，但是关注微信号的人始终不多。因为读者不知道社区报的微信跟他们有什么关系，对他们会有什么好处。如果仅仅是为了我们报纸增多一些粉丝然后向他们去推销广告，读者不关注是完全可以理解的，甚至是很明智的。

社区报的小伙伴们于是改变策略。他们先找商家，用宣传置换回来一些餐饮试吃券、生活用品、旅游门票等，再把这些作为奖品发给那些关注了我们社区报微信号的社区居民粉丝，粉丝一下子就活跃起来，社区报微信的粉丝从几十快速增长了数千，这就形成了一个兴趣圈子，在这样的圈子里，大家有共同的志趣和爱好，大家一起想办法玩出花样，大家一起来分享共同的好处和利益。

我们根据不同的兴趣把粉丝编组，把他们变成社区报的内容生产团队。他们的每一次活动和互动的内容，整理成报纸版面上的具体内容。这些内容同时又会吸引更多的有同样兴趣的居民参与进来。等粉丝人数更多的时候，我们可以把粉丝分成不同的采访团队，每个团队有自己相对固定的采访方向和内容框架，让不同的圈子都发挥自己的力量。

譬如，我们成立一个摄影的圈子或者沙龙，不定期组织有兴趣的社区居民去进行一些主题拍摄，譬如发现城市变化、发现最美乡村等，然后把每个人拍摄的照片在一个固定的时间和场所进行展示，并请专家对照片进行讲解和分析，帮助他们提高摄影水平。当有足够多照片的时候，我们就做成画册，向政府或者商家进行销售。这样，报纸有了丰富的内容，居民有了参与的乐趣，政府有了他们需要的照片，社区有了普遍的认同，一举多得。这样也真正实现了让社区居民和我们一起办报，这样办出来的社区报拥有最深的根基和最稳固的生命力。

同样，我们可以把社区里的一部分人组织起来形成经营团队，让大家责任共担，利益共享，在完成对社区居民生活服务的同时，获取相应的报酬，让社区居民和我们一起分享收益和成功。

在前面我们提到，社区报团队应该打造为一个业务自治的利益共同体，社区居民就是利益共同体里面的其中一方，如果时机成熟，可以设置一些股权给社区居民或者商家。

我们的社区报只有真正依靠社区的力量才能茁壮成长。

第六章

探路“媒体型服务业”

——系列社区报的创新价值

新媒体形势下，媒体真正的转型和长远的出路在于功能的根本转变，即从“服务型媒体”向“媒体型服务业”转型。《珠江时报》系列社区报是媒体转型为“媒体型服务业”的探索实践，这个服务不只是宣传服务，直接指向为政府和居民的实体服务，社区报凭借自己强大的资源链接能力走向“媒体型服务业”。

在媒体生态发生巨变的今天，传统媒体的出路到底在哪里？2015 年 4 月 24 日，清华大学新闻传播学院教授、国家网信办网研中心特邀研究员、新华网舆情首席科学家沈阳在与《网络传播》杂志编辑部人员座谈时提出：“现有的媒体生态处于快速变化中，新媒体拓宽了传统媒体的业务边界，媒体形态趋向多元化，尤其是‘两微一端’（微博、微信客户端），可以说它们重新定义了媒体形态。在内容生产方面，免费的内容会越来越多，内容本身的价值在长期来看是趋向贬值的。因为有大量的自媒体，有大量的 UGC，它就不收费，甚至在你看的时候它还给你钱。内容本身直接产生的经济效应，今后可能不再是媒体追求的直接目标，而是追求一种收费的标准化产品，或者说一种定制的个性化服务。媒体也许变得不是媒体了，媒体的出路是去媒体化，它变成了工具，变成了平台，变成了一种系统。媒体的服务属性增强，比如说我们有咨询服务、社区服务、导购服务、交易服务、定制服务等。在大数据、云媒体、智能硬件等技术的支持下，对用户需求偏好和其所处空间场景进行精准适配，利用‘让信息追着用户跑’的思维，提供个性化、场景化、定制化的服务，这也将成为媒体信息服务的新方向。”

关于传统媒体的出路问题，我们也一直在思考。在“系列社区报的欣慰与困惑”一节里我们已经提到，“社区报最终要去向哪里”也是我们的一个困惑，我们 2013 年开始设想的路径是：社区报以它独特的优势与新媒体深度融合，搭建一个强大的服务平台和通道，最后转型为“媒体型服务业”。

“媒体型服务业”至今还是一个全新的概念，也是一个全新的课题，虽然没有任何经验，但直觉告诉我们这个方向是正确的。这无意中与沈阳教授提到的“去媒体化”“增强媒体服务属性”不谋而合，这无疑给了我们继续探索的巨大信心。

前面章节所写到的社区报的理念阐释、社区报的完全操作手册等内容都是在我们 7 年关于社区报的实践和思考基础上逐渐形成的，这也是国内首次系统提出的关于社区报的理念和操作，但我们认为这些理念和操作还不是其最大创新价值，其最大创新价值是对媒体出路的探索，即为“媒体型服务业”探路。

社区报为“媒体型服务业”探路，主要有两个方向：一个是寻找政府的需求，第二个是寻找市民的需求。这两个需求在实践中，并不是孤立的，而是互为指向或者互为目标的。比如，政府的需求，多数是如何服务好市民，解决他们的生活或者利益问题，减少社会矛盾与分歧。而市民的需求，也有一大部分是希望借助政府的力量或者资源解决他们生活中的困难与问题，让他们减少生活成本，日子变得更幸福。我们要做的就是做中间的纽带与桥梁，对接好这两个需求，解决群众的诉求，实现政府的愿望，这就是媒体型服务业要做的主要事情。当然，在这个过程中，媒体需要并且有能力整合大量的社会资源，保证这种对接与满足更加高效和正向。

表面上看，我们服务两个方向的诉求和要求是相对独立的，实际上是双向共通或者共同的。如果市民的诉求不需要政府的帮助就能实现，那么就只是市场化的商业问题，媒体要做的只是传统的信息交替工作；如果政府的工作不是针对市民的，那么也不需要市民更多的了解，媒体的作用就可有可无。所以，我们只是找到政府与市民互相需求、互相指向、互为方向与目的的小范围去做好服务，才是我们真实准确的定位。

具体操作上，我们从两个项目着手，去实现所有的目的。

第一节 市民议事厅：推进基层社会自治的主动善意路径

“谁掌握了基层，谁就找到了执政的话语权。从执政党的角度看，基层是执政之基；从社会建设角度看，基层是社会建设的主体和微观基础；从政府治理角度看，基层是政府释放权力的落脚点与重点。捍卫基层，是捍卫社会的微观基础和主体地位；捍卫基层，也是捍卫执政的根基；捍卫基层，简政放权的行政改革才有基石。一句话，只有捍卫基层和完善基层，才有‘小政府，大社会’的可能和基础，才有社会和谐的根本保障。”这是时任南海区委书记邓伟根在《捍卫基层》一书中提到的观点。

无独有偶，2014 年 7 月，中共中央政治局委员、广东省委书记胡春华来南海调研探索“建立直接联系群众机制”的时候，明确提出：“我们党一直讲联系群众，可是各级都来联系群众是做不到的，但又必须把所有的群众都联系到。”他为此提出的要求是：一是直线联系群众，二是联系所有群众，“就是他来找我，要找得到人，然后转过来我也可以找到他。我要的就是直接联系群众，就是全覆盖，最终就能确保社会的稳定和秩序，加强执政的基础”。

系列社区报的“市民议事厅”项目的启动，就是在这样的背景下，始于政府部门与一个地方媒体的共同自觉行为：提供一个平台，让基层的声音直通政府，构建官民互信的双向社会关系，尽最大努力解决群众的问题。

我们的理念是，解决群众提出的问题，并不只有找政府、找领导这一个途径，也不能仅仅是在出了问题后才去想办法解决。我们可以利用媒体的舆情监控能力，利用媒体记者与社区居民有效的沟通渠道与方法，及早发现问题，就地沟通化解。确实无法通过互相沟通达到效果的，还可以通过内参形式及早报告政府有关部门掌握情况。

2012 年 10 月 16 日，珠江时报社与南海区委宣传部、南海区民政局以及罗村社会管理处合作试点，在南海区罗村罗湖社区设立“市民议事厅”，围绕居民关心的迫切需要解决的问题一起“话事”。这也是全市首个入驻村居的议事厅。

三年多来，系列社区报先后在桂城、狮山、九江、大沥等镇（街）启动了“市民议事厅”项目，共组织了 100 多期话题讨论，讨论的话题大到中国梦，小到小区卫生、停车位等，通过各方共议，部门协调、媒体跟进等方式将很多大大小小的矛盾化解在萌芽状态，社会反响热烈。“市民议事厅”因此成为南海区政府与系列社区报共同打造的一个推动基层自治，有效补充直联制探索的样本和具体行动。

2013 年 1 月 6 日，南海区委十二届四次全会报告提出，要推广“市民议事厅”模式，畅通群众诉求表达渠道。2013 年 1 月 15 日，《南海区政府工作报告》明确提出，要打造“市民议事厅”等交流平台，推动社会治理从政府单向决策向政民双向互动转变。

一、“市民议事厅”项目的启动原因

（一）城市转型的需要

近年来，南海在城市快速转型过程中，经济体制转轨和社会结构转型的相互交织加剧了社会分化的趋势，利益主体和利益诉求日趋多元。以罗村为例，随着城市化进程的加速和城市管理的提升，居民对生活居住环境、对政府决策表现出极大的关心和关注，扎根罗村的社区报记者常常能接到居民群众对城市、社区建设方面的投诉和反映。“市民议事厅”本着“社区大小事，街坊来话事”的议事宗旨，搭建一个百姓畅通表达利益诉求的渠道和平台。

（二）创新社会管理实现捍卫基层的有效途径

基层是社会建设的主体和微观基础。基层稳，则社会稳。十八大报告指出，要围绕构建中国特色社会主义社会管理体系，加快形成党委领导、政府负责、社会协同、公众参与、法治保障的社会管理体制。同时，在政府职能转变上，政府要做服务型的政府，就要求政府的决策制定要贴近社情民意。

传统的社区管理中，居民在政策面前往往只是成为被动接受者，在政策制定和实施中缺少了自己的“发声”渠道。另一方面，政府在政策制定和实施的过程中，也需要倾听民意，“问计于民，问需于民”。可一直未形成一个相对成熟的机制来促进政府与民众的互通，沟通的不畅会带来误解、不信任，甚至是矛盾。“市民议事厅”通过民众参与议事的形式，一方面收集社情民意，搭建起“民意直通车”；另一方面也让民众主动参与到社会管理中，有效推进基层自治，提高基层社会管理水平，从而推动社会治理从政府单向决策向政民双向互动转变。

（三）参与社会管理，发挥主动协调的创新尝试

报纸开始衰弱，新媒体日渐强大，这不能不引起我们的思考，作为社

区媒体，其核心功能和价值，到底是什么？

“沟通你我，给力生活”，是我们为社区报明确下来的基本功能定位。而这种沟通，并不只是简单地传传话，解解闷，而更应该是参与到社区事务治理与居民疑难问题的解决中。这样的沟通，才是有的放矢。我们转型中所说的互联网思维，从客户角度想问题，也才不会成为一句空话。我们在社区里才会成为不可替代。

二、“市民议事厅”项目的开展路径

“市民议事厅”的操作流程是：记者在采访中留意收集居民反映比较强烈的并具有一定共性的话题；根据相关话题拟定当期“市民议事厅”的议事主题，并形成策划方案；选择一个时间和场所，将所有相关利益方，包括相关政府部门、当事主体、社区代表、市民代表等召集到一起，以“话事”的方式，就议事主题展开讨论，寻求共识，解决问题；珠江时报记者全程参与记录报道，将各方声音呈现在版面上；对于不能马上解决的问题，再通过《梁心帮办》栏目和社区报的《记者跑腿》栏目进行跟进，对于不能公开见报的话题以内参形式报给南海的相关领导和相关职能部门，推动促进问题的解决。

（一）有效的组织实施

为确保“市民议事厅”项目的有效组织实施，系列社区报与南海区委宣传部、区民政局以及各镇（街）联合成立了推进领导小组，既有项目总策划，也有统筹监督单位，包括各镇（街）社会管理处社会工作局、宣传文体办等部门，更明确了项目的执行者，也就是各社区报记者及各镇（街）的社区工作部门和人员。

（二）灵活的活动阵地

主要采用“定点 + 流动”模式。每个社区报在镇或者街道都有近 200 平方米的社区报编辑部，其中一个重要的功能就是设置固定的议事厅场所，重要的和重大的议题或者项目，都放在这里进行。同时，在实践中，为了便于居民的参与，还创新了流动议事厅形式，就是把一个话题的讨论与沟通现场，办到各社区、小区、村组、祠堂甚至榕树底下，让大家来得到现场，说得出想法，聊得出氛围，收得到答复。

（三）良好的倒逼机制

在每期的“市民议事厅”活动后，都在社区报以专版的形式展示居民观点和建议，不适合公开的内容以内参形式反映给上级部门；需要通过后续跟进的，则在民生栏目《记者跑腿》版面，通过“现场查看 + 提出问题要点 + 部门回应”跟进采访和落实。通过良好的内容倒逼机制，促使议事厅话题贴近社区民生，真正成为老百姓的“发声筒”，也成为政府部门的引导器。

三、“市民议事厅”项目所取得的效果

“市民议事厅”成功搭建起一个社区自治、民主协商的新平台，拓宽了社会管理的参与渠道，建立起社会跨阶层、跨界别的互动网络，在发挥居民政策观测的同时，推动服务型政府的转变，初步形成了“党委领导、政府负责、社会协同、公众参与”的基层自治管理新模式，成为南海社情民意的观测站、社会发展的稳定器、不良情绪的解压阀、官民矛盾的缓冲带。

（一）居民实际问题的协调解决者

案例 1　罗湖社区部分小区存在小区治安、环境卫生、停车位等问题，业主认为物管服务不到位，物管反映多年没有提高物管费，不得已降低了服务质量，双方因此产生了激烈的矛盾。这不是一个孤案，在很多老式小区都存在这个问题。

为此，罗村《孝德社区周刊》连续举办了三期“市民议事厅”，邀请居民、物管、居委等围绕小区管理问题进行探讨，同时将市民声音通过内参反映给南海区委、区政府。住建部门经过物管成本分析，调研后梳理解决方案给争议双方。结果是双方在互相谅解的情况下，各让一步，物管费增幅小一点，业主适当增加一点，最后成功化解了矛盾。此案例最后得到时任南海区委书记的指示，在全区推广这种通过议事厅协商解决问题的方式。

案例 2　翠颐社区居民何小姐和老公 2010 年在某健身馆分别开了健身卡，但 2015 年 5 月份与健身馆工作人员发生矛盾，要求健身馆退款。健身馆愿意退款，但双方对于退款数额未达成协议。

在“市民议事厅”反映后，记者陪同何小姐与健身馆相关负责人到桂城消费者委员会进行协商，最后双方意见达成了一致。

案例 3　小区里羽毛球场的灯杆坏了，眼看随时都可能伤着人。居民反映给业委会，业委会没人管，反映给居委会，居委会说“没空”，一拖就是两个多月。

居民通过“市民议事厅”再次反映这个问题，第二天就有人到现场处理，排除了安全隐患。

案例 4　居住的怡翠玫瑰社区的地下停车场有多处地面渗水，业主多次沟通无果。

在“市民议事厅”反映后，记者相继联系居委会、物业管理处和开发商后，地下停车场经施工维修，渗水问题得到解决。

诸如此类的实际问题，都是通过“市民议事厅”的平台得到解决的。“市民议事厅”启动 4 年来，解决了居民大大小小实际问题 100 多个。

（二）社情民意的观测站

除了帮助解决居民所关心的实际问题外，“市民议事厅”还能作为社情民意的瞭望哨和社会政策实施效果反馈的收集渠道，了解基层声音，发现基层动态。同时通过“议事”的形式，收集民众对社会管理、经济发展等各项政策的意见建议，集中民间智慧形成社案或内参，为政府的决策提供依据。

南海社工局认识到“市民议事厅”的功能之后，与我们签订了协议，让“市民议事厅”承担社会舆情监测站的功能。

（三）社会发展的稳定器、不良情绪的解压阀、官民矛盾的缓冲带

“市民议事厅”能够主动发现收集最基层的声音、反映最基层的问题，面对基层的矛盾与纠纷，发挥媒体主动协调的功能，善意地将各方组织到一起，实现“社区大小事，街坊来话事”，从而消除误解，纾解怨气，化解基层的矛盾纠纷，将不稳定的因素化解在萌芽状态，因此成为社会发展的稳定器、不良情绪的解压阀、官民矛盾的缓冲带。

许多群众意见较大的问题，经过在议事厅的宣泄与表达之后，怨气已经消解了一半，这个时候沟通就相对容易了许多，理性占了更大的成分。

其中一些事情，经过社区记者的协调与撮合已经能够解决，还有一些一时解决不了的，社区记者通过特定的渠道上报到相关部门和领导，为居民争取并加大解决的机会。居民也不用自己东跑西找了，这样就客观上成为矛盾的缓冲地带，许多到政府相关部门的上访也减少了下来。

（四）草根“发声筒”，搭建了社区自治民主协商的新平台

政府越来越强调要调动社区居民自己管理自己。然而，居民自治，需要居民把社区当成自己的家，积极主动地参与公共生活、公共管理，大家一起出主意、想办法，有力出力、有钱出钱，通过对一些公共事务的处理、一些矛盾的化解，让社区从生活的共同体变成命运的共同体，最后变成信念的共同体，形成新的社会秩序。《走近美国社区报》作者、中国传媒大学副教授陈凯表示：“让居民发出自己的声音，有利于社区发育，实

现居民自治，‘市民议事厅’则刚好拥有这种扩音器的作用；居民之间，居民与政府之间良性互动越多，参与性越强，社区各方面的发育也会更健全。”

（五）从公众参与到社会协同，拓宽了社会管理的渠道

从公众参与到社会协同，实现互联共治，需要激发各方活力，其中最重要的就是要拓宽民众参与社会管理的渠道。

原籍山东的退休老人周广利住在罗村碧翠豪城，在面对灯杆隐患三番两次无法解决时，他将其反映给“市民议事厅”。在他反映的第二天，议事厅就通过“记者跑腿”的形式，前往现场调查核实，并组织有关部门到现场进行维修处理，排除了安全隐患。“以前反映渠道少，有了问题都不知道找谁。现在有了议事厅，我们就有了反映问题的地方，也更敢讲了，问题也能很快得到解决。”在周广利看来，“市民议事厅”的设立，让市民有了一个表达诉求、寻求政府部门解决问题的平台。

在创新社会管理中，尤其要强化参与型管理理念。“市民议事厅”搭建了“民意直通车”，大事小情，居民亲历其中意见更中肯、客观，其中还不乏好点子、金点子。“市民议事厅”正成为各镇（街）一个重要的政民互动平台，通过这个平台，畅通渠道，实现“问计于民，问需于民”。

四、官员、学者、民众对“市民议事厅”项目的评价

时任佛山市委常委、南海区委书记邓伟根：2012年10月30日，对珠江时报社“市民议事厅”这一探索，佛山市委常委、南海区委书记邓伟根以@樵山潮人发微博称：“可借鉴，可学习，可探索，可推动，市民议事厅。”

中山大学政治与公共事务管理学院教授何艳玲：社区议事非常必要，很多事情就是由于没有公共的平台进行沟通和协商，导致了很多误解。如果有这样的平台，让大家都坦诚地说出心里的想法，就可以更好地发现问题、解决问题。我觉得“市民议事厅”的意义非常重大，从南海层面来说，这意味着整个政府执政的一个转变。

2013年南海区委十二届四次全会报告：提出要推广“市民议事厅”模式，畅通群众诉求表达渠道。

南海区2013年政府工作报告：明确提出要打造“市民议事厅”等交流平台，推动社会治理从政府单向决策向政民双向互动转变。

时任南海区民政局局长黄伟明：“市民议事厅”组织居民在社区中讨论街道和社区中的大小事，这在全区开创了社会管理的新模式，有助于引

导居民自治。同时通过媒体的介入，搭建起第三方平台，让小众声音有了宣泄渠道，也让政府听到了最真实的基层声音。

时任西樵党委委员龙华强：“市民议事厅”正成为街道一个重要的政民互动平台，街道通过此平台，畅通渠道，“问计于民，问需于民”。

南海区宣传部副部长贝馨梅：口打开了，人心就打开了。“市民议事厅”为解决基层问题、下上沟通搭建了桥梁，做到“议事厅越议，市民越满意”。

时任罗村社会工作局常务副局长朱晓云：“市民议事厅”的对话中，有政府想要传达给居民的声音，也有居民想要和政府反映的问题。总而言之，“市民议事厅”操作简单，效果实用，在收集民情民意方面起到很大作用。

罗村碧翠豪城居民周广利：以前反映渠道少，有了问题都不知道找谁。现在有了“市民议事厅”，我们就有了反映问题的地方，也更敢讲了，问题也能很快得到解决。“市民议事厅”的设立，让市民有了一个表达诉求、寻求政府部门解决问题的平台。

罗村怡乐花园居民赵增文：有了“市民议事厅”这个平台，居民有什么想法都可以讲，解决了部分问题，确实不能解决的能够得到有关部门的反馈。例如在小区管理的议题上，加强了居民、物管公司和政府有关部门的沟通。尤其是借助媒体的力量，促进了市民和政府的沟通，居民的心声得到反映，而政府也听得到居民真正的声音。

五、“市民议事厅”项目在发展过程中遇到的问题和建议

（一）居民参与积极性有待提高

在已举办的100多议事厅活动中，每次都有20～30名居民参与。就目前情况来看，“市民议事厅”在社区居民中的认知度仍不高，到议事厅“据点”来反映问题的居民很少，居民参与议事的积极性也不够。在参与者中，多数都是上了年纪的老人，而且以妇女居多。同时，议题内容不够宽泛，多局限于本小区内的琐事。

改进设想：以后要加强与社区居委会、邻里中心的沟通交流，并建立激励机制，对议事过程中的好的“金点子”进行奖励，提高市民参与议事，献言献策的积极性和创造性。2014年9月13日，在九江的首期议事厅活动中创新给参与市民发放了“市民议员证”，并推出了社区报印章，启用“积分”功能，鼓励市民更积极、更持续性参与市民议事厅。

拓宽议事主题方面，将建立“社区情报收集队”，主动收集基层民意。

从政府、社区中挑选出一部分活跃分子，定期举行培训之后，以走访、探访和倾听的形式，了解到政府在某一时期的中心工作以及居民对此的意见反馈，再形成议事主题。

同时设立“社区政策观测员”奖，鼓励居民参与政策点评。在每次议事厅活动后，将提出最有价值、最有意义的居民信息和观点记录下来，推荐为“社区政策观测员”候选代表，年终给获得三次推荐以上的居民颁发“社区政策观测员”奖。获奖人员通过举办座谈会、培训会与其他居民分享相关经验，鼓励和带动其他居民主动研究政府的政策措施，提出贴近民生而又具有可操作性的建议。

（二）在议事形式上继续创新

目前议事厅的活动形式多以室内座谈为主，比较拘谨和程式化，形式稍显官样，氛围不够大众轻松，这在一定程度上也影响了参与者的积极性和发言的质量。

改进设想：根据不同话题创新议事形式，营造轻松议事氛围，例如在村头榕树下、在市场门口、在企业中举行茶话会，甚至可以组织开展网上“市民议事厅”，加强线上线下互动，一来方便更多市民参与，提高意识效率，二来可引起网络有关学者和专家的关注，扩大参与社会群体，利于市民议事厅的知名度和影响力提升。

（三）督办机制须强化

每一次议事厅活动结束后，除了对议事厅活动进行全程报道外，还要注重解决问题的实效，通过《记者跑腿》栏目建立“个性报告、共性内参”的反馈机制，协调推动问题的解决。目前，在实际操作中，虽然就有些问题跟相关部门进行了反馈，但迟迟得不到回复，得不到解决。这会影响民众对“市民议事厅”项目的信任度，长久会损害“市民议事厅”的持续发展。

改进设想：未来与区镇两级政府共同建立督办机制，对于“市民议事厅”反映的问题，经过认定属于合理的应该解决的问题，指定相关部门跟进督办，进行网络公示，让群众进行有效的监督，以此强化“市民议事厅”解决问题的实效。

“市民议事厅”是为政府、居民、社区、环境之间搭建的一个沟通互动的平台与桥梁，给居民一个能表达利益诉求的机制，一个发声的平台，一个参与基层社会管理的渠道，很多问题就能得到及时妥善的解决，有效减少了上访、冲击、暴力甚至对抗。

“市民议事厅”也是社区报探路“媒体型服务业”的其中一个路径。

前面我们说到，社区报为“媒体型服务业”探路主要有两个方向，一个是寻找政府的需求，另一个是寻找市民的需求。“市民议事厅”主动寻找市民的需求，寻找到需求后，我们通过媒体的强大的平台去链接社会各方相关资源提供解决需求的系列服务，这是系列社区报转型为“媒体型服务业”踏出的第一步。

第二节　市民服务中心：服务“最后一公里”的实现路径

我们在关于传统媒体如何转型的讨论中多次提出，社区报必须要做“媒体型服务业”，这是一个没有人提过的全新的概念。那究竟什么是“媒体型服务业”？怎么做才是“媒体型服务业”？社区报的服务业是什么样的？我们要向什么方向努力才行？

要说明的是，我们也还是在探索，尚未有成功的模式。

很巧合的是，就在我们探索“媒体型服务业”路径的时候，南海行政服务中心下属的智慧城市指挥中心提出想跟我们合作，这等于给了我们一个机会与方向。我们于是在2014年4月成立了一个与政府行政服务中心配套的，一站式解决市民生活难题的市民服务中心。

概念提出来不难，但要大家统一思路创新行动却是一个难题。很多同事不理解，市民服务中心不是政府应该做的事吗？我们做媒体的为什么要搞这个？媒体去做这个有什么意义？怎么做？盈利模式在哪里？

对于这些问题，其实我们也有困惑。尽管我们也不知道一个成功的市民服务中心到底应该怎么操作，但是我们想去探索和思考。如果说目前国内还没有模式，那我们就创造一个模式出来。

一、我们为什么要建设市民服务中心？

其实最根本的原因还是我们社区报的功能定位需要以及传统媒体战略转型的需要。最直接的商业目的，就是我们要和市民在一起，和家庭在一起，和互联网的时代终端在一起。

无论是厂商还是电商，他们关注的其实是一个共同的群体——消费终端。那么建设市民服务中心的根本目的就是：让消费终端在我们的手里，和我们在一起。

在这样一个自媒体时代，我们没有有效的办法去命令或者强迫消费终端的市民必须和我们在一起。我们唯一能做的，就是用真诚细致的服务让更多的居民信任我们、需要我们，然后愿意选择通过我们搭建的渠道和平台来解决他们生活中的问题。因为被需要、被信任，所以被选择。如何做到被需要、被信任，就是我们一直在强调的“服务”。

我们在“社区报的运营管理八原则”一节中已经说过：经营是中心，服务是核心。社区报也一直在做服务，但只是一些零散的服务，而建设市民服务中心，我们是要建立一个机制来做系统的服务，而且我们也遇到了最好的时机。

习近平总书记在开展党的群众路线教育实践活动上的讲话中明确提出，要解决服务群众“最后一公里”的问题。这“最后一公里”看起来不长，说起来简单，但做起来却是很琐碎很麻烦的。因为群众的绝大多数问题都集中在他们家门口的这一公里范围之内。政府的人力、精力甚至能力都是有限的，不可能亲力亲为解决群众生活中遇到的所有的问题。况且，有些问题本来也不方便由政府来解决。万能政府是不可能的，但是万能市场和万能的社会组织却是可以期待的。

根据成熟城市和社区的经验，政府要解决的主要是公共设施、公共利益方面的事情，涉及群众生活的、具体的、个体的问题时，就要通过社会组织，运用市场的机制和力量去解决，这才是可持续的。

我们就是要在市长和市场之间架起一座桥梁。我们梳理市民关心市长关注的一些具体民生问题，通过整合行政和市场双方的边界资源，解决问题、化解矛盾，达到“沟通你我，给力生活”的目的。

所以说我们在2014年建设市民服务中心恰逢其时。

还有一个原因，就是社区报的整合能力日益强大。传统的都市报，在一个区域的小范围内，再大的发行量，也不过是几万份。挂一漏万，很难讲有多大的覆盖能力。这点发行量和影响力，既不足以号召和动员市民关注我们、相信我们，也不足以让政府相信我们有这个能力，更加无法在市场上整合强大的社会资源和商业资源。但是现在的情况就不一样了，我们的社区报已经有10份，按每份社区报平均4.5万份的发行量，目前已经有45万社区居民的家庭中有我们的报纸，我们的一声吆喝能得到成千上万的回应。这就是我们的力量。所以各级政府越来越看重社区报这个通往市民家庭的平台和渠道。比如时任禅城区区长、南海区委原副书记孔海文，就几次批示要求我们的社区报用漫画的形式向居民传达法制观念和防范被骗被抢夺知识；创文办、交警大队、慈善会等部门和组织，也都相继主动与我们合作，实现与居民的有效沟通；更有一些商业机构、房地产商和社会组织来找我们探讨与社区报合作的事情。

既然政府需要、社会需要、商家需要，那我们就顺势而为，整合这些资源，形成一个系统的服务机制来服务于我们的社区居民，让他们的生活更便利，文化更丰富，心情更快乐，同时也让我们的社区报在整合和服务的过程中跨界成为服务业中的一部分，并在其中获得自己的收益，不断成长和壮大。

二、怎么推进市民服务中心建设？

我们的核心做法是：整合资源，建设平台，注重实效，有序推进。

（1）整合资源应该是全方位的。既整合相关的行政资源，也整合社会资源，还要整合商业资源，更要整合和我们自己有关的媒体资源。把相关的资源嫁接融合到一起，产生各自独立运作时无法实现的功能和作用，为市民生活中遇到的问题提供全新的解决方案和路径。

（2）建设平台。首先要打造沟通和互动的平台。我们要保持和社区居民顺畅的沟通，听得到又听得懂他们的诉求和想法，才存在下一步怎么解决他们的问题的可能。所以沟通和互动是首要的。这种沟通包括报纸的沟通，热线的沟通，微博、微信、网络的沟通，也包括面对面的倾听和交流的沟通。这些都需要一个强大的平台和团队去操作和实现，我们的社区报目前正在做这个工作。

其次是要打造数据平台。就是综合运用数字技术把所能整合到的各种资源变成数据存储到我们的资料库中。一旦遇到市民提出的问题，我们就在这个平台上通过强大的数据库的运算找到解决问题的方案和答案。

再次是服务的平台。在这个平台上就是要拿出群众诉求的解决方案，并且跟踪到最终完成。这个服务是最根本的也是最复杂的，它需要整合数据库、行政资源、社会资源、媒体资源以及商业资源才能完成。

最后是活动的平台。开展活动的目的，一方面是为了让我们的市民服务中心在社会上保持活力和热度，通过我们在固定场所以及流动的社区空间所开展的各种不同的活动，吸引社区居民前来参加和参与。让他们在活动中接受服务、感受服务，增加了解和理解，也调动和吸引大家的关注和热度。另外一方面是出于商业的考虑，用活动为载体，既完成政府深入社区、服务社区的目的，也完成对商业资源的回报，更实现市民服务中心的合理收益，以保证市民服务中心的持续运作。

（3）注重实效。这是因为市民服务中心既不是政府的行政部门，也不是一个纯粹的商业机构，而是公益化和市场运作相结合。市民利益最大化始终是其根本目的，所以必须着眼于为市民解决实际问题和困难，取得实际的效果。其实对于市民服务中心来说，其成功与否的关键就在于这个平台是否有效和有用。所以我们在建设市民服务中心的过程中，不要形式、不要场面、不要表扬，只求效果。脚踏实地、一件一件地帮助社区居民去解决问题，当我们做成100件事的时候，市民服务中心的影响力就自然形成了，经济效益也会在服务中自然形成。

（4）有序推进。这包含两个层面的意思：一是我们不要贪多求大，因为我们没有经验，而且开创时期，各方面能够拿出来的资源也是很有限的，我们要一点一点做，一个一个做，把每件小事都做实在。二是把我们要为群众解决的问题按轻重缓急排序，看看哪一个最急迫，哪一个群众最需要，先做急的，不急的就往后排。同时把这些问题落实到具体部门和人员负责，签订责任制，定好奖惩制度，形成一个良好的服务机制。

三、建设市民服务中心我们可以借鉴和创新的是什么？

市民服务中心的建设，就像我们当年创办社区报一样，既没有现成的大笔资金的支撑，也没有什么现成的经验可以模仿，更加没有完全明白通晓的专业人才团队，一切都是白手起家，我们只能继续靠创新，对机制体制模式进行创新。

首先，从组织架构和运行机制上就应该具备市场的属性，而不应该是我们传统业务中的行政模式。

其次，对于国内其他地方的一些相关尝试也要进行密切的关注，并尽可能地去研究和学习。比如我们在网上看到的温州市市民服务中心，是套在政府行政中心的一部分，很有规模，服务项目也比较完整。湖州市民服务中心是与《湖州晚报》合作创办的，由政府出资支撑，报社负责运营，有专门的办公场所，功能也很完整。这些都可以成为我们初创时期的基本参照，进行学习与考察。

再次，除了一些具体的生活服务项目，我们还可以尝试把我们的市民投诉的解决机制——“市民议事厅”放到市民服务中心来。社区报的“市民议事厅”项目已经运转了几年，积累了很好的经验，可以将它转化成一个新的项目，与政府的相关部门合作，放到市民服务中心的整体服务中。

当然我们不能照搬“市民议事厅”原来的运作模式，而是要根据市民服务中心的服务机制对“市民议事厅”进行创新。我们可以学习吉林安图的诉求服务中心项目，有以下几点值得我们借鉴和学习：一是行政接访，由行政部门、职能部门针对群众来访来信来电的诉求，依据《信访条例》积极主动协调处理；二是法律援助，由司法机关为诉求者提供司法解释和法律援助服务；三是民事民议，组织律师代表和群众，就民众之间的矛盾纠纷，以评理平台为载体，进行评判、调解、仲裁；四是纪检监督，由纪检部门针对群众诉求进行查处问责。除此之外，他们还利用一个公开曝光的电视平台，对群众诉求、对诉求中心处理的问题，进行全景式跟踪报道，包括公开处理结果。

他们的这些做法中，其实有些我们已经走在前面。如果我们把社区报的“市民议事厅”项目融入这种市民诉求服务中心的理念进行大胆的创新，将会有更强的生命力，会承担政府和市民之间更多的职能和责任。

最后，我们建设市民服务中心有其他媒体所不具备的最大的优势，就是我们的系列社区报。我们的 10 份社区报几乎全面覆盖南海、禅城两区的绝大部分户籍人口，这种极强的信息送达能力是其他媒体所不具备的。

另外，我们在南海和禅城的 10 个镇（街）都有社区报编辑部，每个社区报都有 5 个记者编辑每天在社区里采访和交流，他们掌握了最快、最完整的基层社区舆情变动，可以成为政府舆情监控的重要网络和信息搜集渠道。每个社区报编辑部都有 200 平方米左右的物业，供居民进行沟通交流、组织活动，或者商家产品的展示，这些都是市民服务中心提供服务的巨大优势。

我们的微博、微信手机终端等新媒体社交平台已经基本成型并在当地处于相对领先的地位。如果把这些渠道和平台同时嫁接到市民服务中心，那么我们组织和动员社区居民的能力和效果就会更加强大和完整。这种强大的通道不仅是政府需要的，也是社会机构和商业机构努力寻找的，所以市民服务中心有无限的机会，就看我们能创新到什么程度。

第三节　未来社区报：探索做“媒体型服务业”

在前面我们已经说过，创办社区报，本来是《珠江时报》这份并不成熟的地市级都市报为了抵抗本地和外来同类纸媒的挤压与竞争而走出的一条求生之路，就好像在一片遭受人类砍伐越来越拥挤的森林里，我们这群新成长的小猴，打不过大猴子和老猴群，就只能躲在边边角角的地方，捡些质量差的果子吃。我们总是要想自己的办法，形成自己的生存空间，就好比我们抢不到大树上的果子，我们就去边上种些小树培育自己的小果子吃。

但是有一天大家发现，这片还算安静的森林里突然冲进来一批又一批力量上完全无法抗衡的狮群和狼群，他们横冲直撞，搞得这片本来拥挤的森林杀气腾腾。于是我们突然明白，现在的危机和问题，已经不是与老猴群争夺多少食物和领地的问题，而是与所有猴群一起，在新的生态与环境下，如何才能活下去的问题。

全部纸媒目前所遇到的巨大困境，和新媒体不无关系。也可以说，新媒体，就是目前报纸遇到的狮群与狼群。由于他们来得特别迅猛与强势，一大半的空间被他们占领了，纸媒近年来开始用“塌方式”“断崖式”来形容自己的生存境遇。在根本无法将外来入侵者打败赶走的情况下，如何融合共存？这是今天的报纸，特别是刚刚成长起来的弱小的社区报，必须思考的问题。

一、马云在告诉我们什么？

就在准备写这篇关于媒体型服务业的文章时，发生了一件有代表性意义的大事：阿里的马云与苏宁互相投资，给业界以巨大的震动。

马云在演讲中说，互联网公司的机会未来 30 年一定在线下，而传统企业或者线下企业的希望一定是在线上，双方在未来 30 年，必须建立在一起，互联网经济不是虚拟经济，互联网经济就是必须把虚和实结合在一起。

更加让人惊讶的是这几句话：“这次的合作，我们首先希望看到的是让消费者更爽，只有消费者更爽，我们才能做得好。我认为未来企业的转型，企业必须掌握消费者的数据，企业必须改变自己去适应未来的消费者。只有消费者赢了，商家赢了，我们才能自己赢，我们自己赢是共同要探索打造一个新的平台性组织，这个组织可以把线上线下结合，现在和未来结合，实体和数字结合。”

阿里巴巴正在做的就是信息供应商的工作，他把卖家电商与网络购物者的信息联通了起来，谁能说阿里巴巴不是媒体？但是，当阿里巴巴做到了全世界最大的网上平台之后，进一步想的居然是到线下，圈农村，进社区，直接面对消费者。

原来还以为马云离我们很遥远。他搞他的网上购物，我们卖我们的报纸广告，两者根本不搭界。但是，近期他一连串的动作好像突然敲了我们一拳，让我们猛醒：当这个原本飘在空中的巨网与社区每一个消费者都拉上关系之后，我们这个传统的以信息传递为主要功能的报纸，还有多少存在的价值？

马云要整合的是不是线上与线下、虚拟与实体、生产者与消费者之间的全链条服务？那么，我们在不在这个链条的环节上？

二、我们被谁抛弃了？

时任中国人民大学新闻传播学院副院长喻国明教授了发表一篇文章《媒体融合是一场革命》，其中谈到了传统媒体的困境，他说：“在我看来，理解互联网，就是两个关键词，一是连接，二是开放。”他认为，连接是讲互联网是影响世界的一种基本方式。无论它是给我们带来价值、利益、好处，还是给我们带来压力、困扰、困局、困境，都是来自连接。有研究表明，由于媒介的融合，由于互联互通，90%甚至95%的内容，受众用户不经过媒体也可以完全从别的渠道获得。换句话说，由于内容的互联互通，传统媒介过去在有限市场上的价值已经被剥夺了90%以上。这就是内容联网成链的影响。

由此我们不难看出，传统纸媒的问题，并不是某个特定的新媒体抢了我们的市场或者生意，而是我们传统媒体几十年来所赖以生存或者发财的信息传播渠道已经被第七次信息革命中新的连接方式所弃用，或者说，在新的社会生态链中，我们是可有可无的一环。无为则无位，当我们眼睁睁地看着人们都搭上高铁从我们面前一闪而过的时候，我们这台又旧又慢的老爷车，应该驶向哪里？

三、传统报纸的出路：向上找权威，向下接地气

传统报纸的空间在哪里？我认为，只能上天和入地。

所谓上天，是指传统党报的公益化。党报本来就是政党执政的工具，要有自己的核心态度与价值观。只是这几年我们的很多党报市场化走得太远了，经常会背负过多的经营任务，变成了挣钱第一，所以办报方针与价值取向发生了问题。那么，在当今互联网替代了传统报纸信息传播渠道大部分功能的情况下，党报还是要在回归自己根本定位的路径上寻找自己的生存空间。也就是说党办党报，免费给党员看，让党报在没有生存压力的情况下专心致志服务于党和政府的中心工作。

所谓入地，就是指现在大量的都市报的转型问题。中国都市报的发展阶段是很特别的，早期的晚报、都市报，基本都是借了传统党报的地位狠狠地耀武扬威了好一段时间。后期的都市报，是借了市场化的机遇狠狠地捞了一笔。

互联网时代，当传播渠道再也无法垄断之后，都市报既威不起来，也卖不出去的时候，就只能从飘浮的空中跌落到地上。这就是都市报的出路：社区化。去下基层，去接地气，去做连通“最后一公里”甚至“最后一百米”的工作。

四、中英教育模式给我们的启发

早上听广播，正在分析中英两国的教育模式的差异，说的是最近一批中国老师到英国给中学生上课。在同一间中学，尽管最后中国教师上课班级的学生考试成绩远高于英国原本教育模式下的学生，但是争论并没有因此减少。节目中，一位在英国生活工作多年的华裔教师的话给笔者很大的震动与启发：中国教育模式下的教师，更加注重输出知识；而英国教师的角色，更注重在学生个性化成长过程中给予帮助与服务。

抛开两种教育模式好坏优劣的分别，笔者突然间醒悟的一件事情是：这不正是传统媒体与新兴媒体之间关于价值功能与使命的重大分野吗？

传统媒体，因为数十年来的关于工具论的影响，一直强化自己的引导与宣传教化功能，也就像我们从小学到大学的教师一样，过于重视观点与信息的输出。并不是这种方式绝对不好，但是因为过于强调输出者的权威性与主导性，所以很少去思考接受者的需求是什么，更加不太在意受众的感受，反正我说什么你听什么好了。当互联网打破传统媒体的渠道垄断之后，人们有了更多的选择，就再也不愿意接受教训与强迫式的信息输送方式，转去接受更舒适而真实的服务。

而新媒体从产生那天起就摒弃了“我想说啥”的教条，认真琢磨“别人想知道什么”这样的服务理念。国内目前红极一时的手机终端“今日头条”，雇用了几百名数据工程师，每天挖空心思去计算每个订阅用户到底喜欢什么内容，然后像你的秘书一样把你喜欢的东西从海量的互联网中抓取出来，再精准地推送给你，这就是个性化的服务了。

而我们的报纸，无论发行1万份还是10万份，都完全一模一样。让10万人每天都必须喜欢相同的内容，在现在互联网时代，简直就是一个可怕的神话。所以，千版一面的报纸，越来越少人读也就不奇怪了。

所以，从情感上，我更支持英国教师的教育方式，因为强迫你接受的知识，如果你不喜欢，再多又有什么用呢？

五、服务业是传媒的风口？

传统媒体为什么要转型为服务业，而不是转型为别的行业？这是我问了自己很久的一个问题。

其实，对于媒体转型，早就有人尝试了。中原有报业集团搞房地产赚了钱的，东北有报业集团开出租车公司出了名的，不过我看到的更多的还是，因为要开五星酒店而垮了一个报业的，还有卖纯净水白搭功夫的，更有拍电视剧赔得一塌糊涂的……

那些传统媒体搞大产业、大买卖失败的主要原因是，这些大产业大买卖都要有强大的资金作为保障，同时也需要具备极强的专业知识与市场经验。比如房地产行业，拿地时不仅要有钱，更要有风险预见能力；盖房子时又要有最好的设计与施工；到了卖房子时又发现，根本不是打几个广告就能把房子销售出去的；而后期的物业管理，就更加是让人头痛的事情。到这个时候才真正认识到隔行如隔山的道理。除非我们经过特别慎重的思考，下定决心进行重大的战略转移，一般情况下，传统媒体的转型不宜离开自己的传统优势太远。

那么，离传统媒体优势比较近的产业有哪些？

笔者个人认为，一个是文化产业，一个是服务业。

而对于社区报来说，因为就在最基层，就在社区里，就在面对居民生活的服务中，当然是离服务业优势最近的行当。

另外一个原因是，随着我们经济的转型，由依赖出口型逐步转为拉动内需型，更多的出路还是在促进居民的消费增长上。2015年8月27日，在国家发改委召开的服务业专家咨询委员会成立大会上，讨论通过了《国家发展和改革委员会服务业专家咨询委员会章程》，并就《关于加快发展生活性服务业的指导意见（送审稿）》听取专家的意见和建议。报道说，服务业专家咨询委员会是国家发展改革委制定实施服务业发展战略、政策等的咨询机构，是为提高服务业发展战略、政策等制定实施的科学化、民主化、规范化水平，充分发挥服务业领域专家、学者的智囊作用而设立的。

我们是不是可以说，服务业发展的一个大风口已经出现了呢？

就在一天后，苏州广电总台副台长、苏州广电传媒集团总经理顾强，在中国第一家专注于媒体融合的研究院成立仪式上提出：以城市生活服务打开媒体融合的新空间。他表示，如果我们把消费者需求抓住了，再把行业发展趋势抓住了，就能够做出极致化的、移动化的城市服务应用产品。

这两件事情的机缘巧合，是不是在告诉我们服务业的风口真的来了？

六、为什么叫媒体型服务业？

按笔者个人理解，所谓媒体型服务业，是区别于传统服务业，即是带着媒体基因的服务业。举例来说，传统服务业是有人帮你把菜炒好端上来，那么我们媒体型服务业就是帮助你找到这个优秀的厨师，让他保证品质，满足你的口味。媒体型服务业不会去帮你盖房子，也不会把一个小区里的5套房子拼命推荐你去买，但是我们会用大数据，把全市的房子都找出来，然后按你的要求进行搜索，为你找出最满足你需求的3～5套房子供你考察与选择，并帮你解决其中的所有麻烦事。

换句话说，《珠江时报》系列社区报要转型发展的不是传统的服务业，而是在互联网思维下的服务业。也就是说，在一个强大的信息沟通平台上，连接与生活相关的上下游资源，然后再开放给提供服务与接受服务的双方，形成一个解决生活问题的系统机制。

传媒的转型，不是彻底的割断与再生，而应该是利用自身强大的资源整合能力，做好连接与开放的工作，产生新的市场服务与竞争能力，寻求新的生存与发展模式。

七、从渠道垄断到平台连接

过去我们的传统媒体，特别是中国的媒体，之所以能够只涨不跌一本万利，主要还是依靠意识形态下的渠道垄断，因为只此一家，别无分店，你任何的新闻与信息，都要从我这个管道里流过去才能到达受众或者群众中去。那个时候我们讲的服务读者，服务群众，大多数情况下，还只是一种姿态上的、口号式的、功利化的服务，是在垄断状态下选择性的服务，而且仅限于信息传递类的简单服务。

当江上修好了公路大桥，那艘几十年上百年来唯一的过江木船，就会被人冷落，这是再正常不过的事情。但是，并不是说这艘船不渡人了，就没有事情可做了。有的船改造去打鱼了，有的改去上下游运货了，还有聪明的船家，改造一下，把这个船变成了一个水上游览型餐厅，成为人们观光、交流和品尝美食的新平台。

社区报也是一样。当渠道的功能被互联网和新媒体取代之后，社区报就要转型去做一个沟通与互动的平台。具体来说就是利用自己强大的媒介属性，连接当地多种现实资源，形成生活问题现实解决方案，形成服务功能与平台，供社区居民选择与使用。

八、服务政府与服务生活

我们前面说到《珠江时报》系列社区报的总体定位是沟通你我，给力生活，功能定位是：政府助手，生活帮手；社会瞭望，幸福守望；互动平台，活动舞台。服务功能是社区报的核心价值，这也为社区报转型做“媒体型服务业”提供了天然的优势。

过去一说服务，基本指的是生活服务业或商业服务业，我们这里说的媒体型服务业，概念要广得多。

中央提出着力解决联系服务群众“最后一公里”问题后，地方政府对于群众的服务更加全面与周到。佛山禅城区正在全面推广的一门式服务，就是让老百姓不再到处跑腿，只要在一个地方就能把所有涉及政府审批等事项全部搞定；南海区正在探索的直联制则从另外一个角度服务群众，那就是让干部到群众中去发现问题、解决问题，而不需要群众跑到上面，跑到机关或者信访来投诉问题，寻求帮助。这些都属于服务业的范畴，媒体如果认识到了，就能在其中找到自己发挥作用的空间与价值。

譬如在前面提到的我们在社区里建设的“市民议事厅”，就是一个多向度的问题反映与沟通解决机制，既可以让当事人双方坐下来充分沟通与协商，又可以联系政府相关部门来参与协调，帮助问题的解决；同时也是一个政府与群众之间矛盾的缓冲地带，媒体扮演联络员和协调员，通过及时的沟通化解矛盾，防止矛盾激化，减少群众上访。我们一方面在帮政府做沟通，另一方面其实也是帮群众释疑解惑，两条道路，两个角度，最后都是回归到群众利益上来，都是为群众解决切实问题。

这就是《珠江时报》系列社区报“政府助手”理念下形成的新服务模式。

九、媒体型服务业是权威传播下的价值选择

我们一直在说，媒体型服务业与传统的服务业是有界线的，有区别的。其中最根本的区别在于，我们是在与政府的合作中形成的权威，在非营利目的下保持的公正，在强大传播下形成的公开，以及在和政府与居民的常态化沟通互动中形成的公信。我们不会像传统媒体那样，谁拿钱来做广告，我们就在报纸上说谁好，无底线地推荐这个机构或者个人的商品。我们会站在社会公利公器的角度，给居民生活找到值得信任的服务。

比如，家里的老人把钥匙丢了，他一时也不知道找谁来帮忙开锁。尽管街边有很多小广告都说可以开锁，但是老人怎么样才能知道哪个是可信的呢？我们的社区报当然不会直接去为老人进行开锁的服务，但是，我们可以在平时的信息收集中建立一个开锁行业的数据库，让社区群众参与评选出最值得信任的10个或者100个开锁机构，经过公安管理部门的认证之后，就成为我们推荐的对象。我们就可以在这些可推荐的服务机构中选择一家推荐给老人，解决他的燃眉之急。这就是整合了媒体传播价值下的社会公信力以及管理部门的权威，来为群众做最好、最安全的服务。

其他的包括食品安全，家政服务等都可以通过这种评选与认证，为群众提供多种足够安全和信任的选择。这种媒体型的服务是实用的也是独特的，它也是城市品质提升所必需的。

十、媒体型服务业是大数据下的服务平台

我们说的媒体型服务业也不是传统媒体中的新闻加服务的概念与模式。那些零散的、个别的、偶尔的服务广告与信息，已经不能满足现代人们对于丰富多样、真假混杂的生活资源进行分辨与选择的需求。

现代生活极大丰富与复杂之后，人们需要专门、专业的机构帮助他们对海量的商品、商业、服务进行个性化的选择，以满足他们不同层次、不同时期、不同生活方式的需要。这就要求媒体不能再做简单的或然性的寻找与推介，而是要对全数据、全资源进行计算与挖掘，找到居民生活中最适合、最安全、最经济的个性化选择。

这就需要以大数据组建与挖掘为前提。

在前面章节里我们提到了社区报的数据库建设，在那个章节里我们讲到了发行数据、市民记者数据、社区公共服务数据、社区商业网点数据和与社区居民互动的数据。这里说的大数据是一个范围更广的概念，它涵盖

了所有与居民生活相关的各类数据。

我们所在的佛山市南海区，是全国除了上海，第二个由政府设立大数据局的地方，大数据局把全区各种分散的数据进行统合整理，形成规模庞大即时更新处理的大数据资源。所以我们的社区报选择与大数据局进行合作，一方面为它服务，采集形成社区生活的大数据库，另一方面也利用这个最完整权威的数据库，进行生活服务资源的挖掘与使用。

譬如利用这些数据我们可以绘制出各个社区的服务网点地图，通过社区报的传播渠道公布给社区居民，同时还可以连接到微信网上平台，为要去到这些服务网点的居民提供定位导航，甚至每个网点的服务类型、价格、居民点赞情况都可以在我们的大数据平台上查询得到。

有了这样的大数据基础之后，我们也在联系与政府的智慧城市指挥中心平台合作。希望做到的是，整合政府的区长热线、各部门的投诉热线和报社已有的“梁心帮办”热线，让居民任何生活上的问题与不便，通过这一个平台就能够得到有效的落实、解决、服务。政府对行政审批服务实行一门式，我们则对市民生活服务实行一站式指导、引导与服务。

当我们把社区周围所有的数据与资源都连接进入这个平台之后，由此形成的对居民工作与生活服务的能力就会是智慧的、全面的、精准的、有效率的。这样才是品质城市、品质社区所需要的服务。这种服务，不是单一行业能够完成的，只有通过媒体平台整合其他各种社会资源之后，再与居民沟通互动，才能真正建立起来。这就是媒体型服务业独特的不可替代之处。

十一、媒体型服务业是核心价值观的基层引领路径

社会主义核心价值观的建设，不仅在机关、在干部中要进行，在基层在群众中更应该大力倡导与实践。但是，核心价值观的建设，不能只停留在电视里的画面，或者墙上的标语口号。真正要让社会主义核心价值观深入人心，得到理解并践行，应该用群众喜闻乐见的社区文化活动来潜移默化地引导，这样才能达到知行合一，才能成为人们的思维方式与行为准则。

基于这样的想法，《珠江时报》系列社区报努力实现线上线下联动，打造“互动平台，活动舞台”，从而活跃社区文化，亦体现社区报作为公益文化产品的功能。2015 年系列社区报承接了南海区民政局的“家南海”系列民生项目、南海区文化体育局的非遗广场舞项目、南海区委宣传部服务外来工的创思驿站项目、里水龙舟赛子项目、叶问家乡罗村孝德文化节

项目、康有为的家乡丹灶镇有为翘楚文化评选项目、西樵镇工会七夕职工文化活动项目、香港前特首家乡九江镇广场舞大赛活动项目、桂城街道办事处的“阅桂城，越精彩”市民发现活动项目、中国第一镇狮山镇的“市民议事厅”项目、中国纺织镇张槎镇的书香家庭活动项目以及小记者夏令营、产业工人记者团、南海好人评选、BBQ 烧烤等超过 100 场的社区活动，参加活动的社区群众达到了 40 万人次。这些活动从政府获得的资金支持加上社会机构赞助和商业支持达到 300 多万元。在九江广场舞大赛中，活动募集了商业资金 10 万元，全部用于当地近 40 支广场舞队伍的舞台布展和队伍奖励，极大地活跃了当地群众的文化活动，得到社会好评。这些活动的开展既凸显了社会主义核心价值观建设与健康文化占领基层阵地的正面效应，又有效增强了社区报的市场运营能力，是居民、政府、社会和媒体都乐于见到的。

十二、媒体型服务业是“互联网 +”的情境与接口

2015 年 3 月，李克强在政府工作报告中提出：“制定‘互联网 +’行动计划，推动移动互联网、云计算、大数据、物联网等与现代制造业结合，促进电子商务、工业互联网和互联网金融健康发展，引导互联网企业拓展国际市场。”

从这一刻起，“互联网 +”的概念与探索就成为国内的一个热点，但是大家忽略了重要的一点，那就是如何把整个社会对社区家庭的服务植入“互联网 +”的形态与功能，以彻底解决联系服务群众“最后一公里”的问题。

我们认为，媒体型服务业就是实现这一任务的有效承载形式。

首先，我们今天的系列社区报，已经不是传统的单纯纸质的社区报概念，而更多的是全媒体，是一个融媒体概念下的沟通互动平台的功能与形态。我们的 10 份社区报，既有印刷的平面报纸，也有微信、微博、视频等新媒体互动平台，更有每天在社区里带领居民一起活动与互动的地面活动现场，还包括各种随时接通的热线求助与投诉电话。

这一融媒体平台，既可以连接社区里的每一个家庭，也可以连接社区周边的多种服务资源与机构；同时这也是一个开放的平台，可以供全社会沟通与使用，实现最大化的交流与服务的效果。社区报融媒体平台已经成为各种社会资源与服务进入社区家庭的情境与接口。

尽管从表面看，这与其他的互联网接入口没有什么两样，但是这个通过社区报平台监管与过滤的接口，因为有群众利益最大化的准入原则，所

以是最值得群众放心的接入口，也是可以凭权威性与公信力顺利进入家庭与市民生活的安全通道。

我们正在创办的生活方式研究中心，正在试图与国内诸多机构合作，对偏远山区的绿色健康食材进行梳理、考察与选择，经过居民认可之后引进到社区网点，成为我们服务居民放心入口的餐桌助理。这就是其他商业化机构无法替代的媒体型服务业的具体形式。

我们坚持的理念是，在融媒体的理念下，和居民一起，为居民服务，形成强大的连接与开放平台，做资源与服务的情境与接口，形成最高生活效率。

十三、媒体型服务业不以营利为其根本目的

我们一直在说“媒体型服务业”，而不是媒体常讲的“新闻＋服务”，好像我们已经急不可耐地在开发一个新的媒体挣钱的商业模式一样。其实不是这样，我们要特别澄清一下，“媒体型服务业”是不以营利为根本目的的，而是一种具备公益化组织特征的新型的媒体形态。

中国传统报纸靠信息传递来保证收入的模式，已经彻底结束了。未来媒体更加应该回归它的公益性质，回归它的非营利方向。这些年来，媒体的营利增长，甚至暴发式增长，既让媒体有了成长的巨大动力与能力，同时也因为过度的商业化导致公信力下降，甚至有的时候会产生负面的消极作用。

只要给钱，就给刊登广告，让人们多年来对报纸的信任度降到了最低点。对钱的极度追求，也让一些媒体把敲诈当成发财的方式之一，只是有的做得赤裸裸，有的做得含蓄而已。媒体这种错误的路径，不仅对社会主义核心价值观的建设是一个巨大的阻碍，也给处于困境中的报纸转型增加了十倍百倍的难度。

我们希望借助新媒体的冲击，在报纸艰难转型的当口，重新清晰媒体的责任，回归媒体本来的社会价值承担与引领的功能本位上来，而不是把营利当作根本追求。

说报纸不应该以营利为根本目的，并不是说报纸不要或者不能挣钱，而是说，要通过自己的服务去挣有限的钱，让报纸能够平稳运转，能够实现为社区居民服务，能够实现连接与开放的作用就足够了。

《珠江时报》系列社区报这些年来就是坚持不以营利为根本目的的创办理念，才能一步步健康地走到今天。

创办之初，正是坚持不以营利为根本目的，我们才赢得了政府的信任

和支持，才能一份接一份地办到了第10份。也正是因为不以营利为根本目的，我们拒绝了许多产品广告的合作，以此来维护报纸的公信力与品牌，把更多的版面留出来为居民提供更好的内容与沟通，所以我们的报纸在每个镇或者街道都能顺利进入几万户的家庭。有些居民家庭如果有一期报纸没有按时收到，就会打电话投诉索要。

因为我们的系列社区报没有过度商业化，我们在社区里对居民的号召力远远强过其他媒体或者组织。政府部门的一些活动也都交给社区报的团队来组织。在这个繁忙喧嚣逐利的商业社会，我们的社区报还能一呼百应，就是因为居民知道我们找他们来是一起互动一起玩的，甚至是要给大家创造机会与好处的，而不是要骗他们花钱买产品的。

所以我们说，《珠江时报》系列社区报最大的品牌价值不是帮助商家卖出去多少产品，而是政府、社区居民以及社会机构对我们的信任。这才是我们永远活得下去的根本价值所在。

因此，当我们系列社区报的发行量达到了45万份，并且实现了在社区无缝覆盖，具备了传统意义上的巨大的商业价值的时候，我们对于广告、对于营利显得更加小心与谨慎。

我们的社区报团队把更多的心思与精力用在理解政府的意图，用在寻找与发现政府的需求和居民的需求上。我们的努力方向是专注于连接更多的资源，搭建更开放的平台，去解决社区居民生活中遇到的困难与麻烦，通过媒体独特的服务功能，做“媒体型服务业”。

第七章

每一份都是独特的样本

——系列社区报众生相

真实的生活每天都在发生，提供给《珠江时报》系列社区报源源不断的鲜活素材。由于各个镇（街）所处的区域和环境不同，每份社区报都有自己的特色。每一份都是一个独特的样本。本章通过全面展示《珠江时报》系列社区报案例，旨在让大家了解不同模式下社区报的具体操作样式。有图有真相，总有一款适合你。

南海桂城
Guicheng
爱家·爱桂城
国内统一刊号:CN44-0167
总第231期 2015年3月4日
本期16版

桂城 社区周刊

珠江时報

桂城今年再投五千万美村美居

多举措深入开展“创文”，提升城市品质，增强城市核心竞争力

◀|04~05 文明桂城

好家风·好民风

颁奖礼周六约定你

经过初选、公众投票、评审委员会评审等环节，桂城街道妇联“好家风·好民风”评选活动十强名单日前出炉，他们分别是黄志莲、周欢、邓少芳、植尧冰、伦焕金、丘青中、张峥、孔树、莫誉平和翠云苑小区。

3月7日下午，桂城街道妇联将联合多部门和社会机构在万达广场为获奖家庭颁奖，欢迎大家参加。

◀|06 好家风

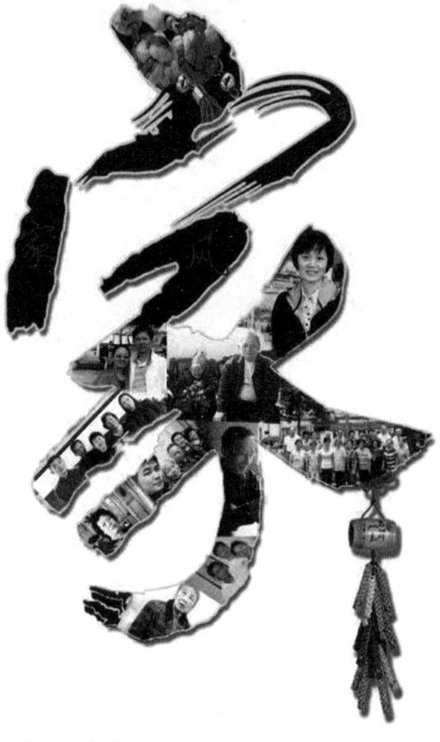

公益墟日义卖筹款 帮助随迁儿童

◀|07 多彩社区

东二百岁杜婆婆 能穿针引线缝衣

◀|09 左邻右里

及时续期居住证 可享多种优惠政策

◀|10 生活服务

榕树挡居民家阳光 市政部门已修剪

◀|11 互相帮助

看看街坊这个 多姿多彩的春节

◀|12~13 大秀场

年花年桔怎么处理？

可拨打86396110预约上门回收

◀|03 关爱桂城

关注桂城社区报微信公共账号（桂城公信），获取更多本地生活信息。

社区热线：15015561068 投稿邮箱：15015561068@139.com 封面责编：曾晓婷 美编：何少梅 本期组版：胡小惠 梁少莹 技术：蓝祥聪

《桂城社区周刊》：坚守服务，成为政府和居民的帮手

桂城街道基本情况：

桂城街道地处佛山市南海区东部，是南海区的政治、经济和文化中心，辖区面积84.16平方公里，常住人口超60万人，其中户籍人口约23.9万人，辖15个城市社区、16个农村社区和1个行政村。

桂城与广州、顺德、禅城接壤，佛山首条地铁广佛地铁有5个站点设在桂城，与广州南站仅有一桥之隔。规划建设的地铁2号线、3号线和6号线都将途经桂城，南海新交通将于2017年建成开通。

自2013年起，桂城全年税收超百亿元，为南海区首个税收超百亿的镇（街）。2014年全年实现地方生产总值381亿元，税收总额117亿元。

《桂城社区周刊》编辑部情况：

2009年5月成立，记者5人，平均年龄28岁，学历均为大学本科。

《桂城社区周刊》是《珠江时报》旗下最早的一份社区报，得益于桂城街道的支持，开创了区域社区报探索的先河，也为《珠江时报》系列社区报的全面铺开与发展提供了有益的借鉴。

经过5年多的探索和发展，《桂城社区周刊》一直以政府为中心，扮演好政府服务好帮手的角色。通过《关爱桂城》《重点关注》等栏目版面进行政府中心工作的宣传报道，以《多彩社区》《左邻右里》等版面为居委会和居民提供展示的平台，以《生活服务》和《梁心帮办》等版面提供居民生活所需的咨询，以及帮助他们解决难题。

“服务性”一直是《桂城社区周刊》的重要特性，服务好政府的同时，服务好居民。

除了以上版面外，《桂城社区周刊》还创新性地参与到桂城街道休闲时尚文化节的承办中。一年一度的休闲时尚文化节是桂城街道的文化盛事，更是桂城闪亮的文化名片。

随着城市化进程加快，桂城作为南海的中心城区，前来工作的人员越来越多，吸引越来越多金融科技企业进驻，成为“高学历、高素质、高薪酬”白领的集聚地，在不久的将来将实现“十万白领进桂城”的城市规模。

在营造都市型城市文化氛围的同时，白领对咖啡的热爱也越来越浓

厚，不少青年都怀着一个咖啡创业的梦想。但在咖啡店如雨后春笋般开起之时，这种休闲时尚的生活文化是否已过剩？以兴趣为起点的创业之路要怎么走？成功创业需要哪些要素？2015 年，《桂城社区周刊》与桂城街道通过举办桂城青年创客路演之“我和我的咖啡店”活动，让白领在活动中共同学习、进步，在沟通交流中迸发创意的火花，互相借鉴实现多赢。

创业者带着 10 个咖啡创业项目，100 位有梦想的桂城青年现场取经，资深创业导师犀利点评，资本实力雄厚投资团抛出橄榄枝……此次活动分为线上和线下开展，线上活动通过视频短片讲述故事的形式，将 10 个候选的咖啡创业青年故事通过微信传播，拉开“我最支持的咖啡创业项目”评选活动的序幕。线下得到了关爱桂城创益中心、桂城商界关爱联会的大力支持，由创业导师对咖啡创业项目进行点评和指导，寻找风投合作机会。

其中，线上微信传播与“我最支持的咖啡创业项目”评选活动得到了超过 5 万次的点击，引起了广大桂城中青年的共鸣和关注。

7 年来，《桂城社区周刊》凝聚了一批铁杆粉丝读者，他们关心城市发展，关心生活质量，关心身边人、身边事，他们是支持《桂城社区周刊》发展的巨大动力。

针对中青年对社区报关注度不高的情况，2015 年 6 月起，《桂城社区周刊》对版面设置进行了调整，开设了“白领生活”的板块，报道与桂城白领相关生活咨询和有趣有关的活动。

在新媒体时代，单纯的纸媒操作效果始终有限，我们通过全媒体运作来打破瓶颈，尝试以线下活动为突破口，来凝聚 80、90 后年轻白领的力量。为了经营好这个品牌，我们特地设计了【YUE】这个名称，表示“约”，也表示“悦”，希望白领们能约起来，并能得到快乐。此外我们在推出前还专门设计了【YUE】的 logo，希望能形成持久的品牌影响力。

从 2015 年 7 月起，YUE 首场活动以仲夏夜 BBQ 为主题，第二场高尔夫球派对，是白领朋友圈首场活动，不仅邀请专业摄影师拍摄活动宣传照，还设置精美的现场布置和茶点，将活动档次进一步提高，这些细节都得到了桂城白领的关注。同时，由于该场高尔夫球活动，我们已集结了 150 名白领加入微信群，且这个团体还在不断扩大，他们会逐渐成为支持社区报的新生力量。

（《桂城社区周刊》主编助理　曾　蓉）

动感狮城 中国·南海

国内统一刊号:CN44-0167
第197期 2015年4月2日

孝德 珠江时報 社区周刊

人在格中 事在网中

今起 基层社会网格化治理全面试行

日后 社区大小事可找网格员反映

P4~5 封面策划

罗村社区制作沙盘模型
展示发展蓝图
还将绘制历史原貌

P6 村居在线

祭祀鲜花价格未涨
乳猪需要提前预定
去长安园需从芦塘工业区转入

P9 特别策划

邀新市民来提意见
有机会获200元话费
赶紧来填表说想法

P12 法制生活

市民吐槽晚上看病排队个把小时
医院将增派夜诊医生应对流感高峰

P8 梁心帮办

（关于本期更多信息，可扫一扫二维码）

投稿邮箱:xluocun@126.com 社区热线:83000123 责编:潘展虹 美编:霍笑芬 组版:胡小惠 梁少莹 技术:胡世铸

罗村《孝德社区周刊》：将“帮办”进行到底

罗村街道概况：

罗村原是南海区的一个镇（街），位于南海区中部，有“玻璃之乡”和“照明灯饰专业镇”之称。辖区总面积44.64平方公里，下辖15个社区，户籍人口6.69万人，流动人口7万多人。东与大沥镇相交，南与禅城区南庄镇相依，西与狮山镇交界。与禅城区接壤，距桂城10公里，距广州市20公里。

2013年3月17日，为理顺佛山高新区管理机制、优化发展布局、提升区域价值，南海部分镇（街）进行了新一轮的行政区划调整：撤销罗村街道，将其行政区域并入狮山镇，同时将大沥镇管辖的颜峰、横岗、兴贤、谭边、高边5个社区居委会调整至狮山镇管辖。

2014年，罗村实现地区工业总产值为225.18亿元，税收总额16.52亿元。

罗村《孝德社区周刊》编辑部概况：

2011年10月成立，记者4人，平均年龄26岁，学历均为大学本科。

“在罗村街头，街坊可能会经常碰到这几个美女：美女一，短发，一副粗框眼镜，嘴角抿笑，轻声细语；美女二，长发飘飘，乖巧可爱，常背着一个双肩包；美女三是个长腿MM，热情大方。”在罗村《孝德社区周刊》创刊之初，有一个栏目瞬间吸引了众多街坊的关注，这就是《记者跑腿》，当时三位女记者勇挑重担，成立“美女帮”，为街坊跑腿分忧，解决生活上的各种难题：如何办理证件，如何解决生活噪声困扰，公园的健身器材坏了找谁，路灯不亮了怎么办……

“美女帮”帮进居民心里

只要是罗村居民反映的任何问题，美女们都会不辞辛苦去到现场：垃圾成山的卫生死角、坑坑洼洼的泥泞小路、乌漆麻黑鲜有人迹的村道、路边烟熏呛人的烧烤摊……通过实地走访了解清楚现场情况后，美女们会找到相应的部门反映问题，寻求解决办法。偶尔还需要提供“上门服务”，作为调解人去协调解决邻里纠纷矛盾，集“女神”与“女汉子”于一体。

居民的“小事”是每个社区报记者心头的“大事”，正是记者们努力为居民跑腿分忧，所以她们也慢慢“跑”进了居民的心里。现在《孝德社区周刊》的“美女帮”在罗村俨然成了明星，经常会被街坊认出，经常会被要求合影，也经常会被拦住反映问题。在罗村的居民中已经流传了这样的口号：有问题，问社区报的“美女帮”；有难题，找社区报的“美女帮”。

虽然不是所有的问题都能得到完美的解决，社区报记者也不是“万能侠”，但凡事尽心尽力了，居民一定能看得到的。所以社区报渐渐有了属于自己的忠实粉丝，每星期四街坊都在期待与社区报的“约会”：看看哪家邻居上了报纸？曾参加的社区活动上有没有自己的身影？哪些小难题又被解决了，而哪些问题还一直悬而未决？

“罗村公信”的全面服务

有了足够的群众基础，我们开始思考“如何能够与居民玩到一起，如何玩得更亲密？”2014 年，罗村《孝德社区周刊》开设了微信公众平台——罗村公信，在这个平台上，不少粉丝与社区报一起转战新媒体。微信公众号与报纸该怎么融合、怎么玩到一起成为了我们开始思考的问题。罗村《孝德社区周刊》在本地拥有 5 万份的发行量，而“公信”还在起步之初，看报纸的人势必比读微信的人要多得多，所以，要让读报的人一起加入“公信”，让微信粉丝能从报纸上看到他们所反映的问题同样能够得到重视，真正实现报纸与微信的互动。

基于此，罗村《孝德社区周刊》开辟了《嗨，罗村公信》栏目，分为互动篇、回复篇、福利篇、调查篇等，将后台收集到的网友发布的问题通过跑腿帮办的形式来解决，不定期发布话题邀请网友一起来讨论，与商家合作提供吃喝玩乐的福利供网友开抢……罗村《孝德社区周刊》的“公信君”成了“万能侠”：及时发布本地的大小事，提供平台让“罗粉”查天气、查快递，收集并解答街坊那些有图有真相的小疑问，为街坊找本地好吃、好玩的福利……从后台数据可以看出，每周五 8 点抢的“罗利”、发布本地大小事的“罗村通”、回应“罗粉”疑问的“互动”都成为粉丝关注的重点。

“习惯了每一天都要打开罗村公信来看看。”在微信调查中，我们发现有一批铁杆“罗粉”在每次活动报名、福利开抢、照片征集等互动活动中都能见到他们的身影。罗村公信也成为继《孝德社区周刊》后的又一个街坊们分享、交流的平台。“罗粉”们还经常给我们发一些随手拍到的罗村蓝天、彩虹图，这些都让我们感动不已，因为我们知道，他们真的一直跟我们在一起，已经成为我们的团队。

经过大半年的经营，罗村公信粉丝已有 6000 多人，至今每天仍保持数十人的增长。为了更好地促进微信与报纸的融合，我们还通过罗村公信组织了不少线下活动，例如连续四期宝宝水上运动会、亲子烘焙活动、佛山市民孝德行等，参与的街坊均是通过微信平台报名，每次活动报名都相当踊跃。

李国臣总编辑一直告诉我们，社区报不是新闻纸，是沟通纸、帮办纸、服务纸，我们一直在践行这个理念，创新各种形式将“帮办”进行到底。

（罗村《孝德社区周刊》执行副主编　潘展虹）

珠江時報

狮山

树本周报

国内统一刊号：CN44-0167

第144期

2015年6月4日

沟通你我　给力生活

@树本狮山

南海政务通
办事好轻松

微信办理交通罚款、车船税、汽车年票、机动车合格证、二代身份证投递、港澳证再签注、公交实时查询……

南海政务通公众平台

亲!扫一扫
码上关注

大小朋友过“六一”
瞧那幸福的笑脸

A4/A5　封面策划

关注创思驿站
邀您免费观影

市民关注创思驿站或狮山公信获取相关信息

A2　村居情报/B1　雄狮产业

创思驿站微信公共账号

频繁降雨
大顶苦瓜减产

A6　唐国居

投稿邮箱：sssbzb@126.com　互动网站：www.nanhaitoday.com

责编：王晓婷　美编：霍笑芬　组版：胡小惠　梁少莹　技术：胡世铸

《狮山树本周报》：当新老狮山人的“柔和剂”

狮山镇概况：

狮山镇地处南海区西部，处于广州、佛山和肇庆三市中心位置，面积330.6平方公里，包括狮山、小塘、官窑、松岗、罗村、大圃六大片区，常住人口近70万，管辖27个社区居委会和42个村委会。现已形成六大园区与八大产业齐头并进的发展格局，形成汽车制造及配套产业、家电制造、玩具、光电照明、有色金属加工、生物制药、家具、食品八大主题支柱产业，汇集了一汽大众、本田变速箱、奇美电子等众多大项目，成为全国产业经济重镇。

2014年，狮山镇全年地区生产总值约793.96亿元，工业总产值2807.31亿元（不含一汽-大众及其配套企业）。

《狮山树本周报》编辑部概况：

2012年7月成立，记者5人，平均年龄25岁，学历均为大学本科。

2014年5月15日，一份“狮山镇公办中小学招生手册”在网上被大量转载。手册创新性地分别从新老狮山人的视角，对积分入学、学区划分等招生问题进行释疑。该策划报道让《狮山树本周报》吸引了不少眼球和喝彩。

第二天一早，当社区记者刚刚走进编辑部办公室，咨询电话便响了起来，不少在工业园区上班的产业工人父母纷纷打来电话咨询。在没有《狮山树本周报》之前，这群忙碌在生产车间，被视为“外来工”的产业工人极少有途径和时间提前并详尽获知更多的公共服务信息，《狮山树本周报》在针对新老狮山人的信息采集、编辑制作上有效满足了不同读者群的需求，进一步推动了公共服务的均等化。

狮山镇是一座移民城市。在制造业大市的佛山，仅该镇就有40万产业工人，区域内新市民集聚，厂房宿舍、出租屋林立。由于外来工及其家属已占了狮山总人口的六成以上，狮山要打造产城人融合示范区，如何让这个群体更好地享受到改革发展的成果，更好地感受社会提供的基本服务均等化，是摆在政府面前的重大命题。

2012年7月，《狮山树本周报》应运而生。每周16个版的《狮山树本周报》在内容上除了满足本土居民需求外，一连4个版的《雄狮产业》版更把视角放到了以新狮山人为主体的产业工人身上，每周选择一两家企业进行深度报道，跟踪一两位产业工人的真实生活，事无巨细地挖掘他们的创富故事、成长历程、心路变化等。社区记者除了每天走街串巷与社区居民打交道，他们也频频走进厂房车间、员工宿舍内，聆听并感受这个存在于该社区中的特殊群体的需求。

在福迪汽车公司，有一支由产业工人组成的足球队，队员们每天坚持练球，一有机会就会约上其他镇（街）的球队来一场友谊赛，可三五年下来竟从未参加过一场社区足球活动。队员们大部分从五湖四海来到狮山镇打工，因为不是“本地人”，他们在向附近村居申请球场练习时甚至困难重重，这让队员们很是郁闷。随后，《狮山树本周报》的记者对这支特殊的足球队进行了报道，并把他们的照片刊登到报纸上。没过几天，这支球队负责人接到了来自多个村居、厂企足球队的邀约，球队同时还从社区记者处获知了多个公共球场地址。“想不到普通的我们也能上报纸当‘明星’”，产业工人内心的自豪感、归属感油然而生。

2013 年，狮山镇塘中社区在 4 个试点小区全面施行封闭式管理模式。这 4 个试点小区除了有定居几十年的老居民外，还有不少外来租客，彼此的不信任及公共资源的不平等分配让门禁打卡出入迫在眉睫。为了消除居民之间的矛盾和误会，由《狮山树本周报》主办的狮山首场“市民议事厅”活动正式启动，新老市民济济一堂共同为构建安全小区出谋划策，开诚布公地商讨问题，有效遏制了矛盾的激化。此后，“市民议事厅”活动定期走进社区、小区、企业，就小区管理、文明劝导、交通出行、城市规划等话题听取市民声音，并同时展开线上线下互动，予以版面呈现。在这座移民城市中，搭建起政府部门与新老市民的沟通平台，从而增进了新市民与政府的互动、互信，有效提高了新市民的同城生活幸福感。

无论是像一汽 - 大众佛山工厂投产这样的大事件，还是某条小村庄通了公交，《狮山树本周报》关注的焦点不在于事件，而在于该事件给新老狮山人带来的实惠。

因为狮山是移民城市，《狮山树本周报》始终在多元文化社区、不同文化背景的读者受众领域中探路前行。当新市民与社区“土著”共同生活、交流时，社区报很有必要通过一个个故事的渗透，通过社区记者线上线下与市民的互动，逐步建立和居民的关联，从而为新老市民搭建一座沟通的桥梁、资源传播平等的窗口，甚至成为文化碰撞的“柔和剂”，最终提升新老市民的社区感和归属感。

“把《狮山树本周报》办成狮山人的报纸”一直是我们的理想。但很显然，理想很丰满，现实很骨感。狮山镇有 70 万人口，对于这样一个体型庞大的工业移民城市，去做一份让 70 万市民都满意的社区报是一个不可能完成的任务。面对五大片区来自五湖四海的不同文化背景的受众，“众口难调”成为《狮山树本周报》遇到的最大的挑战。与此同时，如果近40万的产业工人对所在社区没有认同感、没有归属感，每天只是过着工厂、宿舍两点一线的生活，不能融入社区的生活和文化，这样的社区对他们来说显然是没有人情味也是没有温度的，这对狮山镇的基层社区建设也是极为不利的。在这样的情况下，《狮山树本周报》选择做新老狮山人的“柔和剂”。四年来，《狮山树本周报》通过报纸的平台和系列的线下活动带动了众多的新老狮山人玩在一起，既挖掘本土文化的魅力，又展现新狮山人的才华，让“一家人”相互认识，相互了解，搭建了一条化解社会矛盾、解决民间纠纷的健康通道，帮助实现社区良治。

（社区报编辑部副主任　何美芬）

沟通你我　给力生活　　珠江时报　　2015年7月22日　星期三　农历乙未年六月初七

九江社区報

第104期　本期16版　国内统一刊号CN44-0167　　新浪微博:@九江社区报

高学历青年优先入伍
年龄放宽至24周岁

3　特别报道

高温“烤验”下的坚守

三伏天，骄阳似火。大多数市民在空调房内享受清凉的时候，有一群普通劳动者，正在烈日下挥汗如雨地忙碌着。不少市民在微信上转发“请关注身边高温下的环卫工”的帖子，呼吁大家拒绝不文明行为，减轻环卫工的工作量。在高温下，除了环卫工，还有轮船渡工、基层巡警、园林绿化工人等仍然坚守在自己的岗位上。本期，社区报记者零距离记录他们的“高温人生”，向他们致敬，并呼吁大家给他们送上清凉和关怀。

4~5　封面策划

沙头观光大道改名了
以后请叫它启航大道

12　亲水南都

夏季养生　贵在“养心”

15　养生馆

南海政务通
办事好轻松

微信办理交通罚款、车船税、汽车年票、机动车合格证、二代身份证投递、港澳证再签注、公交实时查询、办事预约、排队情况实时查询、办事进度实时查询、医疗预约挂号……

南海政务通公众平台

亲!扫一扫　码上关注

职工文化节活动多
各位街坊快来报名

2　大声公

社区舞蹈队拼舞技
争夺12个晋级名额

10　多彩社区

长龄村新龙船下水
村民圆了龙船梦

7　社区视窗

扫一扫关注九江公馈

九江社区报地址：南海区九江镇人民路39号九江社区报编辑部　投稿邮箱：nhjjsqb@163.com　互动网站：www.nanhaitoday.com　责编：邝锦仪　美编：霍笑芬　组版：梁少莹　胡小惠　技术：刘杰

《九江社区报》：做本土文化的传承者

九江镇概况：

位于南海西南部，紧邻广佛、江门，是珠三角通往粤西的交通要塞，半小时可达广州、佛山、江门等中心城区，2小时直达香港、澳门。

面积94.75平方公里，下设19个社区居委会，7个行政村，户籍人口约10.35万人，外来人口约11万人，有港澳同胞、海外侨胞约20万人，分布世界60个国家和地区。2014年，九江镇实现地区生产总值超140亿元。

《九江社区报》编辑部概况：

2013年3月成立，记者4人，平均年龄24岁，学历均为大学本科。

九江是珠三角著名的岭南水乡，西、北两江环绕，镇内河涌纵横，鱼塘密布，是岭南桑基鱼塘的发源地之一。九江也是佛山著名的文化名镇，素有“儒林之乡”的美誉。维新变法第一人康有为的老师、岭南名儒朱次琦是地道的九江人，世称“九江先生”。傍水而生，逐水而兴的天然品赋，滋养了九江人开放包容、团结拼搏、热情好客、用心至上的人文品格，也孕育了九江特有的以儒林文化、龙舟文化、渔耕文化、酒文化和侨乡文化为代表的岭南水乡文化。

办报是九江镇的悠久传统，《九江社区报》是这座名镇在近800年历史中出现的第四份正式报纸，所以社区报从诞生的那一天起就背负了文化传承的历史使命。《九江社区报》设置的《渔耕粤韵》《儒乡·行》《礼山学堂》《侨乡情》《饭香刀》《儒林乡》等版面都是为了呈现和传承九江多元的岭南水乡文化。我们在微博、微信等新媒体传播中也侧重文化事件的传播，同时开展线下的“市民议事厅”活动进行文化传承的探讨。目前《九江社区报》正在探讨如何将本土文化的传承者这一角色融入九江镇内主流文化大事、活动，不断扩大传播的广度与深度，发挥主流文化的引领作用。

历史选择了《九江社区报》

我们给《九江社区报》确定的定位是“本土文化的传承者”，这既是历史赋予的使命，也是时势造就的选择。因为九江本地人特别以本土文化为豪，他们喜欢创作诗歌、散文、小说来表达他们对文化的崇尚，他们经常以本土文化为范本写歌谱曲、兴学育人。

在九江镇近八百年的历史中，曾经出现过众多或正规或临时的报纸。1924 年（民国十三年），旅外侨胞创办了第一份报纸《九江乡事周刊》，刊登九江乡间事，后来从周刊变成三日刊，办了 9 年。后来《九江民众周刊》《九江报》《九江建设》等报纸相继创办，在特殊历史时期，还创办了《战东平》《战西堤》《战山河》《抗洪战报》等油印小报。当年参与创办这些报纸的人有些还健在。因为有着如此深厚的办报渊源，所以《九江社区报》在 2013 年创办时，受到了很大的关注，也被给予了很大的期待。

《九江社区报》编辑部的人员构成中有 1 名记者是九江本地人，2 名记者来自周边地区，同饮珠江水的小伙伴们在九江一起工作时没有任何的疏离感。经过三年的浸泡，小伙伴们已经基本掌握了用“九江话”来采访的技能，语言上已经相当本土了。

《九江社区报》的发行方式也是十分接地气的。九江镇 3 万户户籍家庭分布在 26 个社区（村），每周三 3 万份社区报由村（居）委组建的派报队伍派送到每家每户，实现户籍人口全面覆盖。

九江人善道　社区报记载

为传承好九江本土的多元文化，《九江社区报》在版面栏目设置上也体现出了浓浓的九江味儿：《渔耕粤韵》栏目主要是刊登龙舟文化、渔耕文化的内容，《侨乡·情》则呈现侨乡文化，《儒乡·行》刊登古村落文化和氏族文化，《儒林乡》是文学板块，教育板块则以朱次琦开设的学堂“礼山学堂”直接命名，象征着儒林文化，美食板块以极具九江特色的美食文化符号“饭香刀”来命名。

九江人喜欢说故事，表达、倾诉的欲望比较强，这源于他们对九江本土文化的自豪感和优越感，而这部分读者理所当然成为《九江社区报》的市民记者。

民国初年，九江商业空前发达，有“小广州”的美誉，更于民国十五年（1926 年）设置为省直辖市，两年后归南海县管辖，设市历史达 10 年之久，这一辉煌历史至今仍为九江人津津乐道。如今九江辉煌不再，经济实力处于南海区的落后位置，相比于评说时下发展，九江人更愿意怀念过去。有人道，九江人守旧，其实不然，九江民间财富丰厚，大多数人在诉说过去时会寄予未来的期待。这当然还有赖于《九江社区报》在传播本土历史文化时当下的引领作用。比如，2015 年南金村崔氏发现了百年前埋在荒地里的书舍石匾，崔氏后人对于诉说书舍故事乐此不疲，而记者在采访时也不断提出“未来将如何处理石匾”的疑问，有村民表达“重立石匾”

的希望。故事经报道，引起了九江镇文化部门的关注、村委会以及该经济社的重视，记者后来了解到村民最终决定重立书舍石匾，弘扬兴学育才风尚。

除了在采访的过程中，记者会引导采访对象对于文化传承进行思考外，在收到读者来稿时，编辑部也会就来稿提出修改意见，引导投稿人关注传统文化的现实意义。

《九江社区报》对本土历史和文化的关注不只是当下，还会影响以后的数年数十年甚至上百年，就像现在经常有七八十岁的老人拿着民国时期的报纸来给记者讲述父辈与报纸的故事一样。我们相信十年后百年后甚至更久远的时间后，后人依然能从《九江社区报》的文字里回忆起九江的历史和文化。

举办文化传承探讨活动

每一个九江居民都是文化的创造者、传播者和传承者，如何能更好地传承本土的历史文化，每一个人都需要思考。为了集思广益，群策群力，社区报举办了多场与文化有关的“市民议事厅”活动，邀请文化专家、学者以及政府工作人员、村（居）干部、村民共聚一堂，共同探讨本土文化的传播、传承。譬如为了发展本土的旅游业，我们在镇上的江岛海寿岛上举办了主题为“如何整合镇域旅游文化资源”的“市民议事厅”活动；我们还邀请抗日战争亲历者一起探讨“如何做好爱国主义教育”；还有十几位九江本土文化爱好长者用九江话为“如何传承九江话方言”建言献策。

“市民议事厅”活动让市民各抒己见，为本土文化的建设和传承建言献策，再通过社区报广泛的报道引起了更多人的关注，引发了大家的思考，从而形成了居民对于本土文化建设的共同的意愿和合力，为地方政府在本土文化传承方面做出更多的举措起到了很好的推动作用。

争取融入本土文化盛事

2015 年 5 月 1 日，九江镇第四届“渔耕粤韵”文化节开幕。九江镇政府旨在以文化引领提速城镇建设、提升城镇品味。文化节作为本土文化传承的一大盛事，《九江社区报》也在积极探讨如何融入文化节，通过更大的平台提升社区报在文化传承上的影响力。

2015 年也是《九江社区报》创刊两周年，社区报第 100 期在 6 月出版。社区报编辑部也策划了创刊两周年暨百期系列活动，其中包括征文、读者组团游九江、百期报纸展览等。读者组团游九江活动的创意与九江镇宣传文化部门提出的制定旅游文化专线概念不谋而合。

《九江社区报》做本土文化的传承者，这条路才刚开始，一定会大有所为。

（《九江社区报》执行副主编　苏碟琴）

2015年10月13日 星期二 农历乙未年九月初一

珠江时报

里水社区报

社区热线 13266346550 国内统一刊号:CN44-0167 第92期 本期16版 投稿邮箱:lishuisqb@126.com 互动网站:www.nanhaitoday.com

对股权确权登记颁证有啥不明白

区股权确权办为你答疑

08~10 股权确权

39对新人情定水乡

里水举办集体婚礼，金婚夫妇证婚，新人体验花船接新娘、绣球献爱等特色婚俗程序

03 重点报道

快来投票支持心中的里水好人

02 城讯通

文教村民患重病大家一起帮帮他

11 融爱社区

老人栽培数十年天台变空中花园

12 左邻右里

卫计局喊你来参加免费“两癌”检查

15 健康

28条锦龙竞渡里水河，一河三岸万人观“龙斗”

沙涌再夺“龙王”

04~06 封面策划

关注“里水公信”抢免费试饮名额

扫一扫关注里水公信

14 美食服务

社区热线:13266346550 投稿邮箱:lishuisqb@126.com 封面责编:曾晓婷 美编:雷笑芬 本期组版:胡小惠 梁少莹 技术:刘杰

《里水社区报》：为街坊定制本土旅游线路

里水镇概况：

南海区里水镇地处南海区东北部，紧邻广州，下辖16个村委会，17个社区，33个村民小组，辖区面积约为148.28平方公里，常住人口30.23万人，户籍人口12.86万人。2014年地区生产总值282亿元。

《里水社区报》编辑部概况：

2013年8月成立，记者4人，平均年龄27岁，学历均为大学本科。

里水，又名“梦里水乡”，顾名思义，其最大特点就是特色岭南水乡，辖区内有丰富的旅游资源，尤其以流潮花海、百合花著称。近几年来，随着里水镇政府大力推进“美村计划”“公园化”战略及引导发展观光旅游业，“梦里水乡”这一品牌越来越响亮，不仅刺激了本地人游里水的热情，更是吸引了大批外地人前来游览里水。

作为里水本地最接地气的一份报纸，《里水社区报》编辑部结合本地实际，顺势而为，为读者街坊们定制本土旅游线路，深受里水人喜爱。当然，随着社区报编辑部对本土研究不断深入，策划组织的旅游线路也由原先的田园生态观光游拓宽至里水工业游等。每到春天或者暑假，总有里水街坊咨询社区报新近组织的活动，或者给社区报提出各种活动建议。或许，对于一份镇（街）小报来说，这就是读者能够给到我们的最真实也是最欣慰的回馈。

从“土著”带着我逛到我带着“土著”玩

《里水社区报》编辑部的4位同事都不是里水人，初来乍到，对里水的认识就是一张白纸。面对偌大的一个镇，该从何做起？如何挖掘本镇的特色？怎样与本土街坊互动？摆在社区报编辑部小伙伴面前的是一个挑战，也是一个探索机会。

突破口是发展本地市民记者，编辑部记者跟着市民记者以最快速度熟悉里水情况，了解里水旅游资源。作为一名新里水人，体验梦里水乡特色景色让记者们甚是惊喜，这个小镇处处有河有公园，充满田园气息，非常适合现代人休闲放松。于是萌生了“发现里水”这个想法，希望可以带更多的新里水人一起发现身边的美丽，同样也希望能带动更多的本土人真正了解里水。

从田间回来，朋友圈几张照片就可以引发大家的围观与赞美，很多特色就在里水人都没有去过的角落里。几个地点经串联起来，就是一条经典的旅游线路，逐渐被街坊们喜爱。2014 年春节，《里水社区报》启动了“发现里水”春游活动，从记者跟着“土著”踩线，到记者带着新里水人、本地人一起游览观光，这一路上都是参与者的惊叹——原来里水也有这么好的地方。

走进花场，走入玫瑰花地，踩单车到贤鲁岛，还到龙舟厂参观并划龙舟，一场视觉文化体验之旅开启了社区报为本土定制的特色旅游服务。社区报建立的 QQ 群、微信群里经常有街坊询问下一场何时启动、有何看点等，这一特色服务受到了街坊、读者的一致好评。

从田园观光发展到镇（街）公园游

当我们带着街坊探寻了里水的一系列风光之后，社区报及官方微信的宣传报道也让更多街坊及里水政府了解到我们的特色服务，街坊们的积极响应及热情参与让职能部门看到了社区报策划活动的优势所在——够接地气、互动性强、创新策划。

记者在采写里水“公园化”战略专题时发现，好多里水街坊都只局限于自己居住所在地的小公园，绝大部分人都未光顾过周边新建的公园。于是，社区报结合里水实际，根据里水“公园化”战略推进情况，推出了“梦里水乡·公园游”活动，主动承接职能部门的公园推广计划，通过公园游活动让里水街坊走进各个新建成的公园，共享城市升级成果。

公园游活动征集一经推出，一天时间报名就爆满，街坊的热情出乎记者及部门工作人员的意料。还有很多住得较远的街坊未能第一时间到现场报名，竟纷纷向工作人员“吐槽”——下一次组织公园游活动一定要优先让他们参加！

三场公园游活动下来，街坊满意，部门也满意，社区报记者更是创新方式，以视频记录过程并进行推广，通过本地街坊的声音分享对活动的看法及对公园建设的建议，让更多人了解到本次定制活动信息，进一步扩大了社区报“发现里水”的品牌活动效应。

挖掘小而美的企业　让街坊爱上里水“智造”

当“发现里水”成为社区报的品牌之一时，记者们就承担起了为街坊挖掘里水的责任。无论是田园观光，还是系列公园游，社区报在延续推进的同时也不断扩大“发现”的领域。2015 年开始，随着对本地产业的了解，社区报记者开始有针对性地尝试小规模的工业游，既让街坊了解本土制造，也能帮助商家推广。

作为一个新方向，社区报的工业游试水并没有从高大上的企业入手，而是从中小企业开始，以街坊用得上的终端产品为主，这也是社区报“给力生活”定位的体现。前期阶段先以记者走访企业、挖掘企业特色并推出产品回馈街坊的形式推出报道，吸引读者目光，同时也作为对读者兴趣点的初步调查。

2015 年 4 月，记者以“小而美”的本地企业作为吸引点，首批推出的三家中小企业，分别是国际化标准生产的咖啡豆、功能强大的晾衣架及手工藤编家具。在社区报官方微信推出两天，就有 20 多位街坊订购晾衣架，10 多名街坊报名参观咖啡豆生产厂。事实证明，里水本地街坊不仅对实用的本地制造有兴趣，对身边的特色企业也想一探究竟，初步验证社区报这一定制方向“靠谱”。接下来将进一步探索与职能部门合作，链接更多的社会资源开展里水的工业游活动。

（《里水社区报》执行副主编　欧林菊）

珠江时报

樵山社区报

文翰樵 最岭南

2015年9月 10 星期四 农历乙未年七月廿八

社区热线 86806007 第94期 本期16版 国内统一刊号：CN44-0167

10月31日前报废最高补贴18000元

报废黄标车，还得抓紧办

▶|08~09 封面策划

第六届樵山文化节开幕，17项活动持续至11月

以前的农具长啥样？来岭南文化苑瞧瞧

▶|05 文翰樵山

樵山歌王复赛 9月12日唱响

▶|04 小城大事

太平小学有对教育工作模范夫妻

▶|12 有为教育

好人区建英 曾连救3名落水者

▶|11 左邻右里

养宠物可能会染上寄生虫

医生提醒摸完宠物及时洗手，别与宠物亲吻

▶|14 健康养生

爱心 飞鸿社工发起众筹 为环卫工人送礼包

关注"西樵公信"等微信公众号，点击进入慈善平台，献出你的爱心

▶|07 互动平台

放心 食药监局西樵分局抽检学校和托幼机构的食材

食堂抽检不合格将立案处理

▶|13 生活服务

关注樵山社区报微信公共账号【西樵公信】，获取更多生活资讯。

社区热线：86806007 13336410500 投稿邮箱：xiqiaoshequbao@126.com 封面责编：曾晓婷 美编：霍笑芬 本期组版：胡小惠 梁少莹 技术：蓝梓聪

西樵《樵山社区报》："一分钟电台"从栏目到平台

西樵镇概况：

西樵镇地处南海区西部，拥有国家级5A景区西樵山和众多国家、省级历史文化名村，下辖31个村居。本地人口约16万，外来人口约14万，常住人口约30万。2014年地区生产总值约260亿元。

《樵山社区报》编辑部概况：

2013年10月成立，记者5人，平均年龄25岁，学历均为大学本科。

作为《珠江时报》系列社区报之一，《樵山社区报》落实总编辑李国臣的办报思路，在媒介生态改变的大背景下，报纸不能局限于单纯做栏目的思维定式中，而是将目光定位在发掘公共需求，提升民生服务，实现其由民生新闻栏目到民生服务平台的转化。

珠江时报社将系列社区报纳入新媒体管理中心，不仅建设系列社区报的载体，更是每一张社区报标配一个微信订阅号、一个网站，从一开始就与新媒体主动融合。

破局：从报纸栏目到媒介平台

社区报作为时下国内新兴的一种媒体样式，除了要求在新闻理念上创新，也需要在新闻载体上不断创新。2014年中，《樵山社区报》开通微信订阅号"西樵公信"，并开始试水一分钟电台，将西樵镇本土居民最关心的时事热点和便民服务指南通过在西樵本地招募的记者尹俊媚进行语音推送。短短三期尝试，获得500多粉丝的增加和300多条留言。

这也为传统报纸媒体从栏目走向一个媒介平台打开了良好的开局。微信订阅号"西樵公信"成为《樵山社区报》媒介平台构建的重要载体。

通过微信平台构建媒介平台、开发产品和提供便民服务，《樵山社区报》具有如下三大优势：

优势之一：广泛而坚实的用户基础。《樵山社区报》扎根西樵镇，深入社区和居民家庭，长期深耕本土的新闻资源和便民服务。为此，《樵山社区报》和"西樵公信"的读者与粉丝均具有极强的本土性和极高的忠诚度，这些读者和粉丝，都有一个潜在而共通的名字：用户。

优势之二：强有力的信息输出平台。作为扎根本土的社区报，《樵山社区报》通过信息搜集和便民服务以及链接社会资源，实现小区居民就地帮扶，成为西樵本土信息输出的第一平台。

优势之三：线上线下的组合与对接。《樵山社区报》与“西樵公信”是一个复合式的平台，包括报纸平台和微信线上线下活动平台。通过线上线下的组合与对接，《樵山社区报》在西樵本土的民众中打造出了多个品牌，其中亲子游、社会大课堂和“发现西樵”成为最受居民欢迎的品牌活动。

树旗：“一分钟电台”的明星效应

2014 年是“个人电视台”蓬勃爆发的一年，这些“个人电视台”和“个人电台”中的典型代表是高晓松、罗振宇、吴晓波等精英知识分子，他们拥有庞大的知识储备或在某个领域有多年的积累，在思维与形象上均能体现出个人的独特性。目前，这些平台往往以脱口秀为主要形式，都具有相当数量的受众人群（粉丝）积累，通过互联网平台进行传播，具备了开发更多衍生品的潜能。

其中，罗振宇运营的微信订阅号“罗辑思维”是一分钟电台的典型。运营者通过大量阅读，将有用、有趣、有料的各种段子融入话题内，在知识中提炼出独立见解，结合有趣、新颖的思维方式讲给观众听，充当观众的书童。在商业模式上，借助明星效应，它在传统的广告模式外有更多延伸，比如通过“罗辑思维”公众账号的用户沉淀，建立了会员制度，并在短时间内获得了百万会员费：第一次售卖会员，5 小时获得了 160 万元；第二次 24 小时售卖会员获得 800 万元。此外，“罗胖”还基于品牌效应、社群运营成功制造了“微信卖月饼”“微信卖 499 元的大书包（内含罗胖精选的 6 本好书）”等经典品牌营销事件。

《樵山社区报》依托“西樵公信”试水的一分钟电台，则主要将目光放在民生服务之上。通过便民信息的发布，民众心愿的反馈和特定节日的个性化服务等方式，逐步在粉丝中形成影响力，并初步形成了“公信君”的明星效应，每日给公信君留言的粉丝日渐增多，高峰期当日能收到上百个留言。

增值：链接有价值的服务

在微信公众平台里面有一句流行甚广的口号：再小的个体也有自己的品牌。此言有理，但是无数个个体的细微的品牌如何彰显出力量？《珠江时报》系列社区报的宗旨则是通过我们的平台带给粉丝增值的体验——链接更多有价值的服务。

也就是说，社区报和旗下的全媒体是一个平台，一个资源的集散地，是一个信息的枢纽和交换中心。

那么这个时候，人们往往会惊讶地问：你们做的就是一个中介嘛。我们会告诉你的则是，我们不是简单的中介，我们的目标是消除中介。

在这个平台中，我们尽量尝试消除掉行业、性别、年龄乃至地域差别带来的影响。所有的人，在这里都是用户，都是提供服务和获取服务的用户之一。比如说，一个商场正在打折，我们除了告诉用户这里的打折信息，我们还会有增值的服务，那就是当前季节适合本地居民的衣服如何搭配？家具的挑选有哪些讲究？当前的饮食最需要考虑的因素是什么？

诸如此类，越来越多的用户会参考我们给出的建议，由此则进一步产生了社区报平台提供增值服务的空间。

接下来，社区报就会结合本土居民的特点，为这个商场量身订制一个促销的计划，一个地段的选择依据，一个铺面的装修风格，从而为它们带来更多的顾客流量。

消除中介是我们长远的目标之一。所有的商业可能都依赖于非常多的中间的环节，但是我们希望能够通过公众平台直接提供一种服务，或者尽可能减少中间环节。我们可以把商家卷入公众平台，消费者也卷入公众平台，我们只是信息的搬运工和服务的优化者。当前《珠江时报》系列社区报正在进行的“佛山智造进社区”行动，正是这样的一种尝试。

延伸：从“一分钟电台”到社区民生生态系统

当下，不论是一分钟电台还是一个增值服务平台的打造，社区报尝试的是从一个小角度不断去探索去推动一个社区的民生生态系统建设。

在这个系统中，我们可能是社区构成细胞中的每一个分子，是义工，是先知，也是生活家，当我们的功能不断完善时，也正是社区民生生态系统与我们的平台结合最为紧密之时。当然，这是一个任重道远的工程，而我们现在还只是刚刚开始。

（西樵《樵山社区报》主编　李维德）

祖廟街道社區報

星期三

2015年11月18日

农历乙未年十月初七

珠江时報出品

社区热线 13590615020　国内统一刊号:CN44-0167　第98期　本期16版　投稿邮箱:zmjdsqb@126.com　微博:@祖庙街道社区报

十大不文明行为17日起开罚

涵盖乱占道、乱摆卖、乱扔乱吐等，部分典型将在媒体曝光

►|03 小城大事

办事更快捷 服务更贴心

祖庙街道『一门式』行政服务改革推进一年多，居民满意度提高了

硬件更好

街道行政服务大厅窗口数量由原来13个增至35个，划分8个功能区。

办事更快

“祖庙微服务”微信公众平台推民生服务精品项目，可实时了解行政服务中心等候人数。

网点更广

除街道行政服务中心外，社区也试点“一门式”行政服务，办理事项从33项增加到77项。

服务更优

窗口人员必须统一着装佩戴胸牌；桌椅、资料上班前须整理好，同时实行首问责任制杜绝推诿。

►| 04~05 封面策划

禅城11所中学
招聘37名老师

►|02 城讯通

双11买到坑爹货
记得留证据维权

►|11 生活安全

关于孕期的谣言
你知道多少

►| 13 养生斋

祖庙门前“祈福墙”
滚动播出你的“爱”

祖庙正门牌坊西侧有两块连屏LED屏幕，现正推出送福纳福活动，个人、企业和社会团体均可参与！最低88元，一周滚动播出你的“爱”！扫一扫，了解“祖庙祈福墙”活动详情！

扫一扫关注“祖庙公信”

封面责编：蒋波　美编：霍笑芬　本期组版：梁少莹　胡小惠　技术：蓝祥聪

《祖庙街道社区报》：从报道新闻到研究生活

祖庙街道概况：

祖庙街道位于佛山市禅城区东北部，辖区面积21.5平方公里，人口超过60万，下辖64个行政村（居），是佛山市中心城区的核心街区，是佛山市委、市政府驻地，辖区集中了绝大部分佛山市级文化、教育、医疗和社会福利机构，现在仍是佛山市的政治、经济、商业、文化中心，2014年实现地方生产总值558.1亿元，税收84.2亿元，被形容为“大户人家”。

《祖庙街道社区报》编辑部概况：

2013年10月成立，共有4名记者，平均年龄24岁，学历均为大学本科。

2013年10月，当时南海罗村第七届孝德文化节正准备开幕，《祖庙街道社区报》也在筹备试刊首期内容。作为罗村《孝德文化周刊》副主编的我一做完孝德文化节的开幕式报道，就全身心投入《祖庙街道社区报》的采写中。从罗村到祖庙，刚开始我真是有点不适应，感觉像从农村一下子到了大都市。作为佛山中心之“中心”的祖庙，城市化程度很高，居民素养也比较高，见惯了大世面的居民对我们这种社区小报也不是很感兴趣，很淡定甚至可以说有点冷漠。

就是这样的一份社区小报，一年后却成了祖庙居民追捧的对象，因为这与他们平日看到的大报很不相同。

新出炉：街坊大赞“不一样”

试刊首期那天，我和同事6点多就到了大沥的印刷厂，跟着满载社区报的车辆来到禅城的邮局，亲眼目睹报纸被分发到各个片区，然后又将新鲜出炉的社区报送到社区、公园和街坊家里。

“师傅，你看，这不是你的照片吗？这后面跟着耍太极的，就是我们这帮阿姨啊！”中山公园是祖庙各类社区达人集聚的地方，首期试刊的《靓公园》版面就通过这批达人的故事展示公园，正在打太极的两位阿姨拿到报纸后很快就在20多人的队伍里分享开来，“社区报还真是有意思，连我们这些阿姨都上报纸了”，阿姨们很开心地议论。再细看内容，她们还发现这份报纸和其他报纸确实有点不一样，很多内容很生活、很接地气，阿姨们对这些内容很熟悉也很关注。

2013年5月，我去上海参加“中美社区报高峰论坛”研习班时，来自美国北卡罗来纳州知名出版商比尔·霍纳（Bill Horner）曾说，社区报在年龄50岁以上的中老年人和家庭主妇中更受欢迎。这个读者群定位，与祖庙街道的实际相当符合。祖庙街道户籍人口仅占全区55%，其中60岁以上老年人口近6万，全区约有60%的老人都住在祖庙，且大部分是市、区单位退休人员，这一群体更关心时政信息和健康养生。

在多次读者调查中显示，老街坊对于社区报二版的《城讯通》相当认可。在培德社区调研时，60岁的蔡伯认为，二版的信息是一周要闻的简短回顾，在此基础上还预告了下周的活动信息，对他们很实用、很有服务性。

在普澜二街的花店采访时，30多岁的店主告诉我说很喜欢社区报，她说每期的社区报都对本地一周的要闻做了整理，可以让生活在这里的居民快速全面了解到最近的各种政策和信息，很实用。

新尝试：生活服务“有看头”

李国臣总编辑一直跟我们社区报记者强调社区报不是新闻纸，要做“生活家”。《祖庙街道社区报》作为《珠江时报》系列社区报的第8份，从创办开始，我们就在研究如何在祖庙这个成熟的社区里当好“生活家”。

在每周的选题例会中，我们经常告诉自己要立足于居民的“衣食住行用，安教医乐理”去做好服务。读者不仅想要知道食品的价格和营养怎么样，他们还想知道怎么吃更实惠更科学；他们不仅想了解附近有什么菜市场，还想知道菜市场哪种菜最新鲜、最便宜；他们不仅想要锻炼身体，还想知道周边有哪些地方可以锻炼身体，人少场地又好；他们不仅想知道这个季节什么病最流行，还想知道如何预防、如何吃更健康等。要做好这些服务，我们就必须研究生活，把自己变成一个“生活家”。

从2014年8月开始，我们尝试开辟《生活服务》板块，专门做信息搜罗。记者们曾做过《哪个市场又平又好》《慢跑路径地图》《补鞋改衣去哪儿》等一系列专题报道，都以记者分片区体验、推荐等方式去采写。比如，社区报会告诉你去南堤市场买菜种类最多，去山紫市场买海鲜最新鲜、最划算，去同济市场环境最好、食品最安全，去华安市场水果便宜又好吃……对于这样的报道，祖庙的“师奶”们特别喜欢，这就是她们日常的生活，这就是她们觉得“有看头”的报道。

曾经有记者提出做电影院搜罗的专题，后来被否决，原因是“这些常规休闲项目，一来居民已经有自己的喜好选择，二来大多数可从网上看到指南和点评。我们没有必要去浪费版面做一些网上随处可见的内容”。社区报的《生活服务》要做别的媒体没做过的或者不屑去做的，网上找不到的，距离居民生活最近的内容，这也是美国北卡罗来纳大学教堂山分校新闻与大众传播学院高级讲师 Jock 教授一直强调的无以复加的当地化。

新挑战：融媒互动“加把劲”

这两年微博、微信发展迅猛，如何将新媒体与社区报结合起来，做最好的融合和服务，是我们一直在努力的方向。2014 年初，《祖庙街道社区报》有了自己的官方微信，凭借独一无二的社区报新闻，微信平台成为我们发布社区新闻、活动信息、与居民互动的又一渠道。

一年多来，我们的微信粉丝不是很活跃，原因有多方面：一是单纯的新闻信息发布已经不能适应读者的阅读需求；二是市民可参与的活动是阶段性的，如居民热爱的社区舞蹈赛、亲子体验活动等，活动结束了，粉丝也就不关注了；三是祖庙这个中心城区已有太多的官方微信平台，居民对微信有些“不太感冒”；四是资源整合力度还不够（这也是最重要的），没能提供更多的实惠给市民选择，如美食试吃、抢名额送礼等，这都需要我们再加把劲。

社区报的纸质版读者群里中老年人居多，微信平台的粉丝则多是年轻人，其中以初为父母的年轻人居多。经营微信的同事曾经做过一个报告称，她每天都会发布一条关于儿童教育的信息，因为这类信息往往阅读量更高。家长在微信上的疑惑，我们寻求专家解答，再给予家长反馈，一方面形成了很好的服务和互动，另一方面也为纸质版面提供了素材，可谓一举两得。

从“衣、食、住、行、柴、米、油、盐”出发，帮助居民更好地融入社区，更方便地享受生活，将社区报逐渐转型为合格的“生活家”，成为居民生活的“保姆”。这是读者需要的，也是我们一直在努力做的，这也是社区报存在的核心价值。

（《祖庙街道社区报》执行副主编　张媚）

有為周報

南海·丹灶 NANHAI DANZAO

珠江时报

国内统一刊号:CN44-0167

总第59期

2015年9月24日

沟通你我 给力生活

“东大门”变靓了

桂丹路金沙收费站出入口提升工程基本完成，市民赞“上档次”

▶| P2 重点报道

丹灶加快融入 粤桂黔经济圈

8家高端企业24日签约落户联东U谷

粤桂黔高铁经济带最近备受关注。这对毗邻经济带合作试验区(广东园)核心区(佛山西站枢纽新城)和试验区(以佛山高新区南海园为主体区)的丹灶而言，是千载难逢的机遇。

9月24日上午，丹灶镇的产业创新模范——联东U谷再迎喜讯，其新的招商中心落成对外开放，8家高端企业签约落户。借力产业平台，丹灶产业经济融入粤桂黔高铁经济带又迈出坚实的一步，为日后高新产业集聚，助推当地传统产业转型升级开拓出更广阔的空间。

▶| P4~5 封面策划

2015“南海好人”丹灶有2人

▶| P2 重点报道

丹灶为大学生村官定制4个特色项目

▶| P9 左邻右里

国庆去哪儿 公信君告诉你

▶| P12 社区之窗

《食品流通许可证》10日内可办好

▶| P13 法治文明

小记为你推荐4道时令美食

▶| P14 新食代

如何赶走秋困 多吃蔬果多晒太阳

▶| P15 养生园

关注丹灶公信(有为周报官方微信)了解更多信息

报料热线:13516522311 投稿邮箱:dzywzb@126.com 互动网站:www.nanhaitoday.com 责编:蒋波 美编:何少梅 组版:梁少莹 胡小惠 技术:刘杰

丹灶《有为周报》：社区报怎么办，让居民说了算

丹灶镇概况：

丹灶镇地处南海区西部，拥有“五金之都”和“广佛西部明珠”之称，镇域面积为143.5平方公里，下辖24个村居，总人口18万多人，其中户籍、外来人口各占一半。2014年地区生产总值为125.5亿元。

丹灶《有为周报》编辑部概况：

2014年5月成立，记者4人，平均年龄26岁，学历均为大学本科。

丹灶，源于晋代道教大师葛洪在此炼丹留下炉灶的传说而得名，又名“有为之乡”，是“维新运动”领袖康有为的出生地，因此，丹灶社区报定名为《有为周报》。

近年来，丹灶镇强势打造“工业强镇、物流重镇、生态名镇”，经济、环境、社会、文化等快速发展，一颗“广佛西部明珠”正在冉冉升起。一座同时拥有“生态名镇、五金之都、休闲胜地、历史名镇”四张名片的丹灶镇，因为拥有优越的就业环境，吸引了大量外来务工人员，因此形成了户籍与外来人口各占一半的局面。

2014年5月，《有为周报》应运而生，正式开启为丹灶镇邻里街坊提供“贴身服务”的媒体模式。我们脑海里始终牢记《珠江时报》系列社区报的功能定位——政府助手，生活帮手；社会瞭望，幸福守望；互动平台，生活舞台。我们把功能定位体现在《有为周报》的内容设置上：既有网罗丹灶大小活动资讯的《城讯通》，也有报道政府重大民生工程的《重点报道》；既有关注村居的《社区视窗》和《村居在线》，也有关注邻里的《左邻右里》，还有关注居民生活和身体养生的《生活服务》和《养生园》以及为居民普及法律知识的《法制文明》和《法治村居》等。这些版面都紧紧围绕居民的生活，目的是让《有为周报》成为丹灶居民的“生活通”。

丹灶居民的“第一媒体”

在新媒体高度发达的今天，每个群体都有自己的第一媒体。所谓“第一媒体”，顾名思义就是自己每天最关注的媒体。省、市级政府一般以《南方日报》为第一媒体，喜欢读报的市民一般以《广州日报》或者《南

方都市报》为第一媒体。在丹灶，《有为周报》有幸成为丹灶居民选择的第一媒体。

丹灶跟南海其他镇（街）一样有个特点，那就是本地户籍居民的经济条件普遍较好，居民已经习惯了各自固定的生活圈，每天为生活、事业忙碌，很少关心自己生活圈以外的事情，这就需要社区报记者主动走入邻里街坊的生活圈，为他们提供贴身的服务。丹灶《有为周报》编辑部的4名记者没有一个是新闻科班出身，但都有一腔对新闻对生活的热情，喜欢跟居民打交道，也深知好新闻是跑出来的。一年时间，小伙伴们跑遍了丹灶的每一个村居，也让《有为周报》"跑"进了丹灶居民心里。

《有为周报》每周二截稿，周三编辑版面，周四出街派发，加之周末休息，实际每周只有4天的时间来完成16个版面内容，每名记者要完成4个版面。由于丹灶镇域面积为143.5平方公里，下辖24个村居，因此，每名记者分别购买了摩托车或电动车，每天穿梭在村居的大街小巷和邻里街坊之间，每名记者每天行驶路程都要在40～50公里，电动车每天要充两次电。社区组织活动、邻里结婚生子、村里稀奇趣事、居民反映问题……凡是同居民相关的事情，社区报记者都会放在心上。记者每周要将自己负责宣传的政府单位、村居部门、邻里街坊拜访一遍，风雨无阻。

我们深知，作为社区报记者，不需要写出多么惊天地泣鬼神的大新闻，但一定得写出"有关、有用、有趣"的稿件，这就要求记者要以服务居民、与居民交朋友的心态来面对工作，只有走进居民的生活圈和内心深处，只有让居民觉得记者是他们的朋友，社区报的服务才是有价值的。

社区报该怎么办　让居民说了算

"快来看，这不是助人为乐的潘仲梅阿姨吗?""咦，照片上的书香家庭是罗行小学的梁艳卿老师。"大家翻阅《有为周报》时，一眼就认出了邻里街坊。"这是丹灶人自己的报纸，让我们觉得很自豪"，这是丹灶街坊们经常对我们说的一句话。

我还清晰记得第一期报纸出街时居民的反应：2014年5月14日，我们精心制作的第一期《有为周报》正式出街，我满怀激动来到丹灶文化公园进行派发，当送到居民的手中时，听到居民说："有点意思，报纸上的人，我都认识!""咦！这么一点小事情都能登报纸呀，感觉还不错哦!"外来务工者则说："真好，这么多的招聘信息。""最近政府又有大工程了，看来我们又有活干啦!""原来医院对我们外来工看病也有优惠政策。"

居民对社区报的肯定给了我们前行的巨大信心和动力，我们也坚定了要继续走好"社区报该怎么办，让居民说了算"这条路。外来务工人员想看招聘信息，我们就去联系南海区劳动和社会保障丹灶分局，每期收集与更新企业招聘信息；中小学招生时，居民想了解入学细则，尤其是新丹灶人，我们就去联系丹灶教育局，为家长们解析招生计划；村居有独居孤寡老人以及困难家庭，我们就在报纸上发动爱心募捐，为困难群众解决生活必需品；排水井盖坏掉了、村路破损不堪，我们就去联系市政部门及时修理；居民办理各类相关证件手续遇到难题，我们就去联系行政服务中心帮忙办理……

如今《有为周报》已成为丹灶居民生活中的不可或缺品，用一位丹灶居民的话说就是："不看社区报，总觉得少了点啥，心里空空的，不踏实。"我们为此很自豪，也很踏实。

（丹灶《有为周报》执行主编　李阳）

ZHANGCHA COMMUNITY NEWSPAPER

张槎社区报

沟通你我
给力生活

2015年2月11日 星期三 国内统一刊号:CN44-0167 珠江时报 试刊第11期 本期24版 报料热线：13425864430

吃喝玩乐购
翻开社区报
看春节全攻略

张槎在城市化进程中不断演变，不变的是张槎人对传统习俗的尊崇与传承。本期我们推出了《新春特刊》，不仅为市民搜罗新春好玩的去处、好玩的节目、好吃的年夜饭，街坊们还一起上报为市民送祝福。祝广大市民朋友们羊年吉祥，喜气洋洋！

09~17 新春特刊

未来村村
都有特色街区
03 城事要闻

2014年张槎
十大民生实事评选揭晓
04~05 特别策划

摩力克总部新大楼落成
企业总部留驻张槎
07 企业窗口

清水桥
打造公益和谐型社区
08 特色社区

投稿邮箱：fszcsqb@163.com

《张槎社区报》：打造高新区的“窗口”

张槎街道概况：

张槎街道位于佛山市禅城区中西部，总面积26.5平方公里，下辖15个村委会和7个居委会，常住人口8万多人，外来人口20多万人，是“广东省城镇化技术集成应用示范试点单位”“广东省制造业信息化工程试点示范镇”“广东省专业镇技术创新试点单位”“广东省可持续发展实验区”。2002年张槎被中国纺织工业协会、中国针织工业协会授予“中国针织名镇”称号。

2014年，张槎实现地区生产总值330.72亿元，工业总产值为1125.74亿元，税收总额40.86亿元。

《张槎社区报》编辑部情况：

2014年7月成立，专职记者2人，兼职记者2人，平均年龄26岁，学历均为大学本科。

近年来，张槎紧紧围绕禅城区委、区政府打造“禅西产业新城”的战略部署，立足“扩园、建城、优环境”工作主线，狠抓主题园区建设招商，做实做强电子信息产业、高端装备制造业、生物医药业、生产性服务业、传统针织产业，并提升这五大产业，辖区经济实力显著提高，产业综合竞争力明显增强，转型升级成效显著，城市化程度不断加强。《张槎社区报》是在这样的背景下诞生的，不仅立足于张槎街道政府，打造成高新区的“窗口”，还肩负起了“政民沟通的桥梁，居民生活的帮手”的责任。

《张槎社区报》2014年8月1日开始试刊，凭借无以复加的本地化内容、人名人脸的亲和粘连度、贴近便民的线下活动以及简约亮丽的版式，很短时间内就得到了张槎街道领导和居民的喜爱，“请你上头条”成为众多居民读者的追捧。

冲击力：版式设计简约主义

读图时代，内容固然重要，但是版式的冲击力更加讲究，李国臣总编辑在讲到社区报的内容表达法则时说，社区报要做到“封面海报化，版面图解化，表达故事化”。《张槎社区报》创办伊始就确定了杂志化的版式设计风格，要求文字记者在采访时就要有版面编辑的意识，摄影记者在拍图时要有版式设计的意识。每一次重大的采访，拍什么图，要准备哪些图表都需要提前和主编进行充分的沟通，为后期的版面编辑打好基础。图片和标题要成为版面的“眼睛”，要力争在读者看到的瞬间就被吸引住，引起他们的阅读兴趣。

《张槎社区报》版式设计追求简约主义，图片特写、减少装饰、增加留白。头版完全海报化，每一期的封面都用一张特写图片、几行大标题，所以每一期封面都是一个视觉中心，颇具冲击力。《张槎社区报》因此已经成为张槎街道各类招商会议必备的“宣传手册”。

内版多采用一行标题，图片放大，四周留白。每一个版面的内容并不是很多，两条新闻甚至一条新闻就是一个版面。写到这里，有人会问，这样的版式设计会不会因为装不下太多内容，而让报纸信息量不足？报纸只是展示窗口，是导航纸，我们同时还有公信平台，把最新、最详细的内容推送给居民读者，以弥补报纸内容的不足。正因为如此，所以每一期的报纸都是“精品”，用来呈现最有用的信息和最精彩的故事。

影响力：每期一个线下活动走近居民

社区报能否真正被居民接受并喜欢，是否提供了他们需要的内容是关键。为了扩大《张槎社区报》的影响力，从试刊第一期开始就采取线上线下联动的办法，在不同时期、为不同的受众设计不同的线下活动，走进社区、走进企业、走进学校、走进市民广场，拉近社区报与居民距离。

2014 年 8 月 1 日，《张槎社区报》第一期报纸出街之后，就马上启动了线下活动，我们与纯阳社区的“志愿服务”联手，打造了一场便民利民活动：现场为居民办理居住证、计生、地税等业务，同时还有义诊、义修、义剪、法律咨询、法规政策宣传等项目。在活动现场，开展了《张槎社区报》的推广活动——现场派发报纸、邀请市民参与“我要上头条”活动、填写调查问卷、征集市民记者等，让街坊认识了这份报纸。

在中秋节、环卫工人节等节日，我们也组织了多场线下活动，走进创意产业园，走进中山公园，邀请亲子家庭前来参与制作灯笼，邀请学生百米长卷描绘心目中的环卫工，社区报的知名度得到了进一步的提高。

我们还联合佛山市健康教育所、张槎宣传办和佛山电视台一起走进张槎文化广场，举办了健康大讲堂活动，医生用生动的讲解和演示提醒大家关注“肥胖”问题。现场还开设了各种健康咨询，参与的居民很踊跃。

线下活动是一种很好的沟通方式，记者和居民面对面，了解他们的需求，居民也可以把自己的想法第一时间告诉记者，能有效提高居民对社区报的黏性，从而形成社区报的公信力。到目前为止，我们已经举办了 15 场线下活动，《张槎社区报》的影响力也越来越大，每次线下活动结束时总有民众热心打听我们下一场活动在哪里举行。

亲和力：让普通居民成为报纸主角

为了庆祝“环卫工人节”，我们制作了一期张槎环卫工的专题，封面采用的是时代周刊常用的“脸谱”形式，把来自张槎街道智慧城市的管家、80后环卫工余慧搬上了封面，她青春淳朴无瑕的笑容感染了很多读者。后来在中国中小商业企业协会清洁行业分会等十余家行业协会共同发起的大型公益活动“寻找最美清洁工”的颁奖仪式上，余慧被评为“最美清洁工”，成为佛山市唯一获此殊荣的清洁工。

我们一直追求让普通居民成为我们报纸的主角，所以设置了《市民舞台》专版，每期一个人物，整版报道他们的故事，他们中有厨师、有书法爱好者、健身爱好者、舞蹈爱好者、热心志愿者……

让普通居民成为报纸主角还体现在让他们直接参与社区报内容的采写。我们在每个社区建立了通讯员队伍，请热心的市民给我们投稿。张槎江湾社区的陈碧清就是其中一位，她是一位热心社区建设的退休职工，每次社区老协举办什么活动，她都会把稿子写好然后用邮件发给我们的社区报编辑部。

我们在社区报上开辟了《文学/评论副刊》，刊登的全部都是居民读者的来稿，从《张槎社区报》试刊至今，这个版面已经收到980多篇文章，甚至许多外省的作者也给我们投稿。

尽管如此，我们觉得“居民主角化”的程度还是不够的，一份成功的社区报，必须坚持无以复加的本地化，必须不断强化人名人脸。

（《张槎社区报》主编助理　周金满）

/ 沟 / 通 / 你 / 我 / / 给 / 力 / 生 / 活 /

石灣社区报

2015年7月15日
星期三
农历乙未年五月三十

国内统一刊号：CN44-0167 试刊第四期 本期16版

9月底可以去逛半月岛湿地公园啦

有四季花海、湿地栈道，还有足球场和篮球场

▶ 10 城市升级

地铁2号线石梁站 17日起围蔽施工

魁奇一路施工沿线缩至5车道，金澜北、南路将隔断

道路改造及交通管理措施

1 施工期间金澜北路（魁奇一路至深宁路段）仅由南向北单向行驶，设置交通指示牌指引由东向西行驶车辆绕行金澜北路-深宁路-华远东路。

2 澜石大涌南侧辅道改为由西向东单向行驶，辅道路口进入辅道车辆禁止左转，封闭金澜南路通过河涌的桥梁，行人可通过。

3 在惠澜路路口处设置调头车道，惠澜路口跨澜石大涌桥梁设置为由北向南单向行驶。

4 围蔽区域南侧（河涌北侧）设置一条由西向东单行车道。

5 施工期间魁奇路禁止一切货车通行（持货车通行证除外）。

▶ 04~05 观察·聚焦

“市民之窗”下月起可缴纳交通罚款

来看看你家附近的行政服务中心有没有这台机

▶ 02 城讯通

创业有困惑 导师来帮你

▶ 03 工业4.0

奇槎一地块 拍出近九亿

▶ 08 小城大事

少年宫开课 给娃报名吧

▶ 09 和乐村居

美厨娘欣姐 教你做F1蛋糕

▶ 15 石湾美食

黎涌千年古井 育出两个状元

▶ 12 状元井

社区报爆料合作热线：13189654257 投稿邮箱：fsswsqb@163.com 封面责编：欧晓敬 美编：刘凯韬 技术：胡世铸

《石湾社区报》：一切努力只为让社区报对居民有用

石湾镇街道基本情况：

石湾镇街道位于禅城区东南部，东邻南海区，南望顺德区，西接张槎街道，北依祖庙街道，是佛山市中心城区的重要组成部分，也是禅城区委、区政府所在地。辖区面积26.62平方公里，下辖12个行政村、24个社区居委会，常住人口约30万人。辖区交通路网发达，季华路、魁奇路、佛山大道、岭南大道等佛山市内多条横跨东西、贯穿南北的城市主干道经过石湾，在营、在建、规划中的地铁1—6号线均覆盖石湾，魁奇路东延线二期工程建成后，石湾到广州南站只要15分钟。

石湾是中国十大魅力名镇，被称为“南国陶都”，享有“石湾瓦，甲天下”之美誉，辖区建筑陶瓷和不锈钢产业发达，东鹏、鹰牌等国内众多知名陶瓷企业总部都位于此，辖区内还拥有佛山澜石（国际）金属交易中心、普澜路不锈钢交易市场、东江龙有色金属物流中心等一大批不锈钢专业交易市场。2014年，石湾镇街道实现地区生产总值（GDP）412亿元，国、地两税收入49亿元。

《石湾社区报》编辑部情况：

2015年4月成立，记者2人，平均年龄30岁，均为大学本科以上学历。

作为佛山中心城区服务市民的一份报纸，《石湾社区报》在宣传好石湾街道中心工作的同时，将更多的版面、报道服务于辖区居民，成为服务性好、互动性强的一份报纸。目前已试刊8期，政府和居民的接受度比较高。

信息亲民：让阅读社区报成为一种期待

石湾镇街道除了拥有众多的产业，也有很多的中高档连片小区，居民文化素质较高，对信息的要求也比较挑剔，除了关注一般的新闻，更多的居民希望能看到一些身边的题材，多接触一些让自己有用的信息。《石湾社区报》试刊号，就推出了市民非常感兴趣的石湾美食地图，对辖区内的美食进行推荐。报纸出来后，效果非常好：王小姐是一位大学生，她致电本报记者说：“自己以前不知道石湾哪里有好吃的地方，看了社区报，逐个去尝了一遍，真的很不错。”收到读者的反馈后，小记者们的劲头更足了，之后又相继推出石湾特色美食鱼腐和美食达人欣姐教做卡通蛋糕的专题报道，受到众多读者的追捧，一些居民照着社区报上的制作步骤，在家做出了美味，并发给我们看。

每年夏天都是登革热的高发期，2014 年夏天，石湾曾出现登革热病例，为了让小区居民增强登革热防控知识，记者跟随卫计部门工作人员工作一天，全方位教市民如何防蚊灭蚊。东平社区海景蓝湾小区有 1000 多户住户，居住人口较为集中，记者先后 3 次到小区采访，报道哪些地方出现积水、居家防蚊灭蚊应注意哪些问题，并与社区工作人员一起派发相关药物，同时，开辟专版以轻松简洁的语言介绍一些居家防蚊灭蚊常识，深受小区居民喜欢。

试刊之初，很多居民不看社区报，也不知道社区报有什么好处，现在他们主动给我们提供线索，有的居民一期没收到报纸，还会打电话来咨询为什么迟迟不到。几个月下来，我们不仅培养了一批固定的读者群体，还组建了一支 10 多人的市民记者队伍。

为了不辜负读者对我们的期待，我们因此更加注重内容上的创新，相继开设了《生活服务》《法治生活》《和乐村居》《石湾影像》等多个生活服务“版面”，多角度、全方位服务市民生活，并针对社会上的热点问题，与居民开展讨论，将采访深入居民的日常生活中，使看报成为居民的一种习惯、一种期待。

真诚互动：只为对居民有用

试刊两期后，社区报有了自己的微信号“魅力石湾”，通过微信互动的方式，了解居民需要，并适时跟进报道。有居民在后台反映噪声扰民，社区报马上反馈给城管部门，进行定点排查，将扰民的噪声源消除。

很多居民反映，希望能开设专门版面，方便大家投稿。为满足居民的要求，社区报隔期开辟专版，刊登居民的来稿和摄影图片等，一些摄影机构和幼儿园纷纷找到我们，希望能与社区报合作，刊登他们会员和学生的作品。“我们幼儿园的小朋友很希望能上报纸，把自己可爱的作品展示出来。”佛山市卡尔加里幼儿园园长邱琼晖说道。9 月开学的那一期报纸，我们报道了幼儿园开学的情况，一些孩子的照片刊登在了社区报，这些孩子的家长都跟我们要报纸，说想将报纸收藏起来，这是孩子很珍贵的回忆。

总编辑李国臣在《石湾社区报》试刊以来就一再告诉我们，一份报纸的生命力，在于有用。有用，说起来很容易，但要真正做到却需要付出很多的努力。为此，我们在不断探索，用最大的诚意和居民进行互动。我们曾收到一位长者的来信，信中他提出了报纸需要改进的地方，我们改了；我们受邀参加三友社区重阳节敬老活动，与老人交流聊天，我们耐心倾听他们的生活点滴；我们曾组织红卫社区爱心学堂孩子、慈善组织、社区、家长一起座谈，了解背后的故事，为开展更多爱心公益活动积累经验……我们的诚意也让居民们感受到了莫大的温暖和尊重。

我们把居民的点滴生活都放在心上，落在版面上，融在活动里，因为我们是一份社区报，一份属于居民自己的报纸。

（《石湾社区报》记者　蒋波）

第八章

社区记者炼成记

社区报记者每天工作在最基层的社区和家庭，一个看似没有办法再低的平台，再怎么努力也将与高大上无缘。有彷徨，有焦虑，有怀疑，所以经常仰望星空，寻找存在的意义。在低头的一瞬间，身后的万家灯火照进心里，温暖顿生，前行的力量更加强大坚实。本章呈现的是《珠江时报》系列社区报记者的成长记录，酸甜苦辣，冷暖自知。

在社区报遇见更好的自己

2015 年，我 26 岁，在珠江时报社桂城社区周刊做记者。

父亲说我安恬文静，做老师比较适合我。父亲看到的只是我的表面，其实我的内心并没有表面看起来那么安定，我比任何一个人都更向往远方和自由。

很早以前我就憧憬“记者”这个职业，不是为了崇高的新闻理想，只是觉得它可以让我去陌生的地方，看陌生的风景，见陌生的人。地球这么大，“记者”可以让我行万里路，去和这颗星球好好聊聊。

当我真正从事了新闻行业，成为一名记者，才发现做记者并不只是可以去看陌生的风景和陌生的人，还可以记录生活、记录历史、记录社会的发展进程，一种使命感油然而生。我希望用我的文字，去记录每天发生的点点滴滴，用自己的方式参与到社会的发展进程中。

走，到社区去感受生活

记得 2014 年初到珠江时报报到的时候，领导本想安排我到新媒体部从事视频制作类工作，因为此前我在大洋网做过一年的节目访谈，有点经验。但我不想继续这样的工作节奏，于是我申请做社区报的跑线记者，就这样，我开始了在桂城社区周刊做记者的“旅程”。在此，要真诚感谢报社领导对我的成全。

之所以说是“旅程”，是因为在这近一年的时间里，我以记者的身份体会到了很多酸甜苦辣。当我走进一个又一个社区与居民沟通的时候，我发现原来社区中有这么多有趣的故事：桂三社区的堂叔 80 岁了还是一个摄影发烧友，且是“电脑控”，感觉与他聊 QQ 是一件十分“神奇”的事情，一个年过八旬的老人对生活如此热爱让我很受感动；桂三社区里还有一位坚强的母亲，她用自己发明的独特配方拉扯大“长短脚”儿子的艰辛与开心……社区的生活真实而生动，总让我想起一个词“热气腾腾”，我经常被社区里的这些平凡而伟大的居民而震撼而感动，我内心的能量被激活，我的灵魂也因此变得热气腾腾起来。

继续走，寻找美好的自己

2014 年，我接到了一个白血病患者家属的求助信息，我的第一反应是

“帮，必须要帮”，于是，我开始与家属联系，得知患者正在广州南方医院治疗，要了解具体的细节必须去医院跑一趟。那时我很抗拒去医院，因为我刚在医院里失去了我最亲的人，我没有勇气走进医院，但我很想帮这个患者，所以我必须克服自己的心理障碍。当走进医院，经过一个又一个隔离的无菌病房时，我觉得我都要虚脱了。最终，报道出来后，社会的爱心人士为患者募捐了不少善款，患者也渡过了危险。我内心的喜悦和快乐是从未有过的，我深刻体会到了记者的存在意义。

喜欢到处游走的我，还在周末把《桂城社区周刊》“寻找最美桂城”的系列主题活动承担了起来，领队兼记者兼服务员，身兼数职，带着市民记者玩得不亦乐乎，一年下来，我觉得自己得到了很大的成长。

就这样，带着愉悦的心情，做自己喜欢做的事情，我们必将会遇见更好的自己。与社区报的小伙伴们共勉。

（《桂城社区周刊》记者　李冬冬）

一个社区记者的四重身份

桂城，又名为“桂花飘香的城市”，南海的中心城区所在，历史文化悠久，临近一线城市广州，政务开明，商业发达。2009 年 10 月，《珠江时报》的第一份社区报就在这里创办。自《桂城社区周刊》创办以来，我一直担任社区报记者，至今已经 7 年。随着《桂城社区周刊》的发展，本人也不断成长，经历了一次次转型。我目前在社区报有着四重身份：社区记者、社区活动组织者、经营人员、微信维护人。

第一重身份：社区记者

社区报是一种新型媒体，它不报道国家大事和社会新闻，而是在特定的区域，报道这个区域里的邻里故事、公共服务等，以“邻里情，邻里事，邻里人”为关注点，它的生命力在于最本地的社区故事、社区新闻和最贴心的社区服务，这就需要社区记者穿街走巷，走进小区，走进居民的家庭中，去寻找、去发现。这些最鲜活、最有生活气息、最有人情味的故事和新闻在互联网上是很难找到的。

自《桂城社区周刊》创办以来，我们编辑部的几个记者就分别跑桂城不同的社区。别的媒体的记者经常去政府部门采访，我们却经常驻扎在各社区居委会、小区的物业管理处和居民的家中。

《桂城社区周刊》创办比较早，各社区居委会和小区的居民对这份报纸接受度比较高，作为社区报记者的我们因此也受到了小区居民的欢迎。六年来，我走进了很多不同的社区家庭采访，采访到了大量鲜活的社区人物和感人的社区故事，譬如怡翠玫瑰小区业主们举办的温馨的包饺子活动；叠二社区的弱视女孩，她妈妈对她的苦心栽培，以及邻居们给予女孩的无私关爱等。

有意思的是，除了地方政府和社区居民，本地的媒体同行也十分关注我们这份社区小报，佛山的电台、电视台，还有其他纸媒，经常从社区报上找到我们做过的社区报道，请我们帮他们联系这些报道中的主人公。

更有意思的是，作为社区报记者，我们经常有幸去见证一个社区人物的成长。譬如，我 6 年前报道过的弱视女孩，她当时只有 9 岁，虽然看不清东西，却在街坊邻里的帮助下学会了攀岩、游泳、裁缝，甚至还开了一场个人专属的音乐会，连当时的市长都来参加了。她的整个成长过程，我一直在跟踪报道，并通过报道为她提供各项帮助。我和女孩的妈妈也成为很好的朋友，每当有其他媒体要采访这个女孩时，她妈妈都请我来当女孩的“新闻代言人”，向媒体介绍这个女孩的情况。

7 年来，在我跑的社区里，我认识了很多很多朋友，这让我更加热爱桂城，更加热爱桂城社区周刊社区记者这样一个身份。

第二重身份：社区活动组织者

社区报的互动性很强，我们并不像别的媒体记者那样，只是旁观和报道，我们不仅要参与到居民的社区生活中，还要主动策划组织活动。《桂城社区周刊》创刊 7 年来，我们已经数不清策划组织了多少场社区活动，策划组织活动已经成为《桂城社区周刊》的常态，我们对于活动的组织也已经得心应手。这要感谢我们的李国臣总编辑，从社区报创办开始，他就鼓励我们社区报记者一定要多策划和主导社区活动。我们几个记者轮流“坐庄”，每人每周主导策划一场社区活动，其他记者配合。我们策划组织过的活动包括厨艺大赛、相亲活动、歌唱比赛等。

我们也经常为需要帮助的居民做一些募捐活动。我曾主持过一个叫《小鱼工作室》的栏目，里面刊登的是关于居民互助的信息。有个居民的妻子生孩子大出血缺医药费，求助信息刊登后，有位读者打来电话跟我们确认，然后往求助者账号打入了 1 万元。款项打入时，求助者的妻子已经不幸去世，所以求助者想把款项退回去，捐助者却仍然坚持捐助，说希望能帮助这个家庭。因为我们的活动和我们的报道，很多小区居民之间也成了朋友，大家邻里守望，互帮互助，共同传递正能量。

第三重身份：经营人员

我在社区报开发的第一个商业类广告是佛山市第二人民医院口腔科，当时我主动找到时任口腔科主任的施亮医生（现在已经退休），施主任被我的诚意打动，尝试性投了广告，没想到广告效果很好，口腔科的电话响个不停。我依然清晰记得当时施主任那惊喜的表情：“余记者，没想到你们小小的社区报，威力这么大!”这为我以后做社区报商业类广告带来了很大的信心。我将商业开发与策划组织社区活动结合起来，效果很好。《桂城社区周刊》的商业客户从社区的小商户逐渐升级到当地的大商场、大企业等，每年的广告额都比较稳定。

第四重身份：微信维护人

2014 年开始，微信已经十分盛行，每个人都可以成为自媒体。每天打开手机，都能看到大量的新闻和服务的资讯。这对传统纸媒的经营产生了一定影响，有些社区报广告商家跟我们反映在报纸上做广告，广告效果没以前好了。所以我们开始考虑新的转型。

我们开办了《桂城社区周刊》微信公众号，但起初运营十分惨淡，只有300多人的阅读量。我们做了各种增加粉丝的尝试，譬如从商家那里置换按摩、艾灸、体检、午餐等各种体验券，发动粉丝们来限时抢。但我们发现，用这种方式“增粉”速度比较缓慢。因为是免费的活动，所以很多读者就经常不来，反正也不心疼，每次能有50%的人参加就不错了。倒是一些需要收取一定费用的类公益性的活动，读者们往往会准时参加。譬如2015年4月，我们组织了170人到西樵的森林假日学校野炊，整个活动从策划到成行，只花了5天，读者们对这类收费很低的类公益性活动很满意，赞助商家虽然不能从中直接赚到利润，但他们赚到了人气和口碑。我们的社区报也因为这些活动增加了大量的粉丝，实现了三方共赢。

我们的活动开始从报纸走到微信，从最初的纯免费、纯公益，到如今的低价公益收费，效果越来越好。我们现在正在探索一条“以微信养微信”的路径，将微信作为《桂城社区周刊》的一个品牌进行经营，而不是作为报纸的附属品。

从社区记者，到活动组织者、经营人员和微信维护人，我目前有了这四重身份，随着社区报的成长，我相信以后还有更多的身份和角色，因为在社区报做记者，有无限可能。

（《桂城社区周刊》记者　余晖）

在社区邻里之间享受自己的生活

还记得当初在报社面试时，我并没有说想在珠江时报社南海中心或者禅城中心当编辑，而是毫不犹豫地说：“我想进社区报。”经过一年多的历练，现在回想起来，越发觉得当时的决定十分正确。我为什么会这么说？下面且听我一一道来。

多个朋友就是多个帮手

刚刚踏出校园的小鲜肉往往有着改变世界的万丈豪情，我也不例外。但社区报让我懂得，比起虚有其表的泛泛而谈，脚踏实地回归生活更加难能可贵。

进入报社后，我被分配到罗村《孝德社区周刊》，而此之前，我对罗村一无所知。怀着忐忑的心情投入工作，最初分配给我的是沙坑、朗沙、白沙桥以及罗村社区 4 个区域，我需要迅速熟悉一个又一个陌生的社区，与工作人员成为朋友，这样才能更好地投入工作。

印象比较深刻的是白沙桥社区通讯员刘日心。由于白沙桥此前隶属于狮山，2014 年才与另外 3 个社区一同划分到罗村，所以对于《孝德社区周刊》来说是个新加入的成员。记得第一次去白沙桥采访便是做刘日心的人物专访，报道出来后，她向我抱怨说照片拍得不好，被很多同事笑话了，我则打趣地说：“下次有活动再叫我，帮你拍好点。”就这样，很快有了接下来的采访机会。

可能由于年龄相仿，我与刘日心很快成为朋友，我们除了工作外，还会聊很多话题。而在这些谈话中，我也从她这个土生土长的白沙桥人中完全熟悉了这个社区。通过她的引荐，我也与社区领导熟络了起来。类似的故事同样发生在我负责的其他几个社区中，我体会到了，多认识朋友，会让工作更加得心应手。

说好社区里的故事很重要

沙坑社区曾经一度与社区报保持“失联”的状态，我也误以为这个社区对我们有所排斥，直到一篇报道后才发现事情并不是我想的那样。“你的文笔很不错，对我们社区的那篇报道写得很好，要是早点认识你就好了。”这是沙坑社区妇女主任潘雪芬对我的评价。原来，沙坑社区一直想联系我们报道社区活动，只是由于各种原因没有对接上，直到我主动到社区进行询问与采访。

那是一篇关于沙坑社区游园会的报道，由于参加人数远远超出计划，社区事先准备的礼物不够用了，没有拿到礼物的居民开始吵闹起来，现场一度出现混乱。面对这种情况，社区工作人员只得临时购买礼物派发给居民。活动结束后，工作人员觉得十分不好意思，也很担心我的报道会流产。

在动笔写报道前我开始构思，我把报道的着重点放在了社区对游园会活动的前期准备和设计上，也详细讲解了社区如何应对场面混乱等突发情况，对于现场居民的骚乱只是略微提及。经过巧妙处理，同样的事实可以传递不同的能量。正能量是我们最应关注的。

同样的，在多次报道朗沙社区的活动后，许多朗沙的居民开始以登上社区报为荣。在重阳节的一期封面策划里，由于朗沙社区活动内容不够新颖，时间上也有冲突，所以在版面上没有得到呈现，而沙坑、联和、乐安等社区活动得到了报道。事后有许多朗沙社区的居民找到我表达了遗憾，希望我以后能多多报道朗沙的活动，这样他们也会更加爱看社区报。

社区里洋溢着浓浓的人情味

其实除了社区活动，我还通过篮球赛、足球赛、乒乓球协会等体育赛事，认识到了一大群小伙伴。有一次，罗村乒协代表罗村征战佛山乒乓球联赛，战胜了无数个强队，获得冠军，我对这件事进行了深度采访和大篇幅的报道。罗村乒协的成员们看到后非常开心，还盛情邀请我参加他们的聚会——在朗沙社区进行烧烤聚餐。

在足球方面的报道中，我与南海足协秘书长黄家全成为“老友”，与致力民间足球发展的“老男孩”甘浩维成为哥们。还记得每当我去到罗村中心小学，球场上的小球员们会笑着对我说，记者哥哥又来看他们踢球了；还记得每当我去罗村乒协的训练球室，队员们都会热情地给我拿饮料；还记得每当我去社区里采访老人，他们都会拉着我激动地说着故事，恨不得把知道的都告诉我……

说到这，还得说说同样奋斗在罗村的其他几位小伙伴。一直像个大姐姐的展虹，严厉却教会我许多东西的晓丹，可以无话不说的章淼，时而正经时而搞怪的小龙，还有可爱的德哥，如长辈般帮助我成长的赵会端主任……

回想起工作以及生活上这一幕幕有爱的画面，心里都是满满的感动。其实做社区记者，不应该当成一份工作，而是要用享受生活的态度，行走于社区邻里之间，认真记录下所见、所闻、所感、所爱。

（罗村《孝德社区周刊》记者　曾宪天）

帮办服务切忌用感情代替事实

我觉得我的性格和社区报的“生活帮办”定位具有天然的契合度：当年我在罗村《孝德社区周刊》做的第一个重要报道就是一个帮办稿；调到《狮山树本周报》后，第一个独立完成的主稿也是帮办稿。我很享受这样的帮办服务。为居民跑腿解忧是我们每个社区记者应尽的责任，也是社区报存在的价值之一，我希望通过分享我的一些体会，给社区报的“新人们”提供一些借鉴。

在做帮办时，经常会感到情感和理智的激烈冲突。感情上很想这样做，但理性上不能这么做，于是会产生一种无力感。这种无力感不是说遇到问题相关部门推诿不解决，而是完全不知道该怎么帮，毕竟我们的阅历我们的经验我们对人性的观照太少。

记得在一个炎热的下午，我突然接到一个商店租户的电话，说狮山小塘市场的店铺租户们在投标会上被骗了，眼看着店保不住了，希望我们能设法帮帮忙。听到后，我马上赶到小塘市场附近和这位租户见面，除了他之外，现场还聚集了约20个租户，他们把我围在中间，开始七嘴八舌地说起来。

原来，这些人租小塘市场的店铺已经很长时间，前段时间市场方面提出要开投标会，为了能继续租用自己已经营多年的店铺，商户们决定参加招标会，为此每户交了1万元的担保金作“入场费”。投标会以店铺月租竞投，价高者得。原来市场店铺的月租金平均1000元左右，然而招标会上，开始竞标的第1号商铺，竟然被开出了2万元的高价，也就是说每月租金高达2万元。全场哗然，后来导致其他租户恐慌性竞投，最终其他店铺的月租也被提高到了三四千元。

按照投标协议规定，在这次竞投中投得店铺的租户，需要在规定时间内，向市场先交1年的租金，否则将扣掉1万元的担保。现在眼看交租日期临近，租户们既拿不出租金，又舍不得那1万元担保费，更重要的是他们怀疑有人与市场串标，故意抬高成交价，所以希望媒体介入。

我真的是打心里同情这些租户，我刚开始的直觉也是无良市场密谋串标夺店。作为“给力生活”的社区报记者，这个时候不出手什么时候出手？我同时也做好了对方会阻止采访的各种应对准备，但没想到的是采访过程出乎意外地顺利。市场方说，投标协议白纸黑字写得很清楚，价格

1000 元起步上不封顶，价高者得，租户们自己也签字同意了，没人逼他们出高价，而且在场的工商监督人员也可以证实投标没有任何违规。说串标，证据在哪里？

我采访那个一开始就出价每月 2 万元的竞标租户，问他为什么出这么高价，他的回答让我啼笑皆非：“投标会前有人说要出 1 万元顶了我的店，我很生气，干脆在投标时出 2 万元。其实我根本租不起这么贵的店，我也拿不出一年的租金，所以店我也不要了，至于要扣的那 1 万元，就当自己去了趟旅游算了。”我完全无语，不知道该怎么说了。

尽管我一直很努力地想帮助这些租户，苦心经营了几年甚至十几年的店铺，一个竞标会就让租金高了好几倍，对于这种小本经营的租户来说确实是很难承受。我试图去找出问题的症结，却一无所获，因为确实是大家自愿竞价的。我唯一能够做的就是把各方的观点如实写进报道里呈现出来。这让我有深深的挫败感，作为记者我还能干什么？但后来在写报道的过程中，我突然明白了一个道理，所谓事情的真相不是我们所想象的那么简单，听一方的意见貌似很有道理，但平衡起来听就不是这么一回事了。所谓“偏听则暗，兼听则明”，说的就是这个道理吧。

帮办记者经常跟社会的弱势群体打交道，我们要帮助他们，但我们不能先入为主，用情感去代替事实。情感上我们可以同情他们，但一定不能用同情去改变事实。所以任何时候，我们都需要先弄清楚事实，平衡好双方的观点。要明辨，还要兼听。我也是从社区报的新人变成老人的，做新人时，经常一腔热血，想要“铁肩担道义，辣手著文章”，这种理想弥足珍贵，但现实操作时，不能光凭感情冲动而罔顾事实，不然我们的帮办就是对这一方的帮，却是对另一方的恶，用好心帮成了坏事。

（《狮山树本周报》记者　郭炜）

以社区报记者的身份温暖前行

怀着对记者这个职业的热爱，也凭借心口一个“勇”字，我就这样离开象牙塔闯进了新闻界。虽然，这两年多的时间里，我还一直在与“记者”这个职业磨合，但我无悔当初的选择。因为，我坚信热爱是一种力量，有了这种力量，一切的困难都能战胜。

焦虑与压抑，我离开了电视台

不停地在案发地、医院和警察局之间奔走，不停地寻找各种目击者和当事人，从他们的只言碎语中试图拼凑出真相。血淋淋的受害者、戴口罩的白大褂、红蓝光闪烁的警灯……重重影像在梦境中闪过。又是一夜惊梦。睁眼，天光暗沉，摸手机看时间，凌晨3：58。在接到让我谈谈当社区报记者的感受的任务时，我一度又回想起了2013年在电视台当记者的经历，百感交集。

2013年，我第一次出现在电视荧屏上。荧屏上的我，拿着麦克风出现在各个新闻现场，我当时做的是一档社会民生新闻节目，经常报道偷窃、枪杀、跳楼等新闻。每天接触社会的黑暗面，慢慢地让我心中充满了焦虑和压抑。出门在外很紧张很警惕，生怕身边就有坏人，回到家第一时间就是反锁门，每天神经绷得很紧很紧。因为觉得无法承受，我最后还是选择了离开电视台。

温暖而有力，我选择了社区报

“述说街坊的家长里短，镇街的发展故事，从小区的跳蚤市场，到大型户外论坛…… 如果你有个本科的小本本，有颗坚毅的心，来吧。”这是我当时在微博上看到的《珠江时报》系列社区报的招聘信息。虽然那时我并不知道什么是社区报，但我被“述说街坊的家里长短”这些字眼吸引住了，心里猜测这应该是一份温暖人心的报纸，而我需要温暖。于是我参加了应聘，最后如愿当上了社区报记者，成为九江社区报团队的一员。

“沟通你我，给力生活，社区报要成为居民家中的好帮手。”珠江时报总编辑李国臣来到九江社区报了解社区报运营情况时，谈到了社区报的办报理念。李总的这句话印证了我当时对社区报的猜测：社区报是一份温暖的报纸。

2014年，南海区慈善会与珠江时报《梦之声》栏目，通过社区报微信平台，收集每个镇（街）的微心愿，并组织各方爱心人士帮助困难家庭实现心愿。其中，九江镇收集了26个微心愿并在九江公信的微信号上发布。随后，社区报记者的电话就响个不停，打不通电话的市民甚至来到九江社区报编辑部咨询如何认领微心愿，去帮助有需要的人。热心市民胡小姐通过九江公信了解到困难家庭的信息后，立即认领了一个需要电饭煲和半自动洗衣机的心愿。由于胡小姐居住在加拿大，无法亲自去探访困难家庭并亲手送去“至善礼包”。后来胡小姐通过一位广州朋友的帮助网购了一台洗衣机，在她的感染下，这位广州朋友也认领了微心愿中的另一样物品电饭煲，并通过快递寄到了九江。这样的温暖让我如沐春风，我真是无比喜欢和感谢这些热心市民。

收集齐热心市民的“至善礼包”后，却苦于没有车无法一一送到困难家庭手中。2015年1月14日21点30分，我通过九江公信发出爱心征集令“诚征爱心司机派发‘至善礼包’!”。22点不到，水南社区的何家雄就连发两条信息联系我，主动应征爱心司机。派发完“至善礼包”后，家雄再次发信息给我：“以后有什么需要帮忙的，尽管联系我!”

这整个过程，我深深地感受到社区报的价值所在。社区报是温暖的，它时刻关心街坊起居饮食，时刻为街坊解读政府制定的政策，时刻为街坊排忧解难。社区报是有力的，它搭建一个政府与市民沟通的桥梁，它牵线搭桥让需要帮助的人和有能力的人对接起来。如今，我在一份温暖而有力的报纸中当一名记者，愿在这过程中我也能成为一个温暖而有力的人。

（《九江社区报》记者　胡嘉仪）

感受奇妙的社区关系网

接到任务说要写写当社区报记者的感想时，我的内心百感交集，因为有太多的话想说，以至于一直不知道以怎样的逻辑说更好。最后想了想，还是应该要从我对记者这个职业最初的向往说起。做一份与文字相关的工作，曾经是我的梦想。然而长大的我，没有考取自己想要的中文专业，而是被分配修读了社会工作，后来又听从家人的建议修读了国际贸易。无论是社会学还是经济学，命运的安排似乎都与文字相去甚远，我一度以为，这个梦不可能实现了，然而社区报给了我机会。一年前通过面试的我怀着满心的雀跃开始了在社区报的旅途。

挺过艰难的转行阵痛期

想象中文字记者的工作是这样的，就是采访写稿，每天只需为了挖更好的题，写更好的稿件而努力。但来到社区报后才发现，这完全就是个“奢望”，因为你每周的工作除了采访写稿，还要组织策划活动。而作为公信君的我，每天还要进行社区报微信公众平台“里水公信”的日常更新和维护。

因为没有相关的专业背景，毕业后从事的工作又与媒体风马牛不相及，所以刚刚转行来到里水时，我经历了非常艰难的阵痛期。一名初来乍到的新里水人，对里水的地域、文化完全不了解，也没有任何的亲戚朋友，一开始对部门工作了解也不深入，可想而知压力很大。那时候每周最怕的就是主编菊姐追着我问：“丽，又要报题啦！这期有什么题报?”“怎么报的题这么少?”“这个题先列个提纲给我。”“这样写不够深入，改完再发给我。”……

每周报题跟交稿时，压力就像无头苍蝇一样嗡嗡嗡围着我转，那时休息也不好，试过改稿到凌晨三四点，也试过因为压力太大而连续整个星期都睡不好觉。好在不轻易认输的性格和毕业后从事社工工作时练就的厚脸皮让我坚持了下来。

感受奇妙的社区关系网

入职培训时，李国臣总编辑给我们上了一堂课，讲的是关于社区报应该以服务街坊为宗旨。新闻取材于市井，因为街坊往往是社区新闻的第一发现者，在与街坊的接触过程中你会认识更多人，建立属于你自己的社区关系网络，从而掌握更多的社区新闻。而我第一次感受到社区关系网的奇妙，是在2014年6月份。

2014年广东省高考作文的题目是“胶片时代与数码时代”，题目公布时我正坐在公车上准备赶往办公室开报题会，当时我习惯性地刷着微博，看到题目的一刹那我便“毅然”决定用这个作文题目来做落地里水的专题。而当时之所以“毅然”，是因为处于转行阵痛期的我冥思苦想了一个晚上仍找不到好的选题。

然而愉快地报完题后，我很快陷入焦虑。当时的我只认识一个开影楼的年轻人，问过之后他说他接触摄影就已经是数码时代了。那问题来了，去哪找玩过胶片的老一辈发烧友？里水本地人基本不认识，所以我只能通过我加入的里水QQ群，直接在群上问，终于找到了一个，却不是里水镇的，而是大沥镇的。最后实在没办法了，我只能上街逐家找影楼问。现在想想当时真的非常幸运，因为我上街后问的第一家照相馆的老板他爸正是在里水开第一家照相馆的人，专题自然而然做出来了。而通过老板我了解了很多里水老城区的故事，后来还做了里水旧通津街的报道。

初次尝到社区关系网的甜头后，我便经常以这种方式采访，而做社区新闻，不要单纯地把采访对象当采访对象，更合适的方式是，可以把他发展成为朋友，偶尔见面海聊，总能从他口中获知很多新鲜的资讯。这种方式同样适用于微信平台的维护，在面对主动发来投诉或分享新鲜事物的街坊，公信君要更平易近人地跟他们交流，在“里水公信”平台有一批街坊便是这样被发展成了忠实粉丝，而通过他们的分享，我也做成了“在里水遭遇家暴如何求助”等专题。

坚持是因为坚持下去有意义

活动策划、微信维护、采访写稿一肩挑，作为一名基层社区报记者，很多压力是外人想象不到的。试过通宵写稿，试过为了搞活动而疲于奔命，也试过为了提高公信的关注度而绞尽脑汁……有时候压力是逼迫自己成长的动力，但如果长时间处于高压的情况下，人很容易会产生倦怠，也会开始犹豫自己应不应该坚持下去。而这时，你工作收到的一些效果会出乎意料地给你动力。

2015年1月底，我帮里水鲁岗村一名没钱动手术的地贫儿做了求助报道，报道在微信推出后得到许多人的关注，而且关注度出乎意料地持续了数月，截至目前已帮孩子筹到了10多万元。这对记者来说，只是再普通不过的工作，却给一个无助的家庭带去了希望，有时候想想，这不就是做记者的意义吗？所以犹豫迷茫往往只是暂时的，而选择坚持是因为这意义成为了坚持下去的动力。

（《里水社区报》记者　林丽纯）

我在社区报踏实地爱着故土

2013 年 8 月 20 日，那是个炎炎夏日，我递交了辞职申请，拖着行李箱从广州回到家乡西樵，结束了我毕业后的第一份工作。当时，家人和朋友都不理解，为什么要放弃做电视新闻转为做被称为“夕阳行业”的传统纸媒？

其实对于这个问题，那时候的我并没有找到十分明确的答案。那段时间每天生活在广州，上下班搭乘公交穿梭在人海，我常常望着窗外，我很想记住这些林立的高楼是什么地方，但我始终记不住。这座工作了大半年的城市，对我来说始终如此陌生。我却经常想起故乡的那座大山——西樵山，那山上的一草一木经常清晰地出现在我脑海。我于是想遵循自己的内心回到生我养我的故土——西樵。

命运在这个时候呈现了如此好的机缘，当时西樵镇政府和珠江时报社创办《樵山社区报》，让我有了回到故土继续实现记者梦的机会。

社区报新闻的采写模式，与电视台和传统报纸有很大的不一样，很多时候它不像是去工作，更像是去走亲访友。譬如，当我做《石马街老街坊相约回乡看“孖井”》的报道时，与其说是去做一场采访，倒不如说我是去参加一场联谊会。我跟着石马街的一班老街坊重走老街，我们在孖井合照留念，我们在茶话会上细忆旧时趣事。这样的采访经历有别于过往，有温度有亲情很温暖。我不是作为一个记者，而是作为一个小乡亲、一个朋友融入他们，对他们的心情、他们的情感感同身受。

除了采写模式的不同外，社区报记者身兼数职、纷繁多样的工作任务也让我切实感受到了社区报与传统报纸的大不一样。我和社区报编辑部的小伙伴经常开玩笑说，社区报的记者都是复合型人才，身兼记者、行政管理、活动策划、广告经营等职。因为社区报的根本使命不是宣传，而是做服务，我们不能只是躲在办公室里写稿，脱离居民的生活。我们必须通过举办大量的活动去融入社区，去和街坊互动，这是我们做好服务的最好路径和方法。

2014 年，我们在微信开设了《梦之声》栏目，发起了帮助困难家庭实现微愿望的活动。单亲妈妈收到了饮水机，年近九旬的婆婆收到了豆浆机，行动不便的老伯收到了坐便器……看着身边一个个陌生的家庭，因为我们策划的这个公益活动而连接在了一起，有的成为快乐的施善者，有的成为感动的受益者，彼此珍惜，彼此感恩，让我的心在故土上变得如此踏实而满足。

交流信息、整合资源、树立榜样、传播慈善理念，通过不断地举办活动，《樵山社区报》的影响力日渐提升，慢慢地构建起了一个熟人社区。身边的街坊不再单纯是读者、旁观者，他们愿意加入我们的队伍成为我们中的一员，一起去关心身边人、身边事，努力为西樵的发展建言献策。

当经历着这些变化时，突然有一天，我明白了当年为什么我要从国际大都市出走，选择回到故土来当一名社区报记者。我之所以想成为一名社区报记者，并不是渴望能写出多么伟大的报道，我渴望的是能和我身边不同身份的受访者进行真挚交流，聆听他们的故事，然后通过我的报道，让我们生活的故土更美好、更温暖、更积极向上。

我很喜欢艾青的一句诗："为什么我的眼里常含泪水？因为我对这土地爱得深沉。"作为一个土生土长的西樵人，虽然我尚年轻，但我是如此地爱着这里的一草一木一人一事。现在每天在社区报这个平台上，我用自己的努力踏实着我对这片故土的热爱。我相信，只要我们每个人都尽自己的能力去为故乡做点什么，我们的故乡就会变得更美好。

（西樵《樵山社区报》记者　何绮玲）

我是社区“讲古人”

2013 年 7 月，我走进《珠江时报》社区报编辑部，开始了自己的社区报记者生涯，至今已有两年多的时间，感触良多，始终没有改变的是对社区报的喜爱。

用一颗好奇心讲好身边事

2013 年 7 月 16 日，阳光灿烂。我依然清晰记得，我被《珠江时报》录用并安排到社区报工作。长久以来，当一名记者一直是我的梦想，这一天除了有实现梦想的兴奋外，更多的是对社区报这个新鲜事物的好奇。同年 10 月，我被安排到新试刊的南海区西樵镇《樵山社区报》。初到樵山的我，就像刚落地的娃娃，很是懵懂茫然。比如，什么样的版面才具可读性？对口接线的人应该找谁？新闻写作应该怎么写才有社区味？面对这些问题，我和《樵山社区报》的同事们做了多次尝试。参考已创办的其他社区报的版面设置，并因地制宜，凭借西樵山这座“珠江文明的灯塔”开设了“文化西樵”的版面，让《樵山社区报》因此与众不同，同时学会了用俏皮灵动的文字进行新闻写作，选题上也尽量贴近社区，并尽量让更多的社区居民在报纸露脸。

一开始，繁重的采写工作几乎要吞噬我对记者这个行业的热情，但每一次采访给我带来的新的发现又让我坚持了下来。记录西樵历史文化名村简村的往昔时，从村民的描述中，我深切地感受到当地人的文化自觉；去采写西樵山水豆腐花的制作过程时，才发现石磨与力度的掌控原来是一门接近艺术的学问；去探访非遗竹织雨帽的传承人时，非遗的式微让我很是揪心，也很想为非遗做点什么……

在每个平凡的社区里，每天都有很多不平凡的事情发生，尽管至今我当记者已经两年多，对西樵越来越熟悉，但我还是葆有一颗强烈的好奇心去发现身边的“故事”，并把这些有意思好玩的故事，用文字形式讲给读者听。

所以我觉得社区报记者并非传统意义上的记者，而是一名社区的“讲古人”。它少了大报的严肃板正，更多的是在讲故事，而这些故事就发生在你我这些普通人的身边。

创新活动丰富版面

2014 年 1 月，《樵山社区报》正式创刊，以每期 5 万份的发行量，覆盖了西樵镇 32 个村居单位，成为西樵本土发行量最大、覆盖密度最大的一份报纸。如何才能让居民真正认识并喜欢上这份报纸呢？一年时间里，我们启动了 10 多场大大小小的社区活动，让市民走进樵山社区报，并形成了活动品牌，吸引了很多忠实粉丝。

社区活动多了，居民也会产生审美疲劳，所以我们又对活动进行创新，譬如我们根据西樵镇本地合作单位的特点对系列社区报的品牌活动“市民议事厅”进行了创新。在与南海区第四人民医院合作的一期主题为《医患同心　携手同行》的“市民议事厅”活动里，我们让市民跟随医护人员进入各个科室，拍摄医生与护士工作状态的图片，并制作成视频，展现医护人员的责任心与工作忙碌情况。在“市民议事厅”活动当天，让走进科室摄影的市民讲述内心的感受，拉近与医护人员之间的关系。在这一期的“市民议事厅”活动里，除了议事发言，还增加了小品展演、医患互写心里话等环节，赢得了市民与合作单位的点赞。

我们还与教育行业合作了一场很特别的活动——开学第一课学生当“先生”活动，在一个班级里选了 5 名学生来当老师，从备课、做 PPT、上课、批改作业到上台给学生上课，并担任班主任角色，想办法去解决逃学学生的问题。学生当“先生”活动，让学生体验到了老师的不容易，从而学会了换位思考。活动最后，我们让这 5 名小老师走进菜市场为老师们买菜做饭，师生同桌聚餐，场面温馨感人，效果很好。

2014 年，樵山社区报组织了重走桑基鱼塘、周年 party、开学第一课学生当“先生”、“市民议事厅”等 10 多场活动，系列活动一方面让版面内容更加丰富可读，另一方面切实拉近了读者与报纸的距离。

品牌栏目发掘当地文化

西樵是南海区一个有着深厚文化底蕴的镇，全国有名的 5A 级风景区西樵山就在这里，西樵山被称为“珠江文明的灯塔”，山上有全国最高的观音坐像。所以《樵山社区报》开创之初，就特别为文化西樵定制了一个栏目《发现西樵》，目的是让本地人通过这个栏目，了解西樵的历史文化、民风民俗等。李国臣总编辑在给社区报记者培训时讲到，社区报是一张文化纸，发掘好本地文化并进行引领是社区报的重要功能之一，《发现西樵》就是进行文化引领的一个栏目。

一年多的时间，《发现西樵》走遍了西樵镇的 32 个村居，记录了每个村的开村历史、名人轶事、村落风貌、特殊民俗以及村中趣事。写法上以

“口述历史”的方式操作，请老村长、村民以及当地的文化人士进行讲述，让本地人讲述本地故事。《发现西樵》已经成为《樵山社区报》一个拥有广泛群众基础的品牌栏目。

社区报记者要学会自我成长

社区报记者每天与社区里的普通居民打交道，工作生活在一起，“高大上”基本与我们无缘。另一方面，《樵山社区报》编辑部离报社总部也比较远，相关的培训讲座没法经常去参加，所以业务上、心理上学会自我成长显得尤为关键。在见习记者期间，我养成了剪报的习惯，把阅读过的觉得写得好的文章剪下来，反复阅读，分析它的行文结构、遣词造句，通过借鉴为己所用。我也经常对各家媒体的同题材报道进行对比，分析这些记者的切入点、关注点有什么不同，然后自我提问，如果是我去写我会怎么切入怎么行文。经过一年多这样的代入性思考学习，我发现自己在遣词造句上有了明显的进步。

（《樵山社区报》记者　何惠健）

在社区报做一个“高富帅”

父亲有个小本子，那是一本通红的小本子，发证日期是1984年9月1日，发证机关是当时的南海县广播电视局，上面还印有“002”的字样。没错，这是一本记者证，父亲是全南海第二名记者。从小到大，我就生活在一个传媒氛围浓厚的大院里。

但万万没想到，我会成为一名“记二代”。

我大学的专业是法学，毕业后的第一份工作是活动策划，既与法律不沾边，又跟传媒无关联。后来进入顺丰公司从事企业文化推广，但依然没有想过，有一天会沿着父亲的轨迹，选择如今的职业——社区报记者，一个每天工作在最基层社区和家庭的工种。

其实，被一个“传媒父亲”熏陶了这么多年，多多少少都知道记者行当在这些年的改变。“以前是无冕之王，现在也就那样。”这是父亲的原话。他说，即使这样，传媒业仍是年轻人应该尝试的三个行业之一，另外两个是保险和导游。“尤其是记者，它能让你把世界看得更清楚。”

抱着对父亲的信任和对记者的好奇，我成了一名社区报记者。这里有个小插曲，我通过面试的第一天，上面领导问我，愿意在主报还是到社区报？一开始，我是不太了解两者的具体工作内容，但我知道社区报更贴近居民群众，所以选择了它。因为这些年，我一直与基层打交道，不管是做活动策划时和工人说段子，还是做企业文化时与快递员谈心。可以说，扎根基层是我比较擅长的地方。

丹灶是一个以生态著称的城市，经济、商业相对没中心城区发达，这里的人淳朴、善良，每次到居民家里采访，对方都喜欢留你用餐。说实话，在这个环境下工作，你有时会体验到20世纪50年代“上山下乡”的感觉。

刚刚进入丹灶社区报时，报纸才试刊了一个月，一切还处在适应阶段。等记者配齐后，大家开始分线，除了相关行政部门，我还须对接丹灶北边的所有社区，按北方话讲，我成了一名“北片儿长”。对于一个刚刚入行的“菜鸟”而言，这无疑是极大的考验。

考验首先体现在交通上。丹灶140多平方公里，从我工作的地方到离我最远的社区，来回就得30公里，没有任何公交直达，所以我的交通工具从一开始的小汽车，变成现在的摩托车。其次体现在居委会的宣传意识上。正常来说，居委会是社区报记者的重要消息来源，绝大部分好的稿件素材都需要它们提供，但在丹灶，由于农村社区的宣传意识相对薄弱，素材搜集工作相当困难。

种种考验都表现出，在这里当一名社区报记者绝不是一件轻松事儿。但此时，我最擅长的部分——扎根基层发挥作用了。很多记者也许认为，扎根基层就是与居民打交道，但在我眼中，扎根基层是与居民做朋友。前者往往流于表面，后者才是深入民心。

简单来说，每次到基层采访，我都不会纯粹停留在“你问我答”上，而是主动去结交对方，交换微信，在微信上互动。一年来，我与居民一起参加过歌唱比赛，跟他们学过太极和书法，和他们在大排档喝醉过……逐步融入当地的我，在工作上也开始得心应手，许多居民经常主动打给我“报料”，让我的素材来源渠道越来越广。

所以我知道，我不能将记者当成一种职业，而是要把它当成一个“人”，一个“高富帅”的“人”。“富”是指富有热情和爱心，“帅”是指积极阳光，而1.83米的我，正努力成为这样的一个人——以阳光的面孔和热情的沟通，成为当地居民的好帮手。

也许，每次采访我们都须驱车数十公里，也许，每晚我们都要熬夜写稿至凌晨，又也许，每期我们都在为版面而苦恼，但一想到居民每周对社区报翘首以盼，还有他们看到自己模样登报时的笑脸，心里就会莫名感动，浑身又充满了前行的动力。

就像我父亲所说：“记者永远不要被任务束缚住，只要认真服务好，把你热情的一面释放出来，你就会得到超乎想象的回报。”现在，我好像已经开始领会其中的含义。

（丹灶《有为周报》记者　杨世聪）

社区报是一份扎根生活的“小报”

我是2014年7月进入《珠江时报》系列社区报的，之前也曾在佛山其他报社的社区报做过记者。不过那份社区报由于定位不清晰、经营模式有缺陷，很快就濒临倒闭，我只能另找工作。还好最终找到了这一份好工作，我还是能留在佛山，继续完成自己之前做社区报的梦想。

社区报写“鸡毛蒜皮”的事

来到珠江时报社，发现社区报的发展确实很迅猛，已有近10份社区报，每份社区报也有一个成熟的采写团队驻扎在镇（街），真正走进社区，关注社区的人和事。因为社区报要报道的新闻，并不是坐在办公室能凭空想象出来的，足不出户根本不可能写出新闻。一个月下来发不了几篇稿。

有人觉得，社区新闻都是一些鸡毛蒜皮的小事，有必要报道吗？因为“路边摊很嘈杂”“乱倒垃圾”“老弱妇孺被骗”……天天上演，大家都是“一瞥而过”“视而不见”，因此，这个社区继续存在不和谐。

如果我们将这些平时不起眼的琐事去关注并予以曝光，坏事变成了好事，有益于街坊，有益于社会，社区报也就体现了“小报”的价值，也是我们媒体要起的监督作用。社区每天发生的点点滴滴，都是记者很宝贵的新闻线索：比如哪里的路灯坏了，影响居民出行；居委会组织了妇女健康知识讲座，需要通知大家来听课；又比如社区某位居民有事，需要大家的帮忙；停电了、开学了、放假了、结婚了……《珠江时报》系列社区报开辟了《梁心帮办》《城讯通》《微心愿》等实实在在的社区好栏目，报纸刊出后，社会反响好，有的问题及时得到了整改，有的建议被有关部门采纳。不管好事坏事，街坊把社区记者当朋友，有什么都跟我们说，就像邻里一家亲。相信这也是很多社区记者的坚持所在：辛勤劳作可以收到哪怕是一点点的成效，都会由衷欣慰和骄傲。所以“只要用心，处处是好新闻”。这也是这么多年来，《珠江时报》系列社区报可以在南海、禅城等地得到政府、街坊、社会广泛认同，成为一份“家门口”的报纸，并逐步走向成熟的原因。

社区报是一份生活“小报”

社区报是服务于城市中的社区读者，强调其归属性和认同感的报纸。

社区报的唯一标志是它对某个特定社区的服务性和归属感。美国报纸编辑协会将发行量在 5 万份以下的报纸定义为小报，美国 97% 的报纸都是小型报纸。社区报要以“贴近生活，沟通舆情”为宗旨，服务当地百姓。

反观我之前从事的社区报，定位就不清晰。它不像《珠江时报》系列社区报一样细分，深入各个镇（街），而是直接把一个有 1000 多平方公里、250 多万人口的南海区定位成一个社区“大报”，范围大，人力少，哪里都是新闻，但记者都来不及去发现线索、搜集资料，无法长期有效地跟各个社区的居民形成良好的互动关系，往往发现最后都是别人已经说过的“旧新闻”。而且发行也十分零散，不够集中，因为压根都不知道自己的读者是哪些。

社区报的基础是社区街坊

做得好的社区报，它在当地肯定有个好的主编，懂得用最少的人力去做事：会分配好记者跑不同的线，与政府、单位、居民形成良好关系，构建自己的“市民记者”团队，让大家一起在社区发现和写好新闻，同时也会逐渐带动经营。因为这个社区，大家都认定这份“咱家”的社区报，商家也自然会盯着上面做广告、搞活动。

办好社区报，不能简单把它当作一份纸媒，要利用优势。社区报的基础是自己社区的街坊，经营要围绕这些人，结合线上线下的策划与推广，采写真实、有价值、贴近生活的内容，做出生动、有感染力的版面，推出老少咸宜、全民参与的社区活动，社区报是可以养活自己的，当然可能盈利不会非常高，但足够长远。

另外由于社区报是深入各家各户，有的可能在交通不便的偏远村落，这就非常考验报纸的发行。没人能够看到或者及时看到的社区报，那真会是一份影响力极其有限的“小报”。这里我想除了让发行队伍尽量派送到每家每户的信箱，还要依托一些社区志愿者做定点宣传与派发，也可以在村居的活动中心、银行、超市、商场甚至公交车等人流量多的地方作夹报。

我相信《珠江时报》系列社区报做得如此用心，未来的困难定能在我们这帮年轻的团队中一一解决，发展成为更有活力、更具特色、更受欢迎的“街坊社区报”。

（社区报编辑部编辑　王晓婷）

社区报记者编辑：帮手、助手、朋友和讲故事的人

作为《桂城社区周刊》的一员，一眨眼，我在社区报工作已有4年半的时间，我们一直遵循着李国臣总编辑提出的社区报“沟通你我，给力生活”的总体定位，一步一个脚印稳步前行，获得了越来越多居民的认可。

社区记者要关注生活

社区记者总是最忙碌的一群人，写的文章看似琐碎，实则与居民的生活息息相关。这一点，在我来到社区报不久之后便有了深切的体会。

那时，星晖园有业主反映小区有装修“楼霸”，希望我们去看看，能否帮忙找到解决办法。我跟着一名老记者到了星晖园，正巧看到一些业主在装修，便和他们了解情况。还记得当时我们并没有表明记者的身份，而是把自己当成一名业主，和他们聊天。“这样能了解到更真实的情况。”老记者的一句话点醒了我。之后，我们还相继采访了该小区业委会的主任、区建设局市场科副科长、读者群群友，有了各方面的声音，这个稿子也就基本成形了。

也许在采访环节，社区记者和其他记者并没有太大的不同，但稿件的落脚点和写作方式却有着不同。“近日，王小姐花了几十万元在星晖园买了一套房子，喜孜孜等着交楼装修，却听说，小区有‘楼霸’霸占着业主的装修搬运等事项。得知这一消息，小记当即跑过去打探一下。”这是文章开头的第一句话，没有硬梆梆地写新闻，而是以当事人的角度切入，把记者当为居民跑腿的人，文字也更为活泼，一如写故事般，让人有读下去的欲望。

文章刊登后，有一些居民反映，他们小区也有这样的情况，希望我们也能帮忙去解决。这让我看到了作为社区报记者的存在价值。我们报道的事情虽小，但和居民的生活息息相关，这就是“给力生活”的具体涵义吧。

除了给社区居民提供帮办，我们还很关注社区正能量的传递，希望每一个人都创造正能量，传递正能量，这样社区生活才会更温暖美好。这也是社区报存在价值之一。我以前写过一篇报道《阿姨捡到钱包归还　失主买礼物托居委会转送——做好事的人也许只要求对方说声“谢谢”就很满足了，不过，珍姨这回做好事，得到了一份颇为“隆重”的谢意》：

“咚咚咚……”安静的屋里响起一阵敲门声。开门一看，原来是社区居委会的工作人员。珍姨笑着把他们迎进了屋。

“珍姨，这是上次的失主托我们送给你的。”还没等坐下，居委会的工作人员就把洗衣粉、面、糖果、饼干等礼品放在了桌上，一边跟珍姨解释。“原来做了好事，还会有人答谢，真是开心！”此时，珍姨脸上的笑容更灿烂了。

珍姨是何许人？为什么会有人托居委会送礼物给她？这事还要从几天前发生的一件事说起。

60多岁的珍姨是桂三社区居委会一个濒临低保的居民。那一天，珍姨到附近的南约市场买菜。“咦，这是什么东西？”细心的珍姨发现，在菜摊的玉米袋里放着一个精心包裹的红色袋子。打开一看，里面是一个钱包，除了有少量的现金外，还有一些卡和证件。珍姨并不识得这些卡是用来做什么的，只是一心想：“丢了这些卡的主人现在应该会很着急吧。”还没买完菜，珍姨就赶紧带着这些东西来到社区居委会，看看居委会能不能帮忙找到失主，“如果不行，就送派出所去”。

工作人员一查，发现失主就是桂三社区的居民，立即打电话联系。

“铃……”另一厢，刚走到银行门口，何小姐接到了一个电话，皱紧的眉头立即就舒展开了。电话那头说，有位热心居民捡到她的钱包，交到了居委会，让她到居委会拿回去。挂完电话，何小姐立即奔向居委会。

“怎么有这样好心的人？”在她的印象里，现在已经极少能够遇到拾金不昧的人了。“我要谢谢她！”几天后，满怀感恩的何小姐买了些生活用品送到居委会，希望由居委会转送给珍姨，表达自己的谢意和敬意。于是，就出现了刚开头的那个场景。

就是这样的一件小事，通过我们的笔告诉大家，在这个城市里有不少好人好事，做了好事一定会被人想起被人记得，引导大家能够伸出援手帮助需要帮助的人。

社区记者要与被采访者做朋友

社区报同时还是基层街坊的发声平台，给他们机会说身边的人、身边的事，从而让他们对这个城市、这个社区更加有归属感。在这个过程中，社区报记者和居民不是简单的采访与被采访的关系，而是要成为朋友。几年前，桂城街道花苑广场小区业主筹备成立业委会，希望我们能够报道，让更多的业主参与其中，维护自己的权益。从他们的筹备、投票、成立，我们做了一系列的报道，而根据业委会成员的反映，也确实有不少业主因为我们的报道，参与到这一件关于自身利益的事情中，不再是漠不关心。从此，只要小区里发生事情，如成立老人红袖章队、小区保安抓到了小偷、花苑广场要做封闭式小区等，业委会的成员总会在第一时间打电话告诉我。我也总会向他们打听小区里的人和事，有时候聊得晚了，他们也总会留我吃饭，业委会主任的儿子满月，也叫我们去喝满月酒。

像这样的朋友还有很多。几年来，我们的社区报举办了很多活动，每一次都有很多忠实粉丝参与，我和他们都是朋友，我知道他们每个人的名字，他们住在哪个小区甚至哪个房间，他们的爱好是什么，等等。

社区报编辑是“有关有用有趣”的直接执行者

两年前，我从一线社区记者转岗到社区报编辑部做专职编辑，岗位的改变让我对社区报的定位和功能有了更多体会。编辑的工作是修改标题、导语等，引导记者用更加通俗易懂的文字和街坊聊天，同时指导记者如何用更好的角度切入写出“有关、有趣、有用”的报道来。

2015 年 4 月初，丹灶市政希望社区报刊登一篇展示工作成效的文章，记者整理资料后交了这样一条稿：

建设美丽丹灶　市政维修美化道路

从 2013 年开始，结合城市管理，城市升级三年计划，丹灶镇政府不断加大对市政建设投入力度。市政部门紧紧围绕“市政工作为群众服务、为民办实事”的宗旨，以加强常态化、精细化的思路有效推进各项工作，如今取得显著成绩。

市场化前，丹灶的环卫保洁项目从组织、实施、考核、清扫保洁到收集清运垃圾均由镇内市容管理部门统一进行。“既当运动员，又当裁判员”管干一体，使得环卫作业人员工作积极性不高，增加了环卫保洁成本的同时，降低了环境卫生的质量。为使城区及道路的保洁水平更专业，为市民提供更舒适、洁净的出行及休闲环境，自 2013 年开始，在丹灶镇政府的支持下，市政部门将多个环卫项目推向市场。结合丹灶市政绿化的地域特点，市政部门对所属绿化进行了一轮的分区域的招标，确保绿化养护更细致、更统一，以更好地保证环境的绿化、美化效果。

此外，丹灶镇政府还对市政工程非常重视，支持市政部门做好道路及维修工作扮靓城市。得知丹灶部分道路由于使用时间长、机动车经常碾压等原因，存在开裂、凹陷的现象。政府有针对性地加大投入，对丹灶、云溪、金沙、罗行等人行道进行全面改造提升。按照人行道的规范及设计标准，铺着统一规格的石板材，路面平整并同步设置缘石坡道、盲道等无障碍设施，结合现有行道树实际，新建适宜的大树池。人行道连续延展的同时，又不失整洁美观。

…………

不难看出，此篇文章就是简单的材料堆积，没有采访，没有落地，只是单向地宣传市政的成绩。只是对市政“有用”，对居民没有做到“有关”和“有趣”。这样的文章，会有多少读者愿意看呢？答案是显而易见的。发现问题后，我立即联系了采写稿件的记者了解情况，并指导她补充采访并做修改：“成效如何并不是由部门说了算，感受最深的莫过于市民，应从这一点出发……”修改后文章变成了这样：

公园道路干净整洁　居民爱到这里散步

晚上吃完饭，丹灶城区的潘姨总是习惯带着孙子到珍丰公园散步。散步时，她常常会遇上不少在散步或是锻炼的熟人，彼此热情地打起招呼。

市政管理市场化运作

“现在珍丰公园的环境卫生比两年前更加好了，干净整洁，大家都爱到这里逛。”潘姨说，自己每天下午2点路过公园的时候，总会看到保洁人员在清扫街道，公园内的健身器材也被打扫得很干净。

干净整洁的珍丰公园只是丹灶的一个缩影。在丹灶，越来越多的居民爱上了这个整洁的城市，而这一切都与丹灶近年来不断加大市政建设的力度有关。“两年前，丹灶镇由政府有关部门组织整个镇路面环境卫生的保洁，专业人员缺乏，技术工作队伍后备力量不足，普遍专业水平不高，技术工人学历偏低，导致一线作业队伍不能适应环卫行业服务水平提高的要求。”丹灶镇市政办负责人李仕强表示，为使城区及道路的保洁水平更专业，为市民提供更舒适、洁净的出行及休闲环境，自2013年开始，结合城市管理和城市升级三年行动计划，在丹灶镇政府的支持下，市政部门将多个环卫项目推向市场。

丹灶绿化将分区域招标

市场化、常态化、精细化的管理，无疑提升了丹灶的城市环境卫生的质量。而除了增加专业人员，丹灶还不断加大资金的投入扮靓这座城市。得知丹灶部分道路由于使用时间长、机动车经常碾压等原因，存在开裂、凹陷的现象。丹灶政府有针对性地加大投入，对丹灶、云溪、金沙、罗行社区等人行道进行全面改造提升。按照人行道的规范及设计标准，铺着统一规格的石板材，路面平整并同步设置缘石坡道、盲道等无障碍设施，结合现有行道树情况，种植适宜的大树。人行道连续延展的同时，又不失整洁美观。

李仕强介绍，接下来，市政办还将结合丹灶市政绿化的地域特点，对所属绿化进行了一轮分区域的招标，确保绿化养护更细致、更统一，以更好地保证环境的绿化、美化效果。

…………

修改后的文章不能说很完美，但至少变得生动有趣，和居民生活有关。其实这是一个很民生的题材，还可以采访到更多的更生动有趣的居民故事融入其中。

除了对后期稿件发现的问题进行及时处理外，社区报编辑还要将工作前置，对记者的选题、写作进度进行介入和指导。如“桂城又一环保企业闯进新三板”的新闻，在《珠江时报》主报已做了报道，是从桂城街道扶持企业的角度写的。这是桂城街道的一件大事，所以《桂城社区周刊》也应该关注，问题是几天后才见报的社区报该怎么切入，直接照搬主报的稿件，肯定不行！因为社区报和主报的定位不同，所面对的读者群也很不同。我们于是决定着眼于报道的“服务性”，从企业的角度切入，详细介绍他们成功闯进新三板的做法、经验，给其他企业提供参考。报道刊发后，有些企业还专门跟我们反馈，说我们的报道让他们很受启发。

在社区报4年半的时间，无论是做记者还是当编辑，虽然岗位不一样，但目标始终一样，那就是：成为政府工作的帮手，成为居民生活的助手，成为社区居民的朋友，成为一个讲好身边故事的有心人。

（社区报编辑部编辑　曾晓婷）

后 记

冬日，暖阳。窗外丹桂飘香，兰草恣意生长，在这样的美好里，我们在键盘上敲下了“后记”两个字。

我们说《珠江时报》系列社区报是荒地生存，有两个层面的意思：一是我们的系列社区报是从无到有，荒地上开垦出来的；二是国内还没有一本关于社区报的专门业务书。但我们的内心从来没有荒芜过，始终生机勃勃。探索的道路从来都是荆刺丛生，从来都是充满孤独的，这一点我们早已有准备，于是释然。坦率地说，关于该不该办社区报和如何办社区报的争议一直伴随着我们创办系列社区报的全过程，甚至至今都没有停止。但这些争议已经不能影响我们的前行了。

从决定写一本关于我们如何创办系列社区报的书到 2015 年 11 月完成这本书稿，停停写写经历了四年时间，这四年当中，我们对社区报探索的脚步始终没有停歇过，我们对前路越来越明晰，对方向越来越坚定，对未来越来越自信。源于社区报与媒体型服务业在定位功能上的天然相近优势，我们坚信，转型为媒体型服务业的社区报以后肯定能大放异彩。

还清晰记得 2015 年 3 月，春光明媚，与 Jock 教授在南海千灯湖畔，一壶清茶坐而论道，他对于我们的社区报和政府合作互动这么密切深感惊讶，我们的探索也改变了他根深蒂固的“社区报不要与政府合作”的观念。回国后，他和地方政府合作创办了一份新的社区报，他告诉我们是“一个惊喜的开始”。对于社区报的发展来说，这确实是个惊喜。

要衷心感谢中国传媒大学陈凯副教授对本书第一章内容的重大贡献，没有她提供的社区报的理论研究部分，我们这本书的全面性和专业性会大打折扣。

要感谢数据价值网总编辑范春柏对本书的创意支持和指导，范总用他新媒体的专业研究给我们提供了一个全新的视角。

还要感谢《珠江时报》系列社区报采编团队对本书的重要贡献，是你们的点滴探索成就了我们这本书，你们都是社区报领域的伟大的实践者。一定要坚信，你们的实践是富有价值的。

根据集团要求，2016 年 1 月开始，系列社区报将不再使用《珠江时报》刊号作为增刊发行，而是申请了内部刊号独立运营，系列社区报将进入一个崭新的探索发展阶段。祝福社区报越走越好。

笔者

2015 年 11 月 30 日